이강석의 브레인 영어
컨추리 보이 영단어

이강석의 브레인 영어

컨추리 보이 영단어

사□계절

추천의 글

물방울이 바위도 뚫는다고 했던가요? 20년이 넘는 시간 동안 영어 어휘에 대한 관심을 누그러뜨리지 않고 일관되게 밀고 나가, 결국 이렇게 한 권의 책으로 엮어 세상에 선보이는 필자에게 그 누구보다도 기쁜 마음으로 축하해주고 싶습니다.

사실 처음 필자의 원고를 접했을 때는 수없이 쏟아지는 영어 단어책 중의 하나겠거니 생각했습니다. 그런데 원고를 보고 나서는 생각이 달라졌습니다. 이 책의 현장성과 독창성, 그리고 과학성을 알게 되었기 때문입니다.

이 책처럼 영어 어휘를 공부할 때 대부분의 사람들이 겪게 되는 문제를 꼼꼼하게 점검한 후 출간하는 경우는 드문 것 같습니다. 또한 영어 때문에 고통받는 사람들에게 영어에 대한 잠재력을 확인해주면서 흥미와 관심을 자연스럽게 유발시켜주는 경우도 흔치 않을 것입니다.

이 책의 가장 큰 특징인 단어암기법은 여지껏 아무도 시도하지 않았던 독창적인 아이디어에 근거하고 있습니다. 우리가 무심코 지나쳤던 한 단어 안에 있는 여러 단어들을 필자는 끈질긴 집요함으로 사전을 뒤져서 찾고 서로 연결시켰던 것입니다. 저 역시 hospital 안에 spit이, their 안에 heir가 있다는 것을 한 번도 생각해본 적이 없었습니다. 그 무수한 예는 이 책의 어느 곳을 펼쳐봐도 쉽게 확인할 수 있습니다. 어쩌면 단어 안에 또 다른 단어가 들어 있다는 것이 특별히 새로울 게 없을 수도 있습니다. 하지만 우리가 이미 잘 알고 있는 단어 안에 들어 있는 좀더 어려운 단어를 발견하고, 그 둘을 연결시켜 암기하는 것은 분명 새로운 발상이 아닐 수 없습니다.

이 책이 과학적 방법에 근거하고 있다는 사실이 바로 이 점에서 확인됩니다. 기억하기 어려운 어휘를 우리가 익히 알고 있는 어휘들과 연관지어 쉽게 기억할 수 있게 해주기 때문입니다. 제 자신이 뇌에 관한 전문가는 아니지만, 사람의 두뇌를 최대한 활용하여 단어를 오랫동안 머릿속에 저장시킬 수 있다면 단어를 암기하는 데 커다란 도움이 될 것은 분명합니다.

이 책의 또 다른 특징은 예문에 있습니다. 예문이 어휘력을 늘리는 데 매우 필수적이라는 것은 굳이 강조할 필요가 없을 듯합니다. 단어 하나에 예문 하나를 제시하는 기존의 책들과는 달리, 이 책에서는 서로 연결되는 두 단어를 사용하여 예문을 만들고 있습니다. 따라서 적은 예문으로 많은 단어를 암기할 수 있을 뿐만 아니라 두 단어의 연결을 더욱 확실히 해줍니다. 이러한 방법 역시 아무도 시도하지 않았던 독특한 방법입니다.

그 외에도 Funny Story의 이야기식 배열과 번뜩이는 재치로 가득한 그림들은 이 책의 가치를 한층 높여줄 것이라고 생각합니다.

21세기엔 세계 각국이 인간의 두뇌연구에 더 많은 인력과 재원을 투자할 것이라고 합니다. 인간의 무한한 두뇌능력을 실제 영어 학습에 구체적으로 접목시킨 이 책을 통해 그 효과를 직접 몸으로 체험하시기 바랍니다. 아울러 영어 연구를 오랫동안 해온 사람으로서, 많은 독자들이 새로운 눈으로 영어를 익힐 수 있는 기회가 되기를 바랍니다.

중앙대학교 영문학과 교수

장 영 준

책머리에

여러분은 영어책을 읽을 때, 분명히 사전에서 확인했던 단어인데 그 뜻이 떠오르지 않아 자신의 머리를 탓한 경험은 없나요? 연습장에 열심히 써가며 외워도 시간이 지나면 잊혀지고 마는 얄미운 영어 단어들!

고등학교 때였습니다. 그때 저 자신도 비슷한 고민에 빠져 있었습니다. 그래서 시험해보기로 했습니다. 사전에서 단어를 찾을 때 단어 옆에 찾았던 날짜를 써넣어 보았던 것입니다. 그렇게 해서 알게 된 사실은 머리가 나빠서 단어를 외우지 못했던 게 아니라 그 단어를 자주 접하지 않아서 그렇다는 것이었습니다.

그래서 머리를 탓하는 대신 어떻게 하면 자주 보지 않는 단어들도 쉽게 암기할 수 있을까를 고민하게 되었습니다. 그러던 어느 날, smother라는 단어 안에 mother가 있다는 사실을 발견했습니다. 그리고 혹시 하는 마음으로 다른 단어들도 살펴보았습니다. 수많은 단어들 속에 쉬운 단어가 들어 있다는 사실을 발견하고는 며칠 동안 잠을 이룰 수가 없었습니다.

그후 20년 이상 계속된 연구를 통해 단어들을 체계적으로 암기할 수 있는 "10가지 단어암기법"(352쪽 참조)을 개발하였고, 그 방법에 기초하여 일일이 사전을 뒤져서 관련 단어들을 체계적으로 정리하였습니다.

이 책은 지금까지 많이 사용되었던, '어원'이나 '우리말 발음'을 이용해서 영어 단어를 공부해온 방식과는 다른 방향에서 영어 공부의 어려움을 해결하고자 한 노력의 결과물입니다. 어원을 이용한 방법은 라틴어 어근이나 그리스어 어근을 따로 외워야 하는 문제 외에도 어근 자체가 독립적이지 않은데다 철자도 고정되어 있지 않기 때문에 영어를 매우 잘하는 분들이 아니면 접근하기가 어렵다는 문제를 안고 있습니다(165쪽, turning point 2 참조). 그리고 우리말 발음을 이용한 방법은 체계성을 가질 수 없으며 포괄할 수 없는 단어가 많다는 문제점을 가지고 있습니다. 이 책에서 제시한 "10가지의 단어암기법"은 이러한 문제점들을 극복하고자 했습니다.

또한 이 책은 많은 분들로부터 "단어를 잊을래야 잊을 수가 없다"는 분에 넘치는 찬사를 받았던 내용으로 가득 차 있습니다. 그것은 오랫동안의 현장경험과 실험을 토대로 '암기성'과 '체계성'을 획기적으로 높인 결과가 아닐까 합니다. 그 동안 학생, 직장인뿐만 아니라 선생님, 그리고 외국인에 이르기까지 많은 분들과의 다양한 교류는 이 방법의 우수성을 확인하고 내용을 더욱 알차게 하는 데 도움이 되었습니다.

사실, 자주 보지 않는 단어가 쉽게 생각나지 않는 것은 당연한 일입니다. 억지로 암기한다고 해결될 일이 아닙니다. 사람의 기억력에는 한계가 있으니까요. 그래서 쉬운 단어에 어려운 단어를 연결시킨다는 의미인 '연결회로'라는 개념이 중요합니다. smother(질식시키다)처럼 어려운 단어를 직접 외우기보다는, 그 속에 들어 있는 mother라는 단어와 연결해둔다면 훨씬 기억이 오래 갈 것입니다. mother를 볼 때 몇 번에 걸쳐 smother를 생각해둔다면 연결회로가 튼튼해져 오랜 시간이 지나도 쉽게 잊혀지지 않을 테니까요.

이때 '논리적 상상력'을 동원한다면 더욱 효과가 클 것입니다. 가령, "엄마는 숨이 막힐 정도로 세게 나를 껴안았다.(My mother hugged hard enough to smother me.)"라는 문장을 만들어보면 mother와 smother의 관계를 더욱 강화하여 smother를 쉽게 기억해낼 수 있을 뿐만 아니라 두 단어를 포함한 예문을 얻을 수 있어 일석이조의 효과를 볼 수 있습니다.

다음에는 이 책을 활용하는 방법에 대해 설명하겠습니다.

1. 어느 정도 어휘 실력이 있다고 생각하는 분들에게

어휘력이 있다고 해서 영어로 말하거나 쓸 때 그 단어들이 다 생각나는 것은 아닙니다. 따라서 단어를 안다는 것에 만족하지 말고, 말하기와 쓰기를 위해 연결회로를 만들어보십시오. 오랜 시간이 지난 후에도 연결된 단어들이 저절로 떠오르는 신기한 경험을 하게 될 것입니다.

그런 다음 5장에 있는 공통 접미어법이나 규칙적 어형 변화에 해당되는 단어들을, 보지 않고 외울 수 있을 정도로 반복해보십시오. 원하는 어형을 자유롭게 선택해서 쓸 수 있게 되어 영어의 의사소통에 자신감을 갖게 될 것입니다.

2. "나는 영어가 안돼, 단어가 너무 딸려" 라고 생각하는 분들에게

우선, 이 세상에는 어려운 단어가 없다는 '고정관념(?)'을 가져야 합니다. 아주 쉬운 단어나 일상 생활에서 쉽게 접하는 친숙한 단어들을 통해 무한히 단어를 늘려갈 수 있기 때문입니다.

먼저, 1장의 단어들을 해보시기 바랍니다. 1장은 가족, 식품 등 주제별로 이루어져 있습니다. 따라서 각 주제별로 쉬운 단어를 순서대로 암기하고 나서 그와 연결되는 단어들을 외우도록 하세요. 한 주제에 들어 있는 단어가 많지 않기 때문에 어렵지 않게 암기할 수 있을 겁니다. 그러고 나서는 2장 "의미를 생각하며 접근하기", 3장 "흥미롭게 접근하기" 등과 같이 전체 어휘 수가 많은 단어들을 1장과 같은 방법으로 알파벳 순서대로 암기해보세요. 이 과정을 몇 번 반복하고 나면 전체 단어를 머릿속에 저장

할 수 있을 것입니다. 그러면 어느 하루 날을 잡아서 백지에 전체 단어를 다 써보세요. 그것이 가능하다는 것을 확인할 수 있을 겁니다.

그리고 이 책에 있는 예문에 만족하지 말고 여러분만의 예문을 만들어 보도록 하십시오. 주변에 계신 분들에게 도움을 받는 것도 좋은 방법입니다. 그러한 과정을 통해 세상에 태어나 처음으로 자신이 직접 만든 영어 문장을 무수히 가지게 될 것입니다.

단어들이 익숙해져서 욕심이 생기면 앞의 1에서 권했던 방법을 따라하시기 바랍니다.

작년 여름에는 지붕까지 물이 차는 수해를 입어 아주 참담한 지경에 이르렀지만, 많은 분들의 도움으로 다시 일어설 수 있었습니다. 이 자리를 빌려 감사드립니다. 그리고 이 책이 나오기까지 어려운 과정 속에서도 관심이 사그러지지 않도록 격려해주신 많은 분들께 고마움을 표하고 싶습니다. 이래저래 속만 썩이고 마음만 불편하게 해드렸던 아들 때문에 언제나 밤잠을 제대로 못 주무셨던 어머니께 이 책을 바칩니다.

Only love can be divided endlessly; still not diminish.
(오로지 사랑만이 끝임없이 나눌 수 있다. 그래도 여전히 줄지 않는다.)
The best way to predict the future is to create it.
(미래를 예측하는 가장 좋은 방법은 미래를 창조하는 것이다.)

1999년 8월

이 강 석

차 례

추천의 글 · 4
책머리에 · 6

1장 주제별로 접근하기

동물 / 신체 / 식품 / 사람·직업 / 집 / 건축물 / 소품들

Turning Point 1 · 106

2장 의미를 생각하며 접근하기

Turning Point 2 · 165

3장 흥미롭게 접근하기

Turning Point 3 · 270

Contents

4장 다양하게 접근하기
Turning Point 4 · 352

5장 영단어 확장하기
쉬운 단어 속 어려운 단어 · 367
자음순환법 · 394
공통 접미어법 · 414
규칙적 어형 변화 · 428

테스트 코너 · 449

1장

주제별로 접근하기

동물
신체
식품
사람·직업
집
건축물
소품들

share-hare
토끼가 먹이를 나누다

The man motioned the **hare** to **share** the carrot with the other animals.
그는 토끼에게 당근을 다른 동물들과 나누어 먹으라고 손짓했다.

'묘'(卯)면 토끼를 할 차례인데 왜 share를 하냐구요. share가 비교적 쉬운 단어이기 때문입니다. share는 '공유하다' '몫' '주식' 등의 뜻을 가지고 있습니다. 우리 일상에서 많이 들어보는 말로 '마켓쉐어'가 있습니다. '시장점유율' 정도의 뜻일텐데 영어로는 market share입니다. 토끼가 회사 로고(logo)인 회사의 주식을 사서 재미를 본다면 좋겠지요. 미국의 성인잡지인 〈Playboy〉의 상징 동물이 토끼잖아요. 이승희 씨가 표지 모델로 나와 화제가 되기도 한 적이 있었지요.

'토끼'는 share 안에 있는 hare입니다. 토끼가 오순도순 도토리(acorn)를 나누어 먹잖아요. '토끼'란 뜻을 가진 다른 단어를 하나 더 찾아볼까요? hare 가운데 r자가 있으니까 rabbit.

토끼라는 단어 하나 더 해볼까요? 쌍둥이 자매가수 중에 "바니 걸스"라고 있었죠. 노래 부를 때 토끼처럼 깡충깡충 뛰었던 모습을 기억하는 사람들이 많을 겁니다. Bunny Girls. bunny가 '토끼'라는 뜻입니다.

```
share — hare
          ‖
        rabbit
          ‖
        bunny
```

cat-rat
고양이가 나타나자 쥐들이 흩어지다

The **cat** chased the **rat** down the dark street.
고양이는 컴컴한 거리를 따라 쥐를 추적했다.

열두 가지 띠동물 중 '자'(子)는 쥐죠? 제일 먼저 쥐를 해야 하는데 고양이를 먼저 한 이유는 cat이라는 단어로 쉽게 쥐를 잡을 수 있기 때문입니다. '쥐'라는 뜻을 가진 단어는 자음순환법(353쪽 참조)을 활용하면 rat. 그럼 생쥐는? mouse. 컴퓨터에도 mouse가 달려 있잖아요.

이번에는 쥐는 쥔데 '박쥐'는? bat. '야구방망이'란 뜻으로 많이 쓰이지만 박쥐라는 동물로도 자주 쓰이죠. 상상력이라면 누구에게도 뒤지지 않는 팀 버튼 감독의 〈Batman〉 시리즈 기억나지요.

그러면 곡예사는 뭘까요? 박쥐처럼 공중을 잘도 날아다니는 '곡예사'는 acrobat. 고담시를 지키기 위해 펭귄들이 베트맨과 전투를 벌이죠. '전투'는 combat.

cat을 활용하여 동사를 몇 개 해볼까요? 고양이는 쥐를 잡을 수 있겠죠. '잡다'는 catch. '잡다' '포획하다'라는 또다른 단어는 같은 c로 시작하는 capture. 잡긴 잡는데 마음을 사로잡으면 역시 c로 시작하는 captivate.

쥐가 몰려 있는 곳에 고양이가 나타나면 어떻게 되겠어요. 모여 있던 쥐들이 순식간에 뿔뿔이 흩어질 겁니다. '흩어지다'는 scatter.

```
cat — rat ═ mouse
 |     |
scatter bat — acrobat — combat
```

cow-coward
소를 무서워하는 겁쟁이는 투우사가 될 수 없다

The **coward** cowboy could not get the **cow** in the corral.
겁쟁이 카우보이는 그 소를 우리에 넣을 수가 없었다.

이번에는 '축'(丑), 즉 소죠. cow는 암소인가요, 수소인가요? cowboy는 여자들을 좋아하지요? 그러니까 cow는 '암소', '수소'는 bull. 마이클 조던이 속해 있던 NBA 농구팀 이름이 Chicago Bulls잖아요.

거세한 수소는? ox. box라는 쉬운 단어 안에 들어 있기도 하지요. 복수형은 oxen. 가수 홍서범 씨가 활동했던 그룹사운드 이름이 Oxen 81이었죠.

소는 bull, cow, ox. 그럼 소떼는? 소의 대표주자 cow가 c로 시작하니까 '소떼'는 cattle.

자, cow를 이용하여 중요한 명사를 낚아볼까요. 투우하면 스페인이 생각나겠지요. 그런데 투우사가 소를 겁내면 겁쟁이겠지요. '겁쟁이'는 coward(cow를 향해 toward 하지 못하면 소에게 치여 끌려다니겠지요). '겁'은 cowardice. '겁많은'은 cowardly.

cow를 활용하여 중요한 동사를 하나 건져봅시다. 소들이 도축장에 끌려갈 때 기분이 어떻겠어요. 암담하겠죠. 그러니 자연히 얼굴을 찡그릴 수밖에. '얼굴을 찌푸리다'는 scowl.

```
            scowl
              |
catttle — cow — bull — ox
              |
       coward — cowardice
```

tiger-trigger
호랑이를 보고 방아쇠를 당

I could not pull the **trigger** and kill the
나는 방아쇠를 당겨서 호랑이를 죽일 수 없었다.

이번에는 '인'(寅)이죠. 바로 호랑이 tiger입니다. 암ㅈ가 탈락하는 것에 주의하세요). 수사자와 암호랑이를 교하고, 암사자와 수범을 교배한 것은 tigon이라고 하ㅈ

프로야구팀의 이름을 볼까요. 한국 프로야구에는 있는 해태 Tigers가 있고, 미국 Major League에는 있죠.

호랑이를 잡으려면 총의 방아쇠를 당겨야겠지요. '일을 일으키다'라는 동사로도 많이 쓰입니다. '방ㅇ 벌어질 수밖에 없겠지요. pull the trigger는 '방ㅇ 입니다.

권총의 방아쇠를 당긴다고 생각해보세요. '연빌 trigger 안에 있는 r자를 활용해서 건져봅시다. revo 전하다'라는 뜻도 가지고 있으니까 리볼보가 어떤 죠?

```
tiger — trigger
            |
        revolver(revolve)
```

dragon-drag
용이 긴 꼬리를 질질 끌다

The **dragon** threatened that it would **drag** the warrior around like a rag.
용은 그 전사를 넝마처럼 질질 끌고 다닐 거라고 위협했다.

일본판 만화 〈드래곤 볼〉을 본 사람이 많이 있을 겁니다. 쌍용의 엔진오일 이름이 SUPER DRAGON이죠. 회사 이름에 용이 들어 있어서 그렇게 붙인 것 같네요. dragon은 '용'이라는 뜻이죠.

'개천에서 용났다'라는 말이 있지요. '개천'은 brook. 영화 〈Endless Love〉의 여주인공 브룩 실즈(Brook Shields)가 이 영화로 완전히 떴습니다. Brook Shields의 고향인 뉴욕에서 개천에 용났다고 했겠네요. 참고로 shield는 '방패'.

용이 하늘로 승천하기 위해서 땅에 긴 꼬리를 끌다가 급기야 하늘로 올라가지요. '끌다'는 drag. 컴퓨터 작업할 때 mouse pointer로 drag 또는 dragging한다고 하지요. mouse pointer로 질질 끌고 다른 지점으로 이동할 때 쓰는 말이죠.

왕은 곧잘 용에 비유되지요. 장안의 화재가 되었던 〈용의 눈물〉이라는 사극도 태종 이방원의 고뇌에 찬 눈물을 상징하는 것 아닙니까. 왕이 입는 옷은 용포(龍袍). 용포를 너무 질질 끌면 누더기가 되겠지요. 너무 길게 이야기했나요. '누더기'는 영어로 뭐지요? rag.

```
dragon ─ drag
          │
         rag
```

주제 1 ─ 동물(십이간지)

주제별로 접근하기

snake-naked
뱀 껍질을 발가벗겨서 구워먹다

The children were scared to see the **snake** crawl down the tree when they were swimming **naked** in the stream.

아이들이 개울에서 발가벗고 수영하고 있을 때 뱀이 나무를 타고 내려오는 것을 보고 무서워했다.

'사'(巳)는 뱀을 뜻하지요. '뱀'은 snake. 뱀 잡으러 다니는 땅꾼들이 뱀을 잡아서 구워먹기도 하는데 껍질을 벗겨서 먹어야겠죠. 껍질을 벗기면 완전히 나체가 되지요.

'벌거벗은'은 snake의 s를 뺀 nake를 활용하면 naked. '벌거벗은', '나체의'라는 뜻을 가진 다른 단어는 같은 n으로 시작하는 nude. nude model이라는 말 들어보셨지요. IMF 사태 이후 nude model을 하는 남자들이 한때 급증했다는 보도도 있었잖아요. 〈폴 몬티〉라는 영국 영화는 실직한 사람들이 아예 strip show를 공연하는, 남의 얘기 같지 않은 스토리로 사람들의 가슴을 뭉클하게 한 적이 있습니다.

'벌거벗은'의 뜻을 가지고 있는 또다른 영어 단어는? bare. 발음은 '베어'. '벌거벗은'도 'ㅂ'으로 시작하니까 연관이 있지요(너무 억지인가요? 조금이라도 관련이 있으면 끈을 맺어주어야 직성이 풀려서 그럽니다).

이제는 뱀에 대해 좀더 해봅시다. '뱀'이라는 또다른 단어는 snake와 같이 s로 시작합니다. serpent.

```
snake  —  naked
  ||         ||
serpent   nude  =  bare
```

horse-hoarse
성난 말처럼 소리를 질러 목이 쉬다

We shouted ourselves **hoarse** at the **horse** race.
경마장에서 우리는 목이 쉬어라고 외쳤다.

'오'(午)는 말을 뜻합니다. horse 는 말 중에서 '수말'을 말합니다. 그러면 '암말'은? mare (암말은 "매어"놓아야 한다는 문제성 발언은 곤란하겠죠). 말을 탄 악마가 꿈에 나타난다면 악몽이죠. '악몽'은 nightmare.

'종마'는 stallion. 영화배우 실베스타 스텔런 (Silvester Stallone)과 비슷하죠. 〈Rocky〉나 〈Rambo〉에서 종마처럼 종횡무진 활약하잖아요. '키 작은 소형말'은 pony. 현대자동차가 미국 시장에 진출할 때 수출의 견인차 역할을 했던 그 pony가 바로 키 작은 말이라는 뜻이죠. '당나귀'는 donkey. 미국 민주당을 만화로 그릴 때 사용되죠(공화당은 elephant). '나귀'라는 말로 쓰이는 또다른 단어로 ass가 있으나 '엉덩이'라는 뜻으로도 많이 쓰이죠. 외국영화를 보다보면 "빨리 못 일어나!" 정도의 뜻으로 "Get your ass up."이라는 표현을 많이 들어볼 겁니다. 속어적인 표현입니다.

말처럼 히힝거리며 큰 소리를 연거푸 지르면 어떻게 되겠어요? 목이 쉬겠죠? '목이 쉰'이란 뜻을 가진 영어 단어는? hoarse. a자만 첨가되었고, 발음은 horse와 같습니다.

말처럼 히힝거린다면 목소리가 조잡하겠죠. '조잡한'은 영어로? coarse. 북한에도 golf course가 평양 근처에 하나 있는데 course가 조잡하여 (coarse) 외국인들이 별로 이용하지 않는다는 뉴스를 본 적이 있습니다.

```
horse  —  hoarse
  |          |
 mare      coarse
```

주제 1 — 동물(십이간지)

주제별로 접근하기

sheep-shepherd
양치기가 초원에서 양을 돌보다

The **shepherd** watched his **sheep** that were grazing in the pasture.

양치기는 목장에서 풀을 뜯고 있는 양들을 지켜보았다.

'미'(未)는 양을 뜻하지요. 양(sheep)은 순하고 수줍음을 많이 타지요. 그래서 sheepish라는 단어를 미국 사람들이 많이 씁니다. 일을 잘못하거나 어리석은 짓을 했음을 알고 마음이 불편해지는 상태가 sheepish입니다. sheepish smile.

'어린 양'은 lamb. 조디 포스터(Jody Foster)에게 두번째로 아카데미 여우주연상을 안겨주었던 영화 기억나세요? 〈양들의 침묵〉이죠. 원제가 〈Silence of Sheep〉일까요? 아닙니다. 〈Silence of Lambs〉죠.

'양치기'는 영어로? shepherd. 재미있게 외워 볼까요. 양치기가 여자네요. she. sheep의 단어 중 일부이기도 하구요. herd는 '떼'. 양을 떼로 몰고 다니잖아요. 그러면 철자도 정확해지겠죠. 물론 이 단어는 원래부터 sheep + herd를 결합한 단어입니다. e만 빠진 셈이죠.

shepherd에서 하나 더 단어를 건져볼까요. shepherd에서 she와 herd를 연결하는 것은 p죠. 양치기는 목장에서 일할 수 있죠. '목장'이란 뜻을 가진 단어는 p를 이용하면 pasture가 됩니다.

```
sheep — lamb
  |
shepherd — herd
     |
   pasture
```

cat-rat
고양이가 나타나자 쥐들이 흩어지다

The **cat** chased the **rat** down the dark street.
고양이는 컴컴한 거리를 따라 쥐를 추적했다.

열두 가지 띠동물 중 '자'(子)는 쥐죠? 제일 먼저 쥐를 해야 하는데 고양이를 먼저 한 이유는 cat이라는 단어로 쉽게 쥐를 잡을 수 있기 때문입니다. '쥐'라는 뜻을 가진 단어는 자음순환법(353쪽 참조)을 활용하면 rat. 그럼 생쥐는? mouse. 컴퓨터에도 mouse가 달려 있잖아요.

이번에는 쥐는 쥔데 '박쥐'는? bat. '야구방망이'란 뜻으로 많이 쓰이지만 박쥐라는 동물로도 자주 쓰이죠. 상상력이라면 누구에게도 뒤지지 않는 팀 버튼 감독의 〈Batman〉 시리즈 기억나지요.

그러면 곡예사는 뭘까요? 박쥐처럼 공중을 잘도 날아다니는 '곡예사'는 acrobat. 고담시를 지키기 위해 펭귄들이 베트맨과 전투를 벌이죠. '전투'는 combat.

cat을 활용하여 동사를 몇 개 해볼까요? 고양이는 쥐를 잡을 수 있겠죠. '잡다'는 catch. '잡다' '포획하다'라는 또다른 단어는 같은 c로 시작하는 capture. 잡긴 잡는데 마음을 사로잡으면 역시 c로 시작하는 captivate.

쥐가 몰려 있는 곳에 고양이가 나타나면 어떻게 되겠어요. 모여 있던 쥐들이 순식간에 뿔뿔이 흩어질 겁니다. '흩어지다'는 scatter.

```
   cat  —  rat  =  mouse
    |        |
scatter   bat  —  acrobat  —  combat
```

주제 1 | 동물〈십이간지〉

cow-coward
소를 무서워하는 겁쟁이는 투우사가 될 수 없다

The **coward** cowboy could not get the **cow** in the corral.

겁쟁이 카우보이는 그 소를 우리에 넣을 수가 없었다.

이번에는 '축'(丑), 즉 소죠. cow는 암소인가요, 수소인가요? cowboy는 여자들을 좋아하지요? 그러니까 cow는 '암소', '수소'는 bull. 마이클 조던이 속해 있던 NBA 농구팀 이름이 Chicago Bulls잖아요.

거세한 수소는? ox. box라는 쉬운 단어 안에 들어 있기도 하지요. 복수형은 oxen. 가수 홍서범 씨가 활동했던 그룹사운드 이름이 Oxen 81이었죠.

소는 bull, cow, ox. 그럼 소떼는? 소의 대표주자 cow가 c로 시작하니까 '소떼'는 cattle.

자, cow를 이용하여 중요한 명사를 낚아볼까요. 투우하면 스페인이 생각나겠지요. 그런데 투우사가 소를 겁내면 겁쟁이겠지요. '겁쟁이'는 coward(cow를 향해 toward 하지 못하면 소에게 치여 끌려다니겠지요). '겁'은 cowardice. '겁많은'은 cowardly.

cow를 활용하여 중요한 동사를 하나 건져봅시다. 소들이 도축장에 끌려갈 때 기분이 어떻겠어요. 암담하겠죠. 그러니 자연히 얼굴을 찡그릴 수밖에. '얼굴을 찌푸리다'는 scowl.

```
              scowl
                |
catttle — cow — bull — ox
                |
          coward — cowardice
```

컨추리 보이 영단어

tiger-trigger
호랑이를 보고 방아쇠를 당기다

I could not pull the trigger and kill the tiger.
나는 방아쇠를 당겨서 호랑이를 죽일 수 없었다.

이번에는 '인'(寅)이죠. 바로 호랑이 tiger입니다. 암호랑이는 tigress(e자가 탈락하는 것에 주의하세요). 수사자와 암호랑이를 교배한 것은 liger라고 하고, 암사자와 수범을 교배한 것은 tigon이라고 하지요.

프로야구팀의 이름을 볼까요. 한국 프로야구에는 호남에 연고를 두고 있는 해태 Tigers가 있고, 미국 Major League에는 Detroit Tigers가 있죠.

호랑이를 잡으려면 총의 방아쇠를 당겨야겠지요. '방아쇠'는 trigger. '일을 일으키다'라는 동사로도 많이 쓰입니다. '방아쇠'를 당기면 일이 벌어질 수밖에 없겠지요. pull the trigger는 '방아쇠를 당기다'라는 뜻입니다.

권총의 방아쇠를 당긴다고 생각해보세요. '연발 권총'이란 단어는 trigger 안에 있는 r자를 활용해서 건져봅시다. revolver. revolve가 '회전하다'라는 뜻도 가지고 있으니까 리볼보가 어떤 권총인지 상상이 가죠?

```
tiger — trigger
            |
         revolver(revolve)
```

주제별로 접근하기 17

share-hare
토끼가 먹이를 나누다

The man motioned the **hare** to **share** the carrot with the other animals.
그는 토끼에게 당근을 다른 동물들과 나누어 먹으라고 손짓했다.

'묘'(卯)면 토끼를 할 차례인데 왜 share를 하냐구요. share가 비교적 쉬운 단어이기 때문입니다. share는 '공유하다' '몫' '주식' 등의 뜻을 가지고 있습니다. 우리 일상에서 많이 들어보는 말로 '마켓쉐어'가 있습니다. '시장점유율' 정도의 뜻일텐데 영어로는 market share입니다. 토끼가 회사 로고(logo)인 회사의 주식을 사서 재미를 본다면 좋겠지요. 미국의 성인잡지인 〈Playboy〉의 상징 동물이 토끼잖아요. 이승희 씨가 표지 모델로 나와 화제가 되기도 한 적이 있었지요.

'토끼'는 share 안에 있는 hare입니다. 토끼가 오순도순 도토리(acorn)를 나누어 먹잖아요. '토끼'란 뜻을 가진 다른 단어를 하나 더 찾아볼까요? hare 가운데 r자가 있으니까 rabbit.

토끼라는 단어 하나 더 해볼까요? 쌍둥이 자매가수 중에 "바니 걸스"라고 있었죠. 노래 부를 때 토끼처럼 깡충깡충 뛰었던 모습을 기억하는 사람들이 많을 겁니다. Bunny Girls. bunny가 '토끼'라는 뜻입니다.

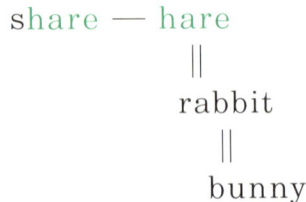

dragon-drag
용이 긴 꼬리를 질질 끌다

The **dragon** threatened that it would **drag** the warrior around like a rag.
용은 그 전사를 넝마처럼 질질 끌고 다닐 거라고 위협했다.

일본판 만화 〈드래곤 볼〉을 본 사람이 많이 있을 겁니다. 쌍용의 엔진오일 이름이 SUPER DRAGON이죠. 회사 이름에 용이 들어 있어서 그렇게 붙인 것 같네요. dragon은 '용'이라는 뜻이죠.

'개천에서 용났다'라는 말이 있지요. '개천'은 brook. 영화 〈Endless Love〉의 여주인공 브룩 실즈(Brook Shields)가 이 영화로 완전히 떴습니다. Brook Shields의 고향인 뉴욕에서 개천에 용났다고 했겠네요. 참고로 shield는 '방패'.

용이 하늘로 승천하기 위해서 땅에 긴 꼬리를 끌다가 급기야 하늘로 올라가지요. '끌다'는 drag. 컴퓨터 작업할 때 mouse pointer로 drag 또는 dragging한다고 하지요. mouse pointer로 질질 끌고 다른 지점으로 이동할 때 쓰는 말이죠.

왕은 곧잘 용에 비유되지요. 장안의 화재가 되었던 〈용의 눈물〉이라는 사극도 태종 이방원의 고뇌에 찬 눈물을 상징하는 것 아닙니까. 왕이 입는 옷은 용포(龍袍). 용포를 너무 질질 끌면 누더기가 되겠지요. 너무 길게 이야기했나요. '누더기'는 영어로 뭐지요? rag.

```
dragon — drag
          |
         rag
```

snake-naked
뱀 껍질을 발가벗겨서 구워먹다

The children were scared to see the **snake** crawl down the tree when they were swimming **naked** in the stream.

아이들이 개울에서 발가벗고 수영하고 있을 때 뱀이 나무를 타고 내려오는 것을 보고 무서워했다.

'사'(巳)는 뱀을 뜻하지요. '뱀'은 snake. 뱀 잡으러 다니는 땅꾼들이 뱀을 잡아서 구워먹기도 하는데 껍질을 벗겨서 먹어야겠죠. 껍질을 벗기면 완전히 나체가 되지요.

'벌거벗은'은 snake의 s를 뺀 nake를 활용하면 naked. '벌거벗은' '나체의'라는 뜻을 가진 다른 단어는 같은 n으로 시작하는 nude. nude model이라는 말 들어보셨지요. IMF 사태 이후 nude model을 하는 남자들이 한때 급증했다는 보도도 있었잖아요. 〈폴 몬티〉라는 영국 영화는 실직한 사람들이 아예 strip show를 공연하는, 남의 얘기 같지 않은 스토리로 사람들의 가슴을 뭉클하게 한 적이 있습니다.

'벌거벗은'의 뜻을 가지고 있는 또다른 영어 단어는? bare. 발음은 '베어'. '벌거벗은'도 'ㅂ'으로 시작하니까 연관이 있지요(너무 억지인가요? 조금이라도 관련이 있으면 끈을 맺어주어야 직성이 풀려서 그럽니다).

이제는 뱀에 대해 좀더 해봅시다. '뱀'이라는 또다른 단어는 snake와 같이 s로 시작합니다. serpent.

```
snake  —  naked
  ‖         ‖
serpent   nude = bare
```

horse-hoarse
성난 말처럼 소리를 질러 목이 쉬다

We shouted ourselves **hoarse** at the **horse** race.
경마장에서 우리는 목이 쉬어라고 외쳤다.

'오'(午)는 말을 뜻합니다. horse 는 말 중에서 '수말'을 말합니다. 그러면 '암말'은? mare (암말은 "매어"놓아야 한다는 문제성 발언은 곤란하겠죠). 말을 탄 악마가 꿈에 나타난다면 악몽이죠. '악몽'은 nightmare.

'종마'는 stallion. 영화배우 실베스타 스텔런(Silvester Stallone)과 비슷하죠. 〈Rocky〉나 〈Rambo〉에서 종마처럼 종횡무진 활약하잖아요. '키 작은 소형말'은 pony. 현대자동차가 미국 시장에 진출할 때 수출의 견인차 역할을 했던 그 pony가 바로 키 작은 말이라는 뜻이죠. '당나귀'는 donkey. 미국 민주당을 만화로 그릴 때 사용되죠(공화당은 elephant). '나귀'라는 말로 쓰이는 또다른 단어로 ass가 있으나 '엉덩이'라는 뜻으로도 많이 쓰이죠. 외국영화를 보다보면 "빨리 못 일어나!" 정도의 뜻으로 "Get your ass up."이라는 표현을 많이 들어볼 겁니다. 속어적인 표현입니다.

말처럼 히힝거리며 큰 소리를 연거푸 지르면 어떻게 되겠어요? 목이 쉬겠죠? '목이 쉰'이란 뜻을 가진 영어 단어는? hoarse. a자만 첨가되었고, 발음은 horse와 같습니다.

말처럼 히힝거린다면 목소리가 조잡하겠죠. '조잡한'은 영어로? coarse. 북한에도 golf course가 평양 근처에 하나 있는데 course가 조잡하여 (coarse) 외국인들이 별로 이용하지 않는다는 뉴스를 본 적이 있습니다.

```
horse — hoarse
  |       |
mare    coarse
```

sheep-shepherd
양치기가 초원에서 양을 돌보다

The **shepherd** watched his **sheep** that were grazing in the pasture.
양치기는 목장에서 풀을 뜯고 있는 양들을 지켜보았다.

'미'(未)는 양을 뜻하지요. 양(sheep)은 순하고 수줍음을 많이 타지요. 그래서 sheepish라는 단어를 미국 사람들이 많이 씁니다. 일을 잘못하거나 어리석은 짓을 했음을 알고 마음이 불편해지는 상태가 sheepish입니다. sheepish smile.

'어린 양은 lamb. 조디 포스터(Jody Foster)에게 두번째로 아카데미 여우주연상을 안겨주었던 영화 기억나세요? 〈양들의 침묵〉이죠. 원제가 〈Silence of Sheep〉일까요? 아닙니다. 〈Silence of Lambs〉죠.

'양치기'는 영어로? shepherd. 재미있게 외워 볼까요. 양치기가 여자네요. she. sheep의 단어 중 일부이기도 하구요. herd는 '떼'. 양을 떼로 몰고 다니잖아요. 그러면 철자도 정확해지겠죠. 물론 이 단어는 원래부터 sheep + herd를 결합한 단어입니다. e만 빠진 셈이죠.

shepherd에서 하나 더 단어를 건져볼까요. shepherd에서 she와 herd를 연결하는 것은 p죠. 양치기는 목장에서 일할 수 있죠. '목장'이란 뜻을 가진 단어는 p를 이용하면 pasture가 됩니다.

```
sheep — lamb
  |
shepherd — herd
    |
   pasture
```

monkey-monk
수도승이 우리에 갇힌 원숭이를 풀어주다

The **monk** had a pet **monkey** play in the monastery.
그 수도승은 애완용 원숭이를 수도원에서 놀게 했다.

이번에는 '신'(申)을 할 차례입니다. 원숭이(monkey)를 뜻하죠. monkey에는 어떤 단어가 들어 있는지 찾아볼까요? 아무리 눈을 씻고 봐도 key 밖에 없다구요. 이건 쉬운 단어와 연결하는 어려운 단어라는 암기법에 맞지 않는데. 그렇죠. 그러면 뭐가 있나 다시 찬찬히 살펴보세요. monk. '수도승' '중'이라는 말이지요. 그럼 '수녀' '비구니'는? nun. monk 안에 있는 n을 활용하세요.

그럼, 원숭이하고 수도승은 무슨 관계가 있나요? 상상력을 발휘해보세요. 생각이 났나요?

손오공과 삼장법사. 어때요? 그럴 듯한가요? 도술을 써서 천체의 궁전을 발칵 뒤집어놓은 손오공이 500년 동안 오행산에 갇혀 있는 것을 삼장법사가 구해준 이야기『서유기』, 잘 알죠. 나중에 저팔계와 사오정도 같이 동행하잖아요.

수도승을 monk라고 했죠. 그러면 이들이 기거하고 있는 곳은 수도원입니다. '수도원'은 monk의 mon으로 시작한다고 생각하세요. monastery.

```
monkey — monk — nun
           |
        monastery
```

주제 1 동물(십이간지)

주제별로 접근하기

cock-crest
닭이 볏을 꼿꼿이 세우다

The **cock** shook his **crest** at the hen as she laid her egg.
암탉이 알을 낳자 수탉은 암탉을 보고 볏을 흔들어댔다.

이번에는 '유'(酉)를 할 차례입니다. 닭이죠. cock은 '수탉'입니다. '닭의 볏'은 c로 시작한다고 생각하세요. crest.

그럼, 암탉은? 사위사랑은 장모라고 하잖아요. 부엌에서 닭도리탕을 준비한다고 생각해봅시다. '부엌'은 kitchen. '암탉'은 그 안에 들어 있는 hen.

부엌에서 닭을 잡느라고 닭털이 날리면 간지럽겠지요. '가렵다'라는 뜻을 가진 단어는? kitchen 안에 있는 itch.

hen을 이용해서 닭과 관련된 단어를 공부해볼까요? 알은 egg. 어디에서 낳지요? 둥지죠. '둥지'는 nest(honest, earnest에도 들어 있습니다).

그러면 '알을 까다' '부화하다'라는 뜻을 가진 단어는 hen에서 마지막 남은 철자 h를 활용해 hatch로 외우세요. 거위(goose)가 하늘을 나는 영화 〈아름다운 비행〉(Fly Away)을 보면 아이가 부모 몰래 창고에서 거위 알을 부화시키는 장면이 나옵니다.

dog-dogma
개 같은 교리

The priest regarded the religious **dogma** as what only **dogs** would take.
그 신부는 그러한 종교적 독단을 개들이나 받아들일 만한 것으로 간주했다.

이번에는 '술'(戌)을 할 차례죠. '술'은 개를 뜻합니다. 삼복더위에 가장 수난을 당하는 동물이죠. 개들이 이 기간에는 보신탕거리가 되지 않으려고 몸보신하기 위해 짖지(bark) 않는다고 합니다. 그랬다간 '개죽음'을 당하니까. 이 견공들을 잡아먹는다고 해서 한국 사람들을 야만인(savage, barbarian) 취급하는 외국 언론들을 많이 보았을 겁니다. 이건 형평에 어긋나는 것 같아요. 자기들은 원숭이 골을 깨서 파먹으면서……(〈인디아나 존스〉에 나오잖아요).

　세기말이 될수록 사람들을 현혹하는 교리로 사기를 치는 신흥종교 교주들이 많죠? 그런 사람들에게 당하면 입에서 '개 같은 교리'라는 말이 저절로 나올 겁니다. 이때 '교리' '교조'를 dog을 활용해보면 dogma. 그래서 '교조주의'를 dogmatism이라고 하잖아요(단어 제일 뒤에 -sm이 붙으면 '~주의'라는 뜻). '교조'라는 뜻을 가진 다른 단어 역시 do로 시작합니다. doctrine. 해외 주둔 미군을 감축하는 것이 골자였던 닉슨 독트린이 유명하잖아요. 우리나라에도 많은 영향을 주었죠.

```
dog — dogma — dogmatism
         ‖
      doctrine
```

Funny Story 1

Ginger, a crossing guard at the elementary school, regarded each child as her personal charge. Concerned that motorists on their way to work were speeding and endangering her kids, she appealed to the police chief for a radar gun. She was told that budget constraints would not allow purchase of additional equipment. The next day, all the vehicles were traveling much slower as Ginger, undaunted, aimed at oncoming traffic with her ___?___.

　이 Funny Story들은 못말리는 Ginger네 식구들이 일상에서 겪는 에피소드를 다양하게 엮어놓은 것입니다. 아주 포복절도할 정도로 재미있는 이야기는 아닐지 모르겠지만 입가에 잔잔한 미소를 짓게 만드는 것들로 꾸몄습니다. Funny Story를 즐기는 가장 좋은 방법은 내용을 머릿속에 상상해보는 것입니다. 이 이야기들을 읽으면서 가족간의 사랑을 다시 한번 느껴보세요.
　자, Ginger라는 여자가 첫 등장인물로 나타났습니다. 초등학교(elementary school)에서 횡단보도 자원봉사자(crossing guard)를 하고 있었습니다. 그런데 직장으로 가는 운전자들이 너무 과속을 하는 것이 걱정이 되어 경찰서장(police chief)에게 속도 측정계(radar gun)를 하나 부탁합니다. 하지만 예산이 부족하여(budget constraint) 장비(equipment)를 추가로 구입할 수 없다는 말을 듣습니다. 그렇다고 포기할 Ginger겠습니까? 다음 날 무슨 이유인지 모르겠지만 차들이 모두 이전보다 훨씬 천천히(much slower) 엉금엉금 기어오고 있는 것이었습니다. 왜 그런가 했더니 글쎄 Ginger가 자기를 향해 오는 차들을 뭔가를 가지고 겨냥하고 있어서 그랬습니다. 뭘 가지고 차를 겨냥했기에 그렇게 쌩쌩 달리던 차들이 천천히 오고 있었을까요? 한 번 여러분 나름대로 상상해볼래요?

정답 : hair dryer
hair dryer는 멀리서 보면 꼭 속도 측정계처럼 생겼잖아요.

wine-swine
돼지가 포도주 마시고 픽(pig) 쓰러지다

That **swine** knocked over the **wine** bottle.
그 돼지는 술병을 넘어뜨렸다.

이번에는 마지막으로 '해'(亥)를 할 차례입니다. 돼지를 의미하죠. '해' '돼지'에 공통적으로 들어 있는 것이 'ㅐ'. 그러니까 '해'는 돼지.

그런데 왜 wine 을 하냐구요? wine과 돼지가 연관이 있거든요. swine 이 '돼지'입니다. 그러면 일반적으로 많이 쓰이는 돼지라는 영어 단어는 pig .

wine — swine = pig

face-surface
얼굴 표면이 거칠다

The **surface** of the moon from the earth sometimes resembles a human **face**.
지구에서 바라본 달 표면은 때때로 인간의 얼굴을 닮았다.

face는 '얼굴'이라는 명사지만, 동사로 쓰이면 '직면하다'라는 뜻입니다. confront도 유사한 뜻을 가지고 있죠.
  얼굴이라는 단어를 가지고 연결할 수 있는 두 단어를 살펴봅시다. preface는 얼굴 앞에 있으니 책의 '서문', surface는 '표면'.
  face로 의미연상법(356쪽 참조)을 적용해 '표정'이라는 단어를 건집니다. face 안에 있는 e를 활용하면 됩니다. expression.
  정연아 씨가 쓴 책『성공하는 사람에겐 표정이 있다』에 보면 자연스런 사람의 표정이 얼마나 중요한가에 대한 이야기를 여러 가지 사례를 들어 재미있게 펼쳐나가고 있습니다. 인상적인 표정을 짓는 사람을 꼽으라는 설문에 대부분의 사람들이 남자는 '배용준', 여자는 '김혜수'를 꼽았다고 그러더군요. 듣고 보니 그런거 같지요? 사람이 나이가 들면 자신의 얼굴에 책임을 져야 한다고 하지요.

```
face ┬ preface
     │
     └ surface
  expression
```

nose-diagnose
코가 헐어서 진단을 받다.

The doctor will diagnose this rash on my nose.
의사가 내 코의 발진을 진단할 것이다.

코(nose)에 이상이 생기면 병원에 가서 진찰을 받고 의사의 진단을 받아야겠죠. '진단하다'는 diagnose. 이 단어의 명사형은 diagnosis.

 nose라는 단어로 의미연상을 해서 한 단어만 더 합시다. '코를 골다'라는 뜻을 가진 영어 단어는 nose에 있는 s를 활용합시다. snore. s로 시작해서 뒤에 있는 nore는 nose에서 s만 교체하면 됩니다.

```
nose — diagnose
  |
snore
```

ear-hear
귀로 듣다

I could not **hear** you with my left **ear**.
왼쪽 귀로는 당신 말을 잘 들을 수 없다.

귀(ear)가 하는 일은 hear. 귀로 눈에 보이는 소리뿐만 아니라 마음의 소리까지도 들어야겠죠. '마음'은 heart. '심장'이라는 뜻도 있죠. '마음에서 우러난'이란 단어는 hearty. '심장마비'는 heart attack.

"난 네 말이 안 들려."를 영어로 하면 "I can't hear you."

영구차에서 가족이 우는 소리를 들을 수 있겠죠. '영구차'는 hearse. 그리고 겨울에 따뜻한 벽난로 근처에서 할머니의 옛날이야기를 들을 수 있겠죠. '벽난로'는 hearth.

엿장수가 울릉도 호박엿 사라고 큰 가위를 절컥절컥거리며 가겠죠. '큰 가위'는 shear(일반적으로 가위는 scissors. 같은 s로 시작합니다).

남의 이야기를 우연히 들을 수 있겠죠. '우연히 듣다'는 overhear.

```
ear — hear — heart
        |
      hearse
        |
      hearth
        |
      shear — overhear
```

finger-fin
손가락으로 물고기의 지느러미를 만지다

I rubbed the fish's **fin** with my **finger**.
나는 물고기의 지느러미를 손가락으로 문질렀다.

손가락의 종류를 볼까요?

the index finger 집게손가락
the middle finger 가운뎃손가락
the ring finger 약손가락 (the third finger라고도 하는데 이때 세번째 손가락으로 오해하면 안됩니다. 왜냐하면 엄지손가락을 빼고 시작하니까요)
the little finger 새끼손가락

물고기의 지느러미를 손가락으로 만지면 미끈미끈하겠죠? '지느러미'는 finger 안에 있는 fin. 이 단어는 어디서 많이 들어본 듯하죠. 힌트는 중국집. 그래도 모르겠어요? 탕수육, 팔보채, 라조기... 그리고 삭스핀. '삭스핀'이 중국말인 줄 알았다구요? shark's fin. 상어 지느러미 요리죠. 덕분에 shark라는 단어까지 알게 되었네요.

하나 더 할까요. 물고기 지느러미를 만지면 냄새가 오래 남겠죠. '오래 남아 있다'라는 뜻을 가진 단어는 finger를 자음순환법으로 활용하면 됩니다. linger.

finger — fin — shark
 |
linger

hand-handle
왼손으로 잘 다루다

I grasped the **handle** with my left **hand**.
나는 왼손으로 손잡이를 잡았다.

hand라는 단어를 가지고 얻을 수 있는 단어는 이 단어 뒤에 le라는 철자를 첨가하는 것입니다. handle. '손잡이'라는 뜻도 있지만 동사로 쓰이면 '다루다'라는 뜻이 됩니다.

이와 같이 우리가 알고 있는 쉬운 단어에 le만 붙여서 또다른 중요한 단어를 만드는 경우가 많은데 대표적인 것만 암기해보도록 합시다.

    hand + le = handle 다루다(손잡이를 잘 다루다)
    need + le = needle 바늘(바늘이 필요하다)
    start + le = startle 놀라다(놀라기 시작하다)

needle로 자수를 놓을 수도 있겠죠. '자수를 놓다'라는 단어는 needle이라는 단어에 3개씩이나 들어 있는 철자 e를 활용하여 확장합니다. embroider.

```
hand — handle
          |
       needle — embroider
          |
       startle
```

lap-clap
무릎 치고 손뼉 치고

The baby in my **lap clapped** for the clown.
내 무릎에 앉아 있던 아기가 광대를 보고 손뼉을 쳤다.

lap이란 단어가 생소하게 느껴질지도 모르겠지만 컴퓨터와 관련하여 자주 들어보는 단어입니다.

desk top computer 책상 위에 올려놓는 일반적인 컴퓨터.
lap top computer 무릎 위에 올려놓을 수 있는 크기의 휴대용 컴퓨터.
palm top computer 손바닥 위에 올려놓을 정도의 초소형 컴퓨터.

아시겠죠? lap은 '무릎', palm은 '손바닥'입니다.

'손뼉을 치다'는 clap(야유회 가서 노래할 때 무릎치고 손뼉치고 하죠.)
'찰싹 때리다'는 slap(좋은 아이디어가 생각나면 무릎을 치면서 좋아하죠.)

palm으로 한 단어 더 합시다. 교회에서 부흥회(revival)할 때 손바닥을 치며 찬송가를 부르는 모습을 많이 볼 겁니다. '찬송가'는 psalm. s가 추가되었죠.

lap — palm — psalm
 |
clap
 |
slap

leg-legend
전설적인 손기정의 다리

Legend usually has it that a pirate had a pegged **leg**.
전설에 의하면 한 해적이 의족을 하고 있었다고 전해진다.

손기정, 황영조라는 마라토너들이 한국인의 자존심을 한껏 드높인 적이 있었죠. 그들의 다리는 정말 끝내주는 다리죠. 이제 실전에서 그들이 뛰는 모습을 볼 수 없으니 '전설' 속의 다리일 겁니다.

'전설'이라는 단어는 leg과 end를 합쳐 legend. '끝내주는 다리'라는 식으로 이해하면 되겠지요. '전설적인'은 legendary. 브래드 피트(Brad Pitt)를 일약 세계적인 스타로 만들어준 영화 〈가을의 전설〉의 원제목은 〈Legends of the Fall〉. '몰락의 전설'이라고 뜻을 해석하는 사람도 있습니다.

손기정, 황영조 선수의 그런 불굴의 정신을 유산으로 남겨주어야겠지요. '유산'은 legacy.

---

leg — legend — legacy

apple-grapple
사과를 움켜쥐다

I must **grapple** up the limbs of this tree to pick that **apple**.
사과를 따기 위해서 나무의 큰 가지를 붙잡아야 한다.

사과하면 뭐가 떠오르나요? 스위스의 전설적인 영웅 윌리엄 텔(William Tell)이 자기 아들의 머리 위에 있는 사과를 향해 활을 쏘기를 강요받는 유명한 장면을 모르지는 않겠죠? 하지만 그가 실존인물인가 하는 점에 대해서는 지금도 의견이 분분하다고 합니다. 그 이름은 독일의 극작가 쉴러(Friedrich von Shiller)의 희곡 『빌헬름 텔』(Wilhelm Tell/1804)로 세계적인 명성을 얻게 되었다고 합니다.

그럼, apple로 얻을 수 있는 단어는 무엇이 있을까요? grapple이라는 단어가 있습니다. 〈훔친 사과가 맛있다〉라는 영화가 있었죠. 사과를 훔치려면 꽉 움켜쥐어야겠죠? '꽉 쥐다'가 바로 grapple입니다. 이건 앞에다 붙여야 되니까 조금 신경을 써야 합니다. 그러나 grapple을 볼 때 apple을 생각하면 됩니다. 그럼, apple을 빼면 gr만 남지요. 사과를 움켜잡는다고 했지요. '잡다'라는 또다른 단어는 gr로 시작합니다. 뭘까요? 세 가지가 있습니다. grab, grip, grasp.

---

apple — grapple
     ‖
  grab = grip = grasp

bread-spread
빵에 젤리를 골고루 바르다

Spread the jelly evenly over the **bread** so all of it will taste sweet.
달콤한 맛이 나도록 젤리를 빵 위에 골고루 발라라.

bread는 '빵'. 책을 읽으면서 맛있는 빵을 먹을 수도 있지요. '빵집'은? 빵이 bread로 시작하니까 빵집도 b로 시작한다고 생각하세요. bakery. 어디서 많이 들어본 단어 같죠. 우리나라에 많이 있는 빵집 중 하나가 '크라운 베이커리'(Crown Bakery)죠.

이번에는 bread 안의 read라는 단어가 들어가는 단어를 알파벳 순서로 보겠습니다.

bread 빵
dread 두려워하다
spread 퍼지다
thread 실
tread 걷다

```
bread — read — dread
  |              |
bakery         spread
                 |
               thread
                 |
               tread
```

주제별로 접근하기

butter-utter
빵에 버터를 바르면서 말하다

I utter, spreading the **butter** on my bread.
나는 버터를 빵 위에 바르면서 말한다.

빵에다 butter나 jam을 발라 맛있게 먹으면서 상대방과 말을 할 수도 있겠지요? '말하다' '발음하다'라는 뜻을 가지고 있는 단어는? butter 안에 들어 있는 utter. butter 안에 들어 있는 butt는 '꽁초'라는 뜻. cigarette butt은 '담배 꽁초'.

utter가 형용사로 쓰이면 '완전한'이란 뜻입니다. utter darkness는 '칠흑같은 어둠'.

말을 끊임없이 중얼거리는 사람을 생각해봅시다. '중얼거리다'라는 뜻을 가진 단어는 utter를 활용하면 됩니다. mutter. '중얼거리다'라는 뜻을 가진 또다른 두 단어 역시 mutter와 마찬가지로 mu로 시작합니다. mumble과 murmur.

```
butter — utter
   |        |
  butt   mutter  =  mumble  =  murmur
```

carrot-rot
썩은 당근을 차에 싣고 가다

Since the **carrot** had started to **rot**, the parrot refused to eat it.
당근이 썩기 시작해서 앵무새가 먹기를 거부했다.

carrot은 '당근'이란 뜻이죠. 말들이 사족을 못쓰고 좋아하는 채소죠. 얼마전에 했던 캐로플이란 과일음료 광고 기억나시죠. '캐로플'은 carrot과 apple의 합성어입니다.

자, carrot을 잘 들여다보면 우선 친근한 단어 car가 있지요. 그럼 '자동차에 당근을 싣고 가는데' 어떤 당근을? 썩은 당근을 싣고 가네요. 공급이 넘치면 가격이 폭락하죠. 이래서 농민(peasant)들은 농사가 잘 돼도 걱정, 안돼도 걱정이군요. '썩다'는 영어로 뭘까요? 바로 carrot 안에 들어 있는 rot입니다. '썩다'라는 뜻을 가진 또다른 단어는 decay. 같이 묶어서 외우세요.

하나 더 건지려면 자음순환법을 활용해 c대신 p를 넣으면 parrot. '앵무새'죠.

---

car**rot** — **rot** = decay
   |
par**rot**

coffee-fee
커피를 마시고 요금을 내다

The **fee** for the **coffee** was three thousand won.
커피값은 삼천 원이었다.

커피를 마시고 나면 요금을 내야겠지요. '요금'은 영어로 뭘까요? coffee 안에 있는 fee. 사실 fee라는 단어는 변호사, 의사, 가정교사에게 내는 사례금입니다. 그래서 tuition fee는 '수업료', registration fee는 '등록금', attorney fee는 '변호사 수임료'가 됩니다.

그러면 버스, 기차, 전차, 배 등의 요금은 뭐라고 할까요? 이 단어도 fee와 마찬가지로 f로 시작합니다. fare.

커피 마시고 내는 요금은? pay를 써야겠지요.

```
coffee — fee
  |       |
 pay     fare
```

40 컨추리 보이 영단어

cracker-crack
크래커에 금이 가다

I **cracked** the box open to get you a **cracker**.
크래커를 네게 주려고 나는 상자를 북 뜯어 열었다.

브루스 윌리스(Bruce Willice)가 주연한 〈아마겟돈〉(Armageddon)이라는 영화를 보면, 브루스 윌리스의 장래 사위(son-in-law)가 될 사람이 지구로 다가오는 혜성(comet)을 폭파하기 위해 지구를 떠나기 전 그의 애인과 즐거운 시간을 보내는 장면이 나옵니다. 여기에 cracker와 cookie를 구분하는 미국인들의 방법이 연인 사이의 대화로 나옵니다. cracker는 달지 않아야 하며 치즈를 찍어먹었을 때 제맛이 나야 한다는군요.

   cracker로 유명한 것으로 뭐가 있나요. ACE, BASIC... 다 영어 단어네요.

   그러면 '금이 가다'라는 뜻을 가진 영어 단어는? crack. cracker를 사서 봉지를 뜯어보면 제일 위에 있는 크래커에 금이 가 있는 일이 많죠. 그렇게 연결해서 생각하면 됩니다.

   가게에서 크래커를 어디에 올려놓고 팔죠? 선반이죠. 그럼 '선반'은 영어로? rack.

```
crack er — crack
            |
          rack
```

dinner-din
아이들이 저녁을 먹으면서 소란을 피우다

The **din** of noise was so loud that it ruined my **dinner**.
소음이 너무 커서 내 저녁식사를 망쳤다.

저녁식사할 때 아이들이 많은 집은 어떨까요? 반찬 가지고 싸우고 밥 더 달라고 소리치고……. 이만저만 소란스러운 것이 아니겠지요? '소란' '소동'은 영어로? noise(댄스그룹 중에 "노이즈"가 있죠). 그런데 dinner 가지고 시작했으니까 '소란'을 다른 단어로 하면? din.

    공룡들이 〈쥬라기 공원〉에서 소란을 피운 적이 있죠. '공룡'은 din을 이용합시다. dinosaur. 〈쥬라기 공원〉 3편을 스필버그 감독이 감독하지 않는다고 해서 벌써 신작에 대한 기대가 시들하다고 하더군요.

    상상력을 발휘해서 만일 대학 학장집의 아이들이 밥 먹을 때 이런 소란을 피운다면, '학장'은 영어로 뭐죠? dean(din의 긴 발음입니다).

```
dinner — din — dean
          |
       dinosaur
```

eat-cheat
남을 속여 먹다

Because the employer was a **cheat**, the children of the employee were unable to **eat**.
사장이 사기꾼이어서 직원의 아이들이 제대로 먹을 수가 없었다.

먹긴 먹는데 고기를 먹는다면? '고기'는 meat. 고기의 종류를 살펴볼까요.

소고기 beef
돼지고기 pork(fork와 혼동된다구요? 돼지고기는 people이 먹으니까 pork의 첫 철자는 p. fork와 knife는 먹을 수 없잖아요.)
양고기 mutton(이 단어는 button을 볼 때마다 연상시켜야 합니다. 푸줏간에서 button을 눌러 자동으로 고기를 썰죠. meat의 첫 철자와 의미를 연상해도 됩니다)
송아지고기 veal('폭로하다'는 뜻의 reveal이란 단어 안에 들어 있습니다. 송아지고기를 몰래 먹었다고 폭로하다?)
사슴고기 venison(son이 들어 있습니다.)

이번에는 밀을 먹는다면? '밀'은 영어로? wheat. '속여먹다'의 '속이다'는 cheat. 모두 eat가 들어 있죠. cheat on은 '부인 몰래 바람피다'라는 뜻입니다.

```
eat — cheat
         |
      meat(beef, pork, mutton, veal, venison)
         |
      wheat
```

주제별로 접근하기

grape-rape
포도밭에서 강간하면 짐승

The police arrested the criminal who raped the woman under the grape vine.

경찰은 포도나무 아래서 그 여자를 욕보였던 범인을 체포했다.

포도 좋아하세요? 요새는 포도만 먹고 살을 빼는 사람들도 많다던데. 하긴 고기만 먹고 살을 빼는 황제 다이어트도 있으니까. diet 잘못하면 큰일나죠. diet하다 die한 사람도 있잖아요.

 grape 안에 뭐가 있나요? rape. '강간하다'. 무시무시한 단어군요. 이렇게 강제로 겁탈하는 사람은 짐승이나 다름없죠. 사람의 탈을 쓴 짐승이라고 할 수 있죠. grape 안에는 그러고 보니까 ape도 들어 있네요. ape는 '유인원'. 사람하고 제일 가까운 동물이잖아요. 그러니까 '포도밭에서 강간하면 짐승'.

grape — rape — ape

lunch-launch
점심을 먹으러 발사하듯이 뛰어나가다

The astronauts decided to eat **lunch** before **launch** time.

우주비행사들은 발사시간 전에 점심을 먹기로 결정했다.

lunch로 얻을 수 있는 단어는 철자를 하나 첨가하는 겁니다. 요즘 salary man은 아침을 굶고 오는 경우가 많아 점심시간만 눈빠지게 기다리는 일이 많죠. 점심시간이 임박하면 로켓 발사하듯이, 총알을 발사하듯이, 아니면 배를 스르르 진수시키듯이 그렇게 식당으로 달려나가죠. 점심시간은 오후 시간이죠. 오후는 afternoon. lunch에 afternoon의 a를 끼워넣으면 '발사하다' '진수시키다'의 뜻이 됩니다. launch.

기왕에 먹는 얘기가 나왔으니까 몇 단어 더 건질까요. 점심을 먹을 때 조용히 먹으면 좋겠는데, 아침을 굶은 사람이 그럴 수 있겠어요. 우적우적 먹겠죠? '우적우적 먹다'라는 단어는? munch. 자음순환법을 활용했죠. 식사를 하고 '음료수'로 입가심을 해야겠죠? 뭘로? punch. 웬 주먹질로 입가심을 하냐구요? 그게 아니고 punch는 주로 빨간색을 띤 음료를 말합니다. 레몬이나 설탕을 넣어 만든 음료수죠. 미국 사람들이 즐겨 먹는 Hawaiian Punch가 바로 그것이죠.

```
lunch — launch
  |
munch
  |
punch
```

주제 3 │ 식품

peach-impeach
천도복숭아를 몰래 먹은 녀석을 탄핵하다

I ate the entire **peach** as I watched the Senate try to **impeach** the President.
상원이 대통령을 탄핵하려고 하는 것을 지켜보면서 복숭아를 모두 먹었다.

peach는 '복숭아'죠. 그럼 impeach는? '탄핵하다'입니다. 그럼, peach와 impeach가 어떻게 연결될까요? 옥황상제가 먹는 천도복숭아를 따 먹으면 어떻게 될까요? 탄핵을 받아 지상으로 보내질 겁니다.

클린턴 대통령의 성추문 스캔들이 한참 절정에 달했을 때 미국 신문들이 줄곧 사용했던 단어가 바로 impeach입니다. 〈뉴욕 타임즈〉 1998년 10월 4일자 신문에 다음과 같은 기사가 실렸습니다.

If the House does vote to impeach president Clinton, he would stand trial in the Senate.(만일 하원이 클린턴 대통령을 탄핵하기로 투표한다면, 그는 상원의 심판을 받아야 할 것이다.)

탄핵을 받아 유죄판결을 받으면 결국은 감옥에 수감되겠죠. '수감시키다'라는 뜻을 가진 단어는 impeach에서 peach를 빼면 남는 철자 im을 활용하면 됩니다. imprison.

```
peach — impeach
         |
         imprison
```

potato-pot
감자를 단지에 담다

My mother put a **potato** in the **pot** to boil for supper.
엄마는 저녁식사 때 먹을 감자를 끓이기 위해 냄비에 넣었다.

과자 중에 potato chip이 있지요. '감자 조각'이란 말이지요. 주말농장에서 감자를 캐보면 여러 개가 줄줄이 같이 딸려나옵니다. 이렇게 딸려나온 감자를 잘 보관해야겠는데, 어디에? 단지에. 그럼, '단지'는 영어로 뭐지요? pot. 미국에서는 '마약'의 의미로도 쓰이죠. 주로 '마리화나'(marijuana)를 가리킵니다.

그럼 감자를 담은 단지를 어디에다 보관하나요? 저장소에. '저장소'는 depot(발음 조심. t가 묵음입니다). 저장소는 햇볕이 들지 않는 특정한 장소가 되어야겠지요.

'특정한 장소'는 spot. 가수가 무대에서 spotlight를 받는다고 하지요. 가수가 서 있는 특정한 장소만 light가 밝혀지는 거죠.

폭군은 어떤가요? 자신에게만 spotlight가 비춰지기를 바라죠. 그러니 다른 사람들의 의견은 무시될 수밖에. '폭군'은 영어로 spot에 de를 붙여서 despot. 폭군은 초등학생들에게 받아쓰기(dictate)를 시키듯이 지시한 것을 그대로 따르기를 바라니까 despot처럼 같은 d자로 시작하는 dictator.

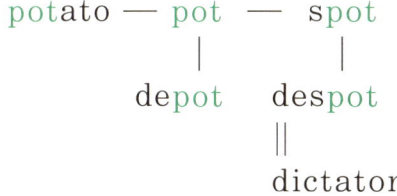

rice-price
쌀 값이 올라가다

The **price** of **rice** has gone up since the economic crisis.

경제 위기 이래로 쌀값이 올랐다.

rice가 '쌀' '밥'의 뜻을 가지고 있는 것은 다 알죠? '현미'(玄米)는 brown rice. '가격'은 price.

그러면 가을에 정부가 추곡을 수매할 때, 쌀값이 자꾸 변덕을 부려 생산비에도 못미치는 값을 받는 경우도 있겠죠. 쌀값이 널뛰기를 하며 변덕을 부리기 때문이겠죠? 그러면 '변덕'은? caprice.

rice — price — caprice

Funny Story 2

The dentists in the clinic are occasionally asked to treat inmates from the local jail. One day Ginger and her daughter Susan were seated in the waiting room when guards ushered in a handcuffed prisoner. "Mom", the child said, "___?___"

이번에는 Ginger가 딸 Susan과 함께 치과에 갔을 때 일어난 에피소드입니다. Ginger가 사는 도시에서는 가끔 지방교도소(local jail)에서 온 죄수들이 치료를 받으러 치과에 오는 경우가 있었습니다. 그날 마침 Ginger와 딸이 대기실(waiting room)에서 차례를 기다리기 위해 자리에 앉아 있었습니다. 생각해보세요. 어른이나 아이 할 것 없이 치과에 가는 것을 무척 싫어하잖아요. 그런데 갑자기 교도관들(guards)이 수갑찬 죄수(handcuffed prisoner) 한 사람을 안으로 데리고 들어오는 것 아니겠어요? 그걸 보고 Ginger의 딸이 엉뚱한 말을 했습니다. 뭐라고 말했을까요? 여러분, 한번 생각해보실래요?

정답 : He must really hate coming to the dentist.(엄마, 저 아저씨는 치과의사에게 오는 걸 무지무지 싫어하나봐.)
자기도 이빨을 뽑기 싫어하지만 그래도 자리에 앉아서 초조해하며 기다리고 있는데 어른이 돼가지고 얼마나 이빨을 뽑기 싫어했으면 사람들이 수갑까지 채워서 억지로 끌고 왔을까라고 Ginger의 딸이 생각한 것입니다. 어린아이들은 아직 죄수에 대한 개념이 확실하게 정립되어 있지 않아서 그럴 것입니다. 천진난만한 아이의 생각을 읽을 수 있겠지요.

actor-factor
훌륭한 배우가 갖추어야 할 5가지 요소

One **factor** in being a good **actor** is having good control of one's emotions.
훌륭한 배우가 되는 한 가지 요소는 자신의 감정을 잘 통제하는 것이다.

훌륭한 배우(actor)가 될 수 있는 요소들은 뭘까요? actor의 철자를 활용해봅시다(의미연상법, 365쪽 참조). 야망(ambition), 창의력(creativity), 노력(toil), 삶에 대한 관찰(observation), 그리고 끊임없는 참신함(refreshment) 등이 아닐까요?

    actor라는 단어의 각 철자로 시작하는 단어들을 적어보았습니다. 훌륭한 배우에게 필요한 덕목들이 아닐까요?

    '요소' '요인'이라는 뜻을 가진 단어는 factor입니다. '후원자' '기부자'라는 뜻을 가진 단어는? benefactor.

---

actor — factor — benefactor

- a-ambition
- c-creativity
- t-toil
- o-observation
- r-refreshment

author-authority
작가는 권위가 있어야 한다

Since he is such an **authority** on the subject, he must be an **author** of a book.
그는 그 방면의 권위자이기 때문에 그 책의 저자가 되었음에 틀림없다.

author는 '작가'를 뜻합니다. '여류작가'는 authoress.
   작가는 권위가 있어야겠죠. '권위'는 스스로 타인에게 인정받는 것이지만 '권위주의'는 남에게 권위를 강요한다는 면에서 차이가 있죠. '권위'는 authority. '권위 있는'이란 형용사는 authoritative.

```
author — authority
   |           |
authoress  authoritative
```

주제 4 | 사람·직업

cop-cope
경찰이 범죄에 대처하다

The cop didn't know how to cope with the serial killer.
경찰은 그 연쇄살인범을 어떻게 대처해야 할지 몰랐다.

〈투캅스〉, 〈로보캅〉이란 영화 제목 때문에 cop이란 단어는 우리에게 친숙한 단어가 되었지요. '경찰'이란 뜻이죠.
우선 cop이란 단어를 가지고 의미연상법을 활용해봅시다.

criminal 범인(경찰이 하는 일은 범인을 잡는 일이죠.)
officer 경찰(officer는 군대에서는 장교입니다. trooper도 경찰이죠.)
patrol 순찰하다

영화 〈Seven〉에서 연쇄살인범(serial killer)이 『성경』에 나오는 인간의 7가지 원죄(original sin)에 해당하는 대상자를 하나씩 죽일 때 〈투캅스〉인 신출내기 브래드 피트와 고참형사 모건 프리먼(Morgan Freeman)은 대처할 방법을 열심히 강구합니다.
'대처하다'라는 뜻의 영어 단어는 cope. 주로 전치사 with와 함께 쓰이죠.

```
cop — cope(with)
 ⇩
 ┌ c-criminal
 ┤ o-officer
 └ p-patrol
```

diplomat-diploma
외교관은 졸업장이 빵빵해야 한다

The **diplomat** received his **diploma** from the university.

그 외교관은 그 대학에서 졸업장을 받았다.

얼마전 한국과 러시아가 서로 상대국 주재 외교관을 추방한 사건이 있었죠. diplomat는 '외교관'이란 뜻입니다. 일단 이 단어 안에는 dip이란 단어가 있습니다. dip의 뜻이 뭐지요? dip이란 단어는 '살짝 담그다'라는 뜻을 가지고 있습니다. dipper는 '국자'. 그래서 '북두칠성'은 the Dipper라고 하죠. 국자모양으로 생겼잖아요.

자, 이번에는 다른 단어를 해봅시다. 외교관이 되려면 '졸업장'이 좀 빵빵해야겠죠. '졸업장'은 diplomat에 들어 있는 diploma.

```
diplomat — dip — dipper
   |
diploma
```

주제별로 접근하기

king-kin
왕족은 왕의 친족이다

The **king** has **kin** in another country.
그 왕은 다른 나라에 친족이 있다.

'왕'은 king, '여왕'은 queen. 그럼 '친족'은? kin. '혈통'이란 뜻도 있지요. '킨(kin)사이다'를 마시면 같은 한국인이라는 동포애를 강하게 느끼나요?

이번에는 king의 상대어인 queen이란 단어로 한 단어 더 건져봅시다. 여왕 중에 '괴상한' 여왕들도 많이 있겠죠? 영화 〈여왕 마고〉를 생각하세요. '괴상한' '기묘한'이란 뜻을 가진 영어 단어는? queer.

```
king  —  kin
  |
queen —  queer
```

lady-lad
그 여자는 총각한테 홀딱 반했다

The poor **lad** had a terrible crush on the older **lady**.
그 가난한 청년은 연상의 여인을 끔찍이 사모하였다.

'처녀' '총각'이란 말이 있지요? lady는 '숙녀' '귀부인'의 뜻이죠. 그럼 '총각'은? lady 안에 있는 lad입니다. 그럼 다시 '처녀'는? lass.

  lad와 lass의 성별을 잘 구분하지 못하는 경우가 많지요. 이 경우는 한 쪽만 알면 나머지는 자동적으로 뜻을 알게 되죠. lady 안에 있는 lad가 남자니까 lass는 처녀가 될 수밖에 없습니다.

  자, 이번에는 한 숙녀가 시름시름 병을 앓고 있다고 합시다. '질병'이 란 뜻으로는 disease, illness 등의 단어가 있지요. lady를 활용하여 또 하나의 단어를 추가합시다. malady.

---

lady — lad — lass
 |
malady = disease = illness

twin-twinkle
쌍둥이 눈이 반짝거리다

The **twin** boys love the song "**Twinkle**, **Twinkle**, Little Star."
쌍둥이 사내아이는 '반짝 반짝 작은 별'이라는 노래를 좋아한다.

프로 야구팀 중에 LG Twins가 있죠(LG Twins가 자주 이기는 이유는 win이란 단어가 들어 있어서 그런가요?). 여의도에 있는 LG그룹의 본사 건물을 쌍둥이 빌딩이라고 하잖아요. '쌍둥이'는 늘 둘 이상이니까 s를 붙여 twins.

　사실은 쌍둥이가 아니면서 쌍둥이 형제라고 속이는 코믹 영화 〈투 머치〉가 생각납니다. 안토니오 반데라스가 그 역할을 했는데 재미있습니다. 이 영화로 멜라니 그리피스가 그의 부인이 되었나요?

　어린 쌍둥이의 천진난만한 미소와 반짝이는 눈을 보면 입가에 저절로 웃음이 번지지요? '반짝반짝 빛나다'는 twinkle.

　그런데 쌍둥이들이 막 커갈 때 둘이 집안을 잡동사니 투성이로 얼마나 어질러놓는지 아십니까? '쓰레기' '잡동사니'라는 뜻을 가진 단어는? litter. 이 단어를 왜 하냐구요? '반짝이다'라는 단어를 하나 더 해야 하거든요. glitter.

```
twin  —  twinkle
            ||
        glitter  —  litter
```

women-omen
여성들의 시대가 도래할 전조가 보인다

The presence of a **woman** on a ship according to sailors of earlier times was regarded as a bad **omen**.
옛날에 선원들은 배에 여성이 타면 흉조라고 여겼다.

woman의 복수형이 women이죠. 오늘날 여성들이 '다방'면에서 탁월한 능력을 보여주고 있죠? '다방'에서가 아니라니까요.

박세리 선수가 불굴의 집념으로 한국의 위신을 올려주고 있고 CNN Anchor로 활약하고 있는 메이 리(May Lee)도 자랑스런 한국인입니다.

여성들의 능력발휘는 이제 하나의 징후입니다. 개개인의 능력발휘도 소중하지만 전체적으로 고통받는 여성들의 지위를 향상시키려는 힘겨운 노력이 여기저기서 진행되고 있지요. 좋은 징조입니다.

'징조' '징후'는 영어로? women 안에 있는 omen. 영화〈Omen〉때문에 부정적인 측면에만 쓰인다고 생각하지 마세요. 비슷한 뜻으로 쓰이는 어휘는? sign.

The Japanese economy shows a sign of recovery.
(일본 경제가 회복의 징후를 보이다.)

'징후'를 뜻하는 또다른 단어는 sign 안에 있는 i자로 시작하는 indication.

women — omen = sign
                 ‖
                 indication

주제 4 │ 사람·직업

주제별로 접근하기

주제 5 ─ 가족

aunt-haunt
고모가 유령이 되어 나타나다

Aunt Ruth passed away a week ago, and now she may think she can **haunt** this old house, but she doesn't daunt me any.

루스 고모가 일주일 전에 돌아가셨다. 이제 이 오래된 집에 유령으로 나타날 수도 있다고 생각할지 모르겠지만 나는 조금도 무섭지 않다.

'무서운 아줌마가 자주 나타나다'라는 말을 가지고 aunt를 이용하여 다른 단어를 건져봅시다. 다음 두 단어 안에는 모두 aunt가 들어 있습니다.

    daunt 위압하다
    haunt 자주 가다, 유령이 출몰하다

aunt — daunt — haunt

cousin-sin
사촌이 잘되는 일을 시기하면 죄다

If you try to assassinate your **cousin** who keeps bothering you, you commit a **sin**.

당신을 계속해서 괴롭히는 사촌을 죽이려고 한다면, 당신은 죄를 짓는 것이다.

'사촌(cousin)이 논사면 배 아프다'라는 말이 있지요. 남이 잘 되는 것을 축하하기는커녕 시기하는 것을 말하지요. 남이 잘 되는 것을 시기하면 범죄는 아니지만 양심상의 죄가 되겠죠. '양심상의 죄'는 cousin 안에 있는 sin. 형용사는 sinful.

    crime 법률상의 죄
    sin 종교, 도덕적인 죄
    original sin 원죄

'죄를 범하다'고 할 때 쓰는 동사는 crime이 c로 시작하니까 commit를 쓴다는 것을 유의해야 합니다.

너무 미운 상대가 있어서 마음 속에서 수도 없이 암살하는 경험을 해 본 적이 있을 겁니다. '암살자'는 assassin. 역시 sin이 들어 있지요? 실베스타 스탤론이 주연했던 영화의 제목이기도 합니다.

---

cousin — sin — crime
          | |
   assassin   commit

주제 5 — 가족

daughter-laughter
내 딸이 웃음을 터뜨렸다.

My **daughter** loves to hear her son's **laughter**.
내 딸은 아들의 웃음소리를 듣는 것을 좋아한다.

귀여운 딸(daughter)이 웃음을 터뜨렸다고 상상해볼까요. 웃음은 마음의 거미줄을 걷어가는 솔이라는 말도 있잖아요. '웃음'은 daughter의 제일 앞 철자만 바꾸면 됩니다. laughter.

자, 이제 아주 중요한 단어를 합시다. 스필버그 감독의 〈쉰들러 리스트〉를 보면 독일인이 아우슈비츠에서 유태인들을 대학살하면서도 태연하게 웃고 있는 모습을 보았을 겁니다.

웃으면서 대학살을 한다? '대학살'은 slaughter. laughter앞에 s를 붙이면 됩니다. 그렇다면 s를 죽이다라는 뜻을 가진 단어로 생각하면 훨씬 연상하기 좋을 겁니다. '죽이다'라는 단어 중 s로 시작하는 단어는? slay.

'대학살'이란 뜻을 가진 단어를 더 해볼까요?

    massacre   대학살(mass는 대량, 다수라는 뜻이죠. acre는 면적의 단위죠. 유태인을 학살하여 수백 에이커의 면적에 늘어놓았다고 생각하세요.)
    holocaust   대학살(영화 제목이기도 합니다.)

```
                          slay
                           |
  daughter — laughter — slaughter
                           ||
                        massacre
                           ||
                        holocaust
```

father-fat
아버지는 뚱뚱하다

His **father** consumed too many carbohydrates and became **fat**.
아버지는 너무 많은 탄수화물을 섭취해서 뚱뚱해졌다.

천주교에서는 Father가 '신부'라는 뜻으로 쓰입니다. 그럼 수녀는? Sister 혹은 Mother. 우피 골드버그가 주연한 영화 〈Sister Act〉라는 영화를 생각하면 됩니다. 원래는 priest가 신부, nun이 수녀라는 뜻으로 쓰이죠.

'뚱뚱한'이라는 단어는 father 안에 있는 fat. 뚱뚱한 사람은 지방이 많으니까 fat이 명사로 쓰이면 '지방'이라는 뜻입니다.

3대 영양소는 탄수화물, 지방, 단백질이죠. 지방은 했으니까 탄수화물과 단백질을 알아봅시다.

> carbohydrate 탄수화물(carbon이 탄소라는 것을 염두에 두세요.)
> protein 단백질(샴푸 상표 중에 Protein Shampoo가 있죠.)

```
father — fat
         |
         carbohydrate
         |
         protein
```

husband-band
남편은 혼수상태라는 악단의 단원이었다.

Her **husband** used to be part of a rock **band** called 'The Bandit.'
그녀의 남편은 옛날에 '산적'이라는 이름을 가진 록밴드의 단원이었다.

룸살롱에 가서 흥청망청 돈을 막 쓰는 남편(husband)을 좋아하는 아내는 없겠죠? 게다가 악단까지 부른다면? '악단'은 band. 금관악기 위주로 편성된 악단을 brass band라고 하잖아요.

　brass는 원래 '놋쇠'를 말합니다. 군 장성들의 계급장은 놋쇠로 만듭니다. 그래서 military brass하면 '군장성'을 말합니다.

　'띠'나 '끈'도 band. 상처가 났을 때 "대일밴드"를 많이 붙였죠. 그러니 머리에 두르는 띠도 band. 산적들이 머리에 띠를 두르죠. 황건적, 홍건적이 전부 붉은 띠를 머리에 두른 것이죠. 파업(strike)할 때도 '띠'를 두르잖아요. '산적'은 영어로 뭐죠? bandit. 〈Bandit Queen〉이라는 영화를 아십니까? 인도의 전설적인 여자 산적 이야기를 영화화한 것이죠.

husband — band — brass
　　　　　　|
　　　　　bandit

kid-kidnap
아이를 납치하다

Watch your **kids** closely or someone may **kidnap** them.

아이들을 가까이서 지켜봐라. 그렇지 않으면 아이들이 납치될지 모른다.

'어린이'를 말할 때 보통 child라는 단어 대신에 kid가 많이 쓰이죠. 'Kids Club' 등. kid를 가지고 몇 개의 단어를 건져봅시다.

kidnap 유괴하다, 납치하다(영화 〈Ransom〉을 생각하시기 바랍니다. ransom은 '몸값'이란 뜻입니다. 이 영화를 보면 항공사 사장의 아들을 유괴해놓고 범인들이 낮잠을 자는 장면이 나옵니다. 낮잠은 kidnap 안에 있는 nap. 어린아이[kid]를 유괴하여[kidnap] 낮잠[nap]을 자고 있잖아요.)

kidney 신장, 콩팥(얼마전에 한 어린아이가 숨을 거두면서 자신의 신장을 비롯한 장기를 기증하면서 눈을 감았던 감동적인 사연을 접하고 가슴이 뭉클했던 적이 있었습니다.)

'유괴하다' '납치하다'라는 뜻을 가진 단어를 더 해봅시다.

abduct 납치하다.
hijack 비행기 등을 공중 납치하다.
shanghai (선원으로 부려먹으려고 마약을 써서) 유괴하다.

```
kid — kid nap — abduct — hijack — shanghai
       |
      kid ney
```

mother-moth
엄마방에 나방이 날아들어왔다

The **moth** landed on my **mother's** hair.
나방이 엄마의 머리카락 위에 앉았다.

여학생들이 재잘거리면서 떠들고 있습니다. 그들이 모여 있는 곳에 자기들이 좋아하는 남선생님이 나타나면 그 선생님을 꽃밭의 '나비'라고 합니다. 그런데 정말 싫어하는 남선생님이 나타나면 그 선생님이 지나간 후 꽃밭의 나방이라고 이야기하며 까르르 웃습니다. '나방'은 영어로 뭘까요? mother 안에 있는 moth.

　엄마가 군대갔다 휴가차 나온 아들을 오랜만에 보자 질식시킬 정도로 으스러지게 껴안습니다. '질식시키다'는 smother. '질식시키다'는 뜻을 가진 또다른 단어는 같은 s로 시작합니다. stifle, suffocate.

```
mother  ── smother
  │         ‖
moth      stifle  ══  suffocate
```

wife-wipe
아내가 비오는 날 차를 닦다

The **wife** shouldn't be the only one to **wipe** the car.
아내가 차를 닦는 유일한 사람이 되어서는 안된다.

아내(wife)가 비오는 날 수세미를 들고 남편의 차를 닦습니다. 세차비 절약하겠다고. 얼마나 갸륵한 정성입니까? '닦다'는 wipe.
　'닦다'라는 단어를 몇 개 더 해봅시다.

　　wash, polish

　wipe 안에 있는 w와 p를 활용한 것입니다.

wife ― wipe ═ wash ═ polish

Funny Story 3

One Saturday Ginger rushed to the supermarket to get groceries for a big Sunday dinner. At home, however, she noticed the checker had charged her $1.68 for the ham instead of $16.80. Her husband Michael quickly drove to the store with the ham and the receipt, but the checker said it was her mistake and that there would be no extra charge. Pleased with his honest efforts, he then returned to the car ___?___.

이번에는 Ginger의 남편 Michael이 처음 등장합니다. 어느 토요일, Ginger가 일요일에 있을 성대한 저녁식사를 위해 찬거리를 사러(get groceries) 슈퍼마켓에 서둘러 갔을 때의 일입니다. 찬거리를 사가지고 집에 와서 영수증을 보니 다른 건 다 제대로인데 햄값만 $16.80 대신 $1.68로 잘못 찍혀 있었습니다. 아마 소숫점을 하나 잘못 찍은 것 같았습니다. 다른 사람 같으면 그냥 넘어가겠지만 정직한 우리의 Ginger여사가 그냥 넘어가겠습니까? 다음날 음식 준비 때문에 바빴으므로 남편 Michael을 시켜 차액 $15.12를 가게에 돌려주도록 했습니다. 햄과 영수증(receipt)을 가지고 가게에 가서 사정 이야기를 했더니 가게점원이 글쎄 자신의 실수니까 그 돈을 받지 않겠다고 했습니다. Ginger의 남편은 공돈이 생긴 것 같아 기분이 너무 좋아서 룰루랄라 차로 되돌아 갔습니다. 그런데 이게 웬일입니까? 눈먼 돈이 생겼다는 기쁨도 잠시, 차에 가보니 그런 기분이 확 달아났습니다. 왜 그랬을까요? 상상해보세요.

정답 : only to discover a $15 parking ticket attached to the windshield.(차에 되돌아가서 Michael이 발견한 것은 자동차 앞유리[windshield]에 부착되어 있는 $15짜리 주차 위반 딱지[parking ticket]였습니다.)

정직하게 돈을 가져다 주려고 서둘러 가게에 가다가 그만 불법주차를 하게 된 것을 몰랐던거지요. 그래도 그 정직함만은 높이 사 주어야 하지 않겠어요?

furniture-fur
가구 안에 모피 코트를 걸다

She liked nice sort of **fur** to cover her **furniture**.
그녀는 가구를 덮을 수 있는 멋있는 모피를 좋아했다.

furniture는 '가구'죠. "선 퍼니처" 등 광고에서도 익숙한 단어일 것입니다. 가구 안에 양복, 스커트 등도 넣지만 겨울에는 모피 코트도 넣겠죠? '모피'는 fur.

모피 코트 중에 양털로 만든 것도 있죠. '양털'은 fur와 마찬가지로 f로 시작합니다. fleece(flee는 '도망가다'의 뜻을 가지고 있죠. 양털을 깎으려고 하니까 양이 도망간다라고도 생각할 수 있습니다).

furniture — fur
              |
            fleece

roof-proof
지붕 위에 증거를 남기다

There is the **proof** that the thief dropped his ID card on the **roof**.

도둑이 지붕 위에 신분증을 떨어뜨렸다는 증거가 있다.

'지붕'은 roof. 도둑이 물건을 훔친 후 지붕으로 도망가다가 그만 증거물을 지붕에 떨어뜨렸다고 합시다. '증거'는 proof. 그런데 그 증거품이 지붕에서 땅으로 내동댕이쳐졌다고 생각합시다. '고꾸라지다' '내동댕이쳐지다'는 proof 앞에 있는 p를 살려 plunge.

```
roof — proof
         |
       plunge
```

주제 6 — 집

step-steep
가파른 계단

Be careful because the next **step** is very **steep**.
다음 계단이 아주 가파르니 조심하세요.

step은 '한걸음' '계단'의 뜻을 가지고 있습니다. step이 접두어로 쓰이면 '의붓-' '계-'의 뜻을 가지고 있습니다.

step-mother 계모(〈Stepmom〉이라는 영화가 있죠.)
step-father 의붓아버지

'계단'이라는 뜻을 가진 또다른 단어는 같은 st로 시작하는 stair. 계단이 아주 가파른 곳도 있죠. '가파른'에 해당하는 단어는? step에 e를 추가하면 steep. steep이라는 단어가 동사로 쓰이면 '적시다'입니다. 가파른 계단을 올라가다보면 땀에 흠씬 젖겠죠. '가파른'이란 뜻을 가진 단어는 steep이란 단어의 제일 끝에 있는 p로 시작한다고 생각하세요. precipitous. 이 단어는 자주 안 쓰이는 단어니까 참고만 하세요. 단지 이런 식으로 확장할 수 있다는 것을 보여주려는 겁니다.

```
step — steep
 ||
stair
```

table-fable
탁자 위에 우화책이 있다

'The Knights of the Round **Table**' may have been a **fable**.

'원탁의 기사'는 지어낸 이야기일지도 모른다.

table은 '탁자'라는 뜻이죠. '일람표'라는 뜻도 있으니 유의하세요. '그 부서에 티오(T/O)가 나야 가는데……'라고 할 때 T/O는 Table of Organization의 약어입니다. '조직표' '기구표'라는 뜻이죠.

자음순환법을 활용하여 table 외의 다른 단어를 건져봅시다.

- cable 피복전선, 굵은 밧줄
- fable 우화(〈이솝 우화Aesop's Fables〉라는 말 많이 들어보았죠. 〈이솝 우화〉를 암기하는 방법으로 영어공부를 하자는 제안이 있는데 참 좋은 생각입니다.)
- sable 담비

이번에는 table이 포함되어 있는 단어들을 몇 개 건져볼까요.

- stable 안정된, 마굿간('적응할 수 있는'이란 뜻을 가진 adjustable에도 stable이 들어 있습니다. 적응이 되면 마음이 안정되겠죠.)
- tablet 알약, 정제(탁자에 알약을 놓고 먹는다고 생각하세요.)
- vegetable 야채(탁자에서 야채를 다듬는다고 생각하세요.)

```
table — cable — fable — sable
  |
stable — tablet — vegetable
```

주제별로 접근하기

wall-wallet
벽 속에 지갑을 숨기다

He threw me up against the **wall** and my **wallet** fell out of my pocket.

그는 나를 벽에다 던져버렸다. 그래서 내 지갑이 주머니에서 떨어져 나왔다.

벽에 달린 옷걸이에 있는 양복 윗주머니에 지갑을 넣었다고 생각합시다. '지갑'은 wall을 활용하면 됩니다. wallet.
 '지갑'이라는 뜻을 가진 또다른 단어는? purse. 지갑을 훔쳐가면 가만 있겠어요? 쫓아가며 소리를 지르고 욕을 하겠죠. '욕하다'라는 뜻을 가진 단어는 자음순환법을 활용하면 됩니다. curse.

```
wall — wallet — purse
                  |
                curse
```

window-widow
과부가 창가에서 죽은 남편을 생각하다

Ever since her husband passed away, the **widow** just sits there and stares out the **window**.
남편이 죽은 이래로, 그 미망인은 단지 그곳에 앉아 창 밖을 내다볼 뿐이었다.

비가 몹시 오는 날 과부가 창가에 앉아 죽은 남편을 생각한다고 합시다. '과부'는 window에서 n을 뺀 widow.

그럼 '홀아비'는? 영어 단어는 대부분 남성명사에 접미사를 붙여서 여성을 만듭니다. 심지어 동물들도 마찬가지입니다. 이런 것을 두고 '성차별 언어'라고 하여 가능하면 다른 단어로 대치하려고 노력합니다. 예를 들어 '비행기 여승무원'은 stewardess대신에 flight attendant라고 부릅니다. 남녀 구분이 없습니다. chairman이나 salesman도 왜 남자만 '의장'을 하고 '판매사원'을 하느냐고 반발하면서 man자가 거슬리는지 chairperson, salesperson이라고 쓰는 경우가 많습니다.

심한 경우는 history도 왜 역사가 꼭 남자(his)의 이야기냐, 역사는 밤에 이루어졌다고 하며 herstory라고 쓰는 사람도 많습니다.

그런데 홀아비라는 단어는 독특하게 여성을 뜻하는 단어 뒤에 접미어를 붙여 남성으로 만드는 몇 안 되는 단어입니다. '홀아비'는 widower.

```
window — widow
           |
        widower
```

주제 7 ― 건축물

bank-ban
은행에서 부정대출을 금지하다

The **bank** has a **ban** on smoking inside the building.
은행 건물 안에는 흡연 금지 표지가 있다.

은행들이 부정으로 대출하는 관행은 금지되어야 합니다. '금지하다'라는 뜻을 가진 단어는 아주 쉽습니다. bank 안에 있는 ban, forbid도 '금지하다'의 뜻입니다.

이번에는 ban을 활용하여 다른 단어를 건져봅시다. ban과 유사한 발음을 가진 것은 van. '미니밴'이니 해서 많이 들어보았을 겁니다. '승합차' 정도의 뜻이 됩니다. ban과 van을 활용하여 또 두 단어를 건져봅시다. banish와 vanish. banish는 '추방하다'의 뜻이고 vanish는 '사라지다'의 뜻을 가지고 있습니다. 그런데 이 두 단어는 시간이 지나면 뜻이 가물가물해집니다. vanish를 이 안에 들어 있는 van을 활용하여 '봉고차 타고 사라진다'라고 생각하면 나머지 banish는 자동적으로 '추방하다' 뜻이 됩니다. '담배 피지 말라고 금지(ban)했는데 이걸 어겼으니 '추방하다'라고 생각하면 될 것입니다.

```
            van — vanish
             |
bank — ban = forbid
             |
            banish
```

bridge-ridge
그 다리를 건너 산마루로 올라가다

Cross that little **bridge** to get to the **ridge**.
작은 다리를 지나 산등성이까지 가시오.

'싸리문과 가방끈'이라고 학교 다닐 때 재미로 별명 붙였던 사이먼 & 가펑클의 노래 "험한 세상에 다리가 되어"(Bridge Over Troubled Water)를 기억하는 사람이 많을 겁니다.

설악산에 있는 cable car도 일종의 다리죠. 그게 어디에 설치되어 있지요. 산마루에. '산마루'는 ridge. '계곡'은 valley. '오솔길'은 alley. 계곡에 난 길은 평소에는 잘 안보이죠. 그런데 아주 선명하게 잘 보일 때가 있지요. 눈온 뒤에 멀리서 계곡을 바라보면 실핏줄처럼 눈에 묻혀 있는 길들이 선명하게 보일 겁니다.

bridge — ridge
　　　　↕
　　valley — alley

dam-damp
댐이 안개로 축축하다

The wall of the **dam** was **damp**.
그 댐의 벽은 축축했다.

댐이 오래되면 금이 가고 손상이 되겠죠? age는 '나이'라는 뜻도 있지만 동사로 쓰이면 '나이를 먹다'입니다. dam이 나이를 먹었다는 이야기는 댐에 손상이 많이 갔다는 이야기죠.

'손상이 가다'는 damage. 시아버지가 며느리와 애정 행각을 벌인다고 해서 한동안 우리나라에 수입이 금지되었던 영화 〈Damage〉가 생각나네요. 제레미 아이언스와 줄리엣 비노쉬가 좋은 연기를 보여주었죠.

새벽 북한강가에 있는 의암댐은 안개로 축축하겠죠? '축축한' '습기 찬'은 damp.

dam — damage
 |
damp

factory-satisfactory
공장은 만족스러운 평가를 받았다

The car **factory** was considered to be in **satisfactory** condition by the inspector.
그 자동차 공장은 검사관에 의해 만족스러운 상태인 것으로 파악되었다.

factory는 '공장'. 공장이라는 뜻을 가진 다른 단어는 plant. 경기가 어려울 때 공장이 잘 가동이 되면 대단히 만족스럽겠죠? '만족스러운'은 satisfactory. satisfactory의 주어로 사람을 쓸 수 없죠. 사람을 주어로 쓰고 싶으면 satisfied(+with)를 쓰면 됩니다.

>The result is very satisfactory.(결과가 매우 만족스럽다.)
>He is greatly satisfied with the result.
>(그는 결과가 매우 만족스러웠다.)

```
factory — satisfactory
              |
          satisfied
```

museum-muse
박물관에서 조상의 삶에 대해 명상하다

The couple liked to **muse** and meditate on the paintings in the **museum**.

그 부부는 박물관에 있는 유화를 보며 깊은 명상에 잠기기를 좋아했다.

박물관(museum)에 가보면 선조들의 삶의 자취를 살펴볼 수 있습니다. 백제와 신라에 관한 박물관은 많이 있었지만 철기를 잘 다뤘던 가야에 대한 박물관은없었는데 얼마전에 가야박물관이 개관했습니다. 각 대학에도 박물관이 있는 곳이 많죠. 일제의 상징인 국립박물관은 얼마전에 헐려 다른 곳으로 이전하게 되었지요.

    박물관은 조용합니다. 그곳에서 선조들의 삶에 대해 깊은 명상을 하게 되지요. '명상하다'는 muse. 그리스·로마 신화에서 muse는 음악의 여신이기도 하지요. 철자도 정확해질 수 있을 겁니다. '명상하다'라는 뜻을 가진 또다른 단어도 m으로 시작한다고 생각하세요. meditate.

museum — muse
         ‖
    meditate

shop-hop
가게에서 아이들이 껑충껑충 뛰다

The grasshopper thought he could **hop** around in my **shop** but I caught him.
그 메뚜기는 내 가게에서 뛰어놀 수 있다고 생각했지만 나는 메뚜기를 잡아버렸다.

'가게'라는 뜻으로 미국에서는 주로 store를 쓰고 영국에서는 shop을 씁니다. 미국과 영국에서 쓰는 표현이 조금씩 다른 경우가 많이 있습니다.

| 아파트 | apartment(미) | flat(영) |
| 엘리베이터 | elevator(미) | lift(영) |

가게에서 아이들이 깡충깡충 뛰어다니면 주인이 좋아하지 않겠죠. '깡충깡충 뛰다'는 shop에 들어 있는 hop. 요새 hip-hop dance란 말 많이 들어보죠. 그래서 풀밭에서 풀쩍풀쩍 뛰어다니는 '메뚜기'를 grasshopper라고 합니다.

s**hop** — **hop** — grass**hop**per

주제 7 — 건축물

주제별로 접근하기   79

주제 7 │ 건축물

temple-contemplate
마음이 답답하면 절에 가서 깊이 명상하라

We contemplate life in the temple.
우리는 절에서 삶에 대해 깊은 생각을 한다.

temple은 '절' '신전'의 뜻입니다. 얼굴에 있는 '관자놀이'라는 뜻도 있다는 것을 잊지 마세요.

절에서 몇 년 동안 면벽수도하는 스님들이 많죠. 화두를 붙잡고 정진한다고 그러잖아요. 여럿이 함께 참선하는 경우도 있습니다. 무더운 여름날 참선하다 졸면 어김없이 죽비가 날아들어 어깨를 후려치죠. 그러면 정신이 번쩍 들 겁니다.

절에 가면 고즈넉한 분위기 때문에 스님이 아니더라도 깊은 생각에 빠지게 되죠. '깊은 생각에 빠지다'는 contemplate. temple의 e가 제일 뒤에 있지만 뜻을 새기는 데는 지장이 없습니다. contemplate에는 plate라는 단어도 들어 있습니다. '접시' 또는 '금속판'의 뜻입니다. 자동차의 번호판을 number plate라고 합니다.

```
temple — contemplate
              │
            plate
```

theater-heater
극장의 히터가 망가졌다

At the **theater**, the audience was freezing because the **heater** had broken.
극장에서 관객들은 히터가 망가져서 추위에 떨었다.

theater는 '극장'을 뜻합니다. 영국에서는 theatre라고 표기하기도 합니다. 형용사는 theatrical입니다. '극적인'이라는 뜻이죠.

그런데 이 단어는 철자를 정확히 하려고 골라본 것입니다. 극장 안에 heater 시설이 잘 되어 있으면 편안하게 연극을 관람할 수 있겠죠. movie theater도 마찬가지겠지요.

theater 안에는 heater가 있으니 철자를 정확하게 쓸 수 있겠죠? 극장이란 말과 꼭 연결해야만 하는 단어가 있습니다. 바로 '관객'이라는 뜻을 가진 단어입니다. theater 안에 있는 a를 활용하면 됩니다. audience(청중은 audio 시설이 잘 되어 있는 극장을 좋아하잖아요).

```
theater — heater
   |
 audience
```

Funny Story 4

While Ginger's family were at a skating rink, Michael gave his son Nick a dollar to buy something to eat at vending machines. Unable to get the dollar into the machine, he returned and said, "This one doesn't work. I need one with Bill Clinton on it." Puzzled, Michael went over to the food area with her son. He pointed to the notation on the machine.
" ____ ? "

이번 등장인물은 Ginger의 아들 Nick입니다. Ginger네 가족이 어느날 스케이트장(skating rink)에 갔을 때의 일입니다. 남편 Michael이 Nick에게 자동판매기(vending machine)에서 간단한 먹을거리를 사오라고 1달러를 주었습니다. 잠시후에 닉은 지폐를 기계 안에 넣을 수 없다고 하면서 빌 클린턴 대통령이 그려져 있는 1달러짜리 지폐가 필요하다고 이야기하는 것이었습니다. 어리둥절해져서 Michael은 아들과 함께 자동판매기가 있는 곳으로 가보았습니다. 아들이 판매기 위에 써 있는 안내문을 손가락으로 가리키는 것이었습니다. 그 안내문을 보고 Michael은 크게 웃을 수밖에 없었습니다. 과연 뭐라고 써 있었을까요?

정답 : Insert Bill Here.(이 곳에 지폐를 넣으시오.)
원래 미국의 1달러에는 초대 대통령인 조지 워싱턴이 그려져 있습니다. bill이란 '계산서' '법안'이란 뜻도 있지만 '지폐'라는 뜻으로도 많이 쓰입니다. 그런데 기계가 작동되지 않으니까 아이가 순진한 생각을 한 것입니다. Bill을 넣으라고 써 있는 것을 보니

조지 워싱턴이 그려져 있는 지폐로는 안되겠다고 생각한 것이지요. 그래서 서둘러 아빠인 Michael에게 달려온 것입니다.

villa-villain
빌라 안에 악당들이 살다

The **villain** stole a painting which hung on the wall in our **villa**.
그 악당은 우리 빌라의 벽에 걸려 있었던 유화 한 점을 훔쳐갔다.

'빌라'라는 말은 이제 우리에게 아주 익숙한 표현이죠. 원래 '별장'이라는 뜻이죠. 이 빌라 안에(in) 악한들이 들어갔다고 생각해보세요.

'악한'은 villain. villa에 in을 붙이면 됩니다. 악당들이 빌라 안에 들어가 사는 장면을 생각하면 항상 떠오르는 영화가 있습니다. 영화 〈Heat〉에 보면 로버트 드 니로를 두목으로 하는 갱들이 범행을 저지르고 바다가 한눈에 보이는 별장 안에 사는 장면이 나옵니다. 멋있는 그 한 장면이 오래 기억에 남을 겁니다.

'악한' '악당'이란 뜻을 가지고 있는 또다른 단어는 knave. k가 묵음이니까 villain의 마지막 철자 n과 연결시키세요.

villa — villain
             ‖
           knave

ball-balloon
운동회에서 물풍선을 공을 던져 터뜨렸다

The boy dropped his **ball** to grab the string of his **balloon**.
그 소년은 풍선줄을 잡으려고 공을 떨어뜨렸다.

아파트 모델하우스 위를 보면 분양을 광고하는 '애드벌룬'이 하늘 높이 떠있는 것을 많이 보죠. ad는 '광고'라는 뜻을 가진 advertisement의 준말이고 balloon은 '풍선'이죠. 풍선이 공모양으로 둥글게 생겼잖아요. ball을 가지고 balloon을 건집시다.

  숫자가 쓰여진 공으로 투표(vote)할 때도 있겠죠. '무기명 투표' '투표하다'는 ballot. 투표를 해서 뭔가를 할당할 수도 있겠죠. '할당하다'는 ballot 안에 있는 allot.

ball — balloon
  |
ballot
  |
allot

bell – belly
배가 고프니 배에서 벨소리가 나다

The boy rang his **bell** to get the nurse when his **belly** hurt.
그 소년은 배가 아파서 간호원을 부르려고 벨을 울렸다.

배가 고프면 배에서 꼬르륵 소리가 나죠. 마치 벨(bell)로 사람에게 신호를 보내는 것 같죠. '배'는 belly. abdomen도 '배'라는 뜻이죠.

벨이 울리면 아주 시끄럽죠. '큰소리로 말하다'의 뜻을 가진 단어는? bellow.

1976년에 노벨문학상을 수상한, 미국을 대표하는 작가가 소울 벨로(Saul Bellow)죠. 〈Too much for intellectuals〉라는 글로 인간성 상실의 시대에서 작가의 역할을 우렁찬 목소리로 주장했습니다.

bell — belly — bellow
         ‖
      abdomen

brush-rush
솔질을 서두르다

Brush your hair and **rush** to the car, children.
머리빗고 차에 빨리 가렴, 얘들아.

서둘러서 학교에 가야 하는데 딸들이 많은 집에서는 솔(brush)을 서로 차지하려고 난리법석이 나겠죠. 세면실에 들어가면 다들 칫솔(toothbrush)에 치약(toothpaste)을 잔뜩 묻히고 푸카푸카 양치하느라 정신이 없을 겁니다. 딸부잣집에서 아침마다 흔히 볼 수 있는 풍경이지요.

'서두르다'는 rush. '서두르다'라는 뜻을 가진 또다른 단어는 rush 안에 있는 h를 활용하여 haste와 hurry.

```
brush — rush
           ‖
         haste
           ‖
         hurry
```

주제별로 접근하기

card-discard
쓰지 않는 카드를 버리다

I must **discard** my credit **card** because it is out of date.
날짜가 지나서 내 신용카드를 파기해야만 했다.

원하지도 않는 신용카드를 받으면 어때요? 그 자리에서 잘라서 버리는 경우가 많지요? 연말에 의례적으로 보내는 카드(card)를 받으면 기분이 별로 좋지 않죠. 그래서 보지도 않고 그냥 휴지통으로 직행하는 경우가 많습니다.

'버리다'라는 뜻을 가진 단어는? discard. '버리다' '처분하다'라는 뜻을 가진 또 하나의 단어는 전치사 of를 동반하며 같은 dis로 시작하는 dispose of.

card - discard
‖
dispose of

clutch-crutch
목발을 꽉 잡다

He would **clutch** his **crutch** as if his legs couldn't support any weight at all.
그의 다리로는 몸무게를 지탱할 수 없는 것처럼 그는 목발을 꽉 움켜잡았다.

clutch하면 자동차가 연상이 되죠. 그런데 자동기어가 장착된 자동차에는 clutch가 없습니다. 그래서 수동기어가 장착된 차만 운전하다가 자동기어가 장착된 차를 운전할 경우 clutch가 없는데도 불구하고 기어를 변속할 때 자기도 모르게 없는 clutch를 밟으러 발이 나가는 것을 경험해본 적이 있을 겁니다. clutch는 굳이 우리말로 하면 '연축기'라는 뜻입니다. 축과 축을 연결시켜 동력을 전달하려면 꽉 붙잡아야 하겠죠. clutch는 '꽉 붙잡다'라는 뜻을 가지고 있습니다. 비슷한 뜻을 가진 단어 역시 cl로 시작합니다. clench.

철자를 변형하여 한 단어를 더 건져봅시다. clutch 안에 있는 l자를 변형하면 됩니다. 그러면 crutch. '목발'이라는 뜻입니다.

```
clutch = clench
  |
crutch
```

comb-combine
좋은 머리빗을 써야 머리카락이 잘 결합된다

The **comb combined** the strands of my wet hair.
머리빗에 내 젖은 머리카락이 엉겨붙었다.

머리를 예쁘게 보이도록 하려면 우선 머리빗(comb)으로 잘 빗은 다음, 머리끈을 잘 묶어 머리카락과 잘 결합되도록 해야겠죠. '결합하다'는 combine. 명사는 combination.

일상생활에서는 combination pizza로 많이 들어보죠. '결합하다'라는 뜻을 가진 또다른 단어는 같은 co로 시작하는 connect. 명사는 connection.

```
comb — combine
         ‖
       connect
```

computer-commuter
노트북 컴퓨터를 들고 통근을 한다

The **commuter** worked on his notebook **computer** right after he was seated in the train.
기차에 탄 직후에 그 통근자는 노트북 컴퓨터로 작업을 했다.

노트북 컴퓨터를 가지고 통근하는 사람들이 많이 있죠. '통근자'는 computer에서 철자 변형(철자 변형법, 354쪽 참조)을 하면 commuter. 동사는 commute.

그런데 밀랍인형처럼 무표정한 얼굴로 말없이 전철에 몸을 싣고 출근하죠? 일하는 곳에 즐거운 마음으로 가야할 텐데……. '무언의' '말없는'의 뜻을 가지고 있는 단어는 commute 안에 있는 mute. 이 단어는 어디서 많이 보죠. remote control에 보면 mute라는 표시가 있지요. 이걸 누르면 소리가 나지 않잖아요. 중요한 전화가 왔을 때 remote control에 있는 mute를 눌러버리면 편안하게 통화할 수 있겠죠.

```
computer — commuter — commute
                          |
                        mute
```

cup-hiccup
딸꾹질을 자꾸해서 컵에 물을 따라 마시다

Drink a cup of water to help get rid of your hiccups.
딸꾹질을 끝내려면 물 한 컵을 마셔라.

'인천 바다에 사이다가 떠 있어도 곱뿌가 없으면 못마셔요'라는 노래 안에 있는 '곱뿌'가 바로 컵입니다. 우리말에서의 컵은 주로 유리잔, 즉 glass를 뜻합니다. 커피나 홍차를 마실 때 손잡이가 붙은 찻잔이 바로 컵입니다. 그래서 받침접시가 있는 찻잔은 a cup and saucer.

자, 그럼 cup을 활용하여 딸꾹질이라는 단어를 건져봅시다. 딸꾹질을 자꾸하면 어떻게 하지요? 보통은 김칫국물을 마시거나 여러 컵의 물을 마십니다. '딸꾹질'을 영어로? hiccup.

컵 등을 넣어두는 곳은 찬장이죠. '찬장'은 cupboard(p가 묵음이니까 발음에 유의하세요).

```
cup — hiccup
 |
cupboard
```

ink-sink
잉크를 물에 떨어뜨리니 밑으로 가라앉다

The child poured the **ink** down the **sink** and made a big mess.

그 아이는 싱크대 밑으로 잉크를 쏟아부어서 엉망으로 만들었다.

물컵에 잉크를 한 방울 떨어뜨려보세요. 잉크방울이 사방으로 퍼지면서 밑으로 가라앉겠죠. '가라앉다'라는 뜻을 가진 단어를 얻기 위해 잉크가 밑으로 가라앉는 장면을 떠올려야 합니다. '가라앉다'라는 단어는? sink. ink 앞에 붙은 s는 spread로 생각하세요. spread는 '펴다' '뿌리다'의 뜻을 가지고 있습니다. 부엌의 싱크대도 sink죠. 싱크대의 개수대에 설거지할 그릇들이 잔뜩 물 속에 가라앉아 있는 것을 생각하면 sink의 뜻이 쉽게 연상될 겁니다.

그릇이 물에 잠겨 있는 것을 생각해서 한 단어를 더 건집시다. '적시다'라는 뜻을 가진 영어 단어는 sink 앞에 있는 s를 활용하면 됩니다. soak.

영화 〈Titanic〉을 보면 sink 혹은 sink의 과거형 sank가 계속 나오니까 주의깊게 들어보세요.

```
            soak
             |
ink —  sink
             |
          spread
```

lock-block
소떼들을 자물쇠로 가두다

The **lock** will **block** anyone from entering.
자물쇠는 누구의 출입도 막을 것이다.

배구에서 상대방 공격을 차단하는 것을 '블로킹'(blocking)이라고 하죠. '차단하다'는 block.

도시의 한 구획을 '블럭'이라고 하죠. 컴퓨터를 사용할 때에도 '블럭지정'이라는 말을 많이 씁니다.

어느 한 block에 소떼를 몰아넣고 자물쇠(lock)로 잠글 수도 있겠죠. '떼'는 flock.

'괘종시계'는 알다시피 clock.

lock — block — clock — flock

logo-log
통나무에 로고를 새기다

The **logo** for the lumber company has a picture of a pine **log** on it.
그 목재회사의 로고에는 통나무로 된 그림이 그려져 있다.

회사의 상징이 되는 문양 등을 logo라고 하지요. 우리가 생활에서 많이 쓰는 말이지요. logo song이란 말도 있지요.

   요즈음 도시 근교에 가면 고급 레스토랑들이 많이 들어서 있습니다. 이 레스토랑들의 logo를 통나무에 써서 걸어놓는 경우를 많이 보았을 겁니다. '통나무'는 log.

   통나무로 실내를 멋있게 장식하는 것을 본 적이 있을 겁니다. '장식하다'라는 뜻을 가진 단어는 logo에서 log를 뺀 o를 활용하면 됩니다. ornament.

```
logo — log
  |
  ornament
```

map-maple
지도를 보고 단풍관광을 나서다

The veins on the maple leaf look like a street map.
단풍잎의 엽맥이 도로지도처럼 보인다.

비빔밥을 먹는데 고추장을 너무 많이 넣었습니다. 그래서 엄마가 '그렇게 고추장을 많이 넣어서 먹으면 "맵"지도 않니?'라고 말합니다. map은 '지도'라는 뜻이죠.

　내장산의 단풍이 유명하다 하여 벼르고 별러서 단풍 구경을 하러 가려는데 초행길이면 지도가 필요하겠죠? '단풍'은 maple. 캐나다 국기에 단풍이 들어가 있잖아요. 남의 나라 국기를 차 뒤에 붙이고 다니는 사람도 많더라구요.

　map을 이용해서 '지도'라는 뜻을 가진 다른 단어를 하나 더 건져볼까요.
　지도 중에는 '세계전도'와 같이 대형지도가 있습니다. 대형지도는 map 안에 있는 a를 활용하면 됩니다. atlas. atlas라는 단어는 '마침내'라는 뜻을 가진 at last에서 쉽게 발견할 수 있는 단어입니다.

```
map — maple
 |
atlas(at last)
```

pebble-ebb
썰물이 되니 바닷가에 자갈이 드러난다

The ocean water **ebbs** over the **pebbles** on the beach.
바닷물이 해변가의 조약돌 위로 빠져나갔다.

제1회 대학가요제의 대상을 받은 "나 어떡해"는 샌드 페블스라는 보컬 그룹이 부른 노래입니다. 요즘도 노래방에서 사람들이 부르는 것을 심심찮게 볼 수 있을 겁니다.

그럼 sand는 '모래'인데 pebble은? '자갈' '조약돌'의 뜻입니다. 바닷가에서 밀물 때에는 자갈이 파도에 덮이지만 파도가 빠져나간 썰물 때에는 자갈들이 잘 보이겠죠? '썰물'은 pebble에 들어 있는 ebb.

밀물과 썰물을 합쳐 보통 '조수'라고 말하지요. '조수'는 tide. ebb은 tide 안에 있는 e를 활용해도 됩니다.

```
pebble - ebb
         |
        tide
```

rope-grope
어둠 속에서 로프를 더듬다

He would **grope** with his hand for the **rope** in hope that he may climb out of the hole.

그 구멍에서 기어나올 희망으로 그는 손으로 로프를 더듬었다.

캄캄한 밤에 물에 빠졌거나 화재가 난 장소에서는 구조대원들이 던져준 로프(rope)를 더듬으면서 붙잡아야겠죠. '더듬다' '더듬어 찾다'는 grope. grope와 유사한 의미를 가진 단어는 fumble.

로프를 더듬다가 굴러떨어진다고 생각해볼까요? '굴러떨어지다' '넘어지다'라는 뜻을 가진 단어는 tumble.

```
rope ─ grope ═ fumble
          │
        tumble
```

ruby-rub
루비 반지를 문지르다

The jeweler would **rub** the **ruby** with soft cloth so it would glitter more in the light.

그 보석세공사가 부드러운 천으로 루비를 문질렀더니 불빛을 받고 더욱 빛났다.

루비반지를 선물받으면 기분이 좋겠죠. 그래서 빛을 더욱 더 발하라고 자꾸 문지르게 될 것입니다. '문지르다'는 ruby 안에 있는 rub. '문지르다'라는 또다른 단어는 rub을 활용하여 scrub. 그밖에 '문지르다'라는 뜻을 가진 단어는 같은 sc로 시작하는 scrape.

```
ruby — rub = scrub
              ‖
            scrape
```

screw-crew
스크루 드라이버를 그 선원이 가져오다

The **crew** used **screw** drivers to fix the engine problem.
그 선원은 엔진의 결합을 고치기 위해 스크루 드라이버를 사용했다.

배의 기관 중 일부가 고장이 나서 선원이 스크루 드라이버를 사용한다고 합시다. screw는 '나사' 또는 '망쳐놓다'의 뜻으로 많이 쓰입니다. 그러면 '선원'은? crew. crew는 비행기, 배, 기차의 승무원을 가리킬 때도 씁니다. 비행기 승무원이란 표현은 flight attendant를 쓰기도 하고 cabin crew라고도 합니다.

선원을 모집한다고 합시다. '모집하다'라는 뜻을 가진 단어를 건지기 위하여 crew의 발음을 활용해봅시다. recruit.

screw — crew — recruit

ski-skip
스키 타고 건너뛰다

I will **skip** the **ski** trip because I am ill.
몸이 아파서 이번 스키 여행을 빠질 것이다.

스키(ski)를 타려면 눈이 내려야 하죠. '눈'은 snow. 따라서 지금부터 연결되는 단어는 모두 s로 시작한다고 생각하세요.

스키 선수들을 보면 눈 덮인 언덕을 시원시원하게 뛰어넘고 있죠? '뛰어넘다'는 영어로? skip. 책을 '띄엄띄엄 읽는다'라는 뜻의 단어도 skip입니다.

스키를 타다가 미끄러질 수도 있겠죠. '미끄러지다'는 slip. '미끄러운'이라는 뜻을 가진 형용사는 slippery입니다.

ski는 외국에서 들어온 것이지만, 우리에게는 썰매가 있습니다. '썰매'도 미끄러지는 것이니까 slip을 활용하여 sl로 시작한다고 생각하세요. sledge, sleigh.

```
ski ─── skip
      │
     slip ─── slippery
      │
     sledge ═ sleigh
```

switch-witch
마녀가 스위치를 누르자 빗자루가 날아갔다

The **witch switched** the man to a lizard.
그 마녀는 그 남자를 도마뱀으로 변하게 했다.

switch는 외래어 '스위치'로 많이 쓰이는 말입니다. switch가 동사로 쓰이면 '바꾸다'라는 뜻으로 많이 쓰입니다. '바꾸다'라는 뜻으로 쓰이는 단어 중에 s로 시작하는 또다른 단어는 shift입니다. '교대'라는 명사로도 많이 쓰이죠.

 마녀가 마술을 부려 사물을 이리저리 바꿀 수 있겠죠? '마녀'는 witch. 그럼 '마법사'는? wizard. 〈오즈의 마법사〉(The Wizard of Oz)가 유명하죠. 마법사들은 위기에 닥쳤을 때 도마뱀이 꼬리를 자르고 도망가듯이 잘 벗어나겠죠? '도마뱀'은 lizard.

tent-patent
텐트를 특허내다

He created a self-folding **tent** for which he sought a **patent**.

그는 특허를 받을 목적으로 스스로 접히는 텐트를 만들었다.

한번쯤 야영지에서 텐트(tent)를 쳐본 경험은 다 있을 겁니다. 텐트가 만약 자동으로 설치가 된다면? 세계적인 특허가 되겠죠?

'특허'는 patent. 누구나 다 특허를 받을 수 있는 발명품을 개발할 능력을 가지고 있습니다. 단지 두뇌를 적절히 활용하지 못하고 있어서 그렇지요. '보이지 않는' '숨어 있는'의 뜻을 가진 단어는? latent.

tent — patent — latent

triangle-angle
삼각형은 각이 세 개다

The sum of every **angle** in a **triangle** is always 180 degrees.
삼각형 내각의 총합은 항상 180도이다.

트라이앵글(triangle)은 초등학교 학생들이 음악시간에 준비해 가야 할 악기 중의 하나죠. 삼각형 모양으로 생겼으니까 angle은 '각도'라는 뜻입니다. tri는 '3'이란 뜻.

dangle 매달리다(직각으로 대롱대롱 매달려 있다고 생각하세요. dangle 에 있는 da를 대롱대롱이라는 단어의 '대'자라고 생각해도 좋겠죠.)
mangle 토막내다(생선을 토막토막 '맹'글어 버린다고 생각하세요.)
tangle 얽히게 하다(포도가 '탱글탱글' 맺히고 줄기가 어지럽게 얽혀 있습니다.)

```
triangle — angle
            |
          dangle
            |
          mangle
            |
          tangle
```

Funny Story 5

In the first September of his junior year, Sam, a college student, got a 2.2 average. Usually his grade hovered between 1.8 and 1.9. One of his friends said, "Congratulations! Your grade finally climbed over 2.0."
"Well, it's rather problem."
"How's that?"
"____?____"

이번에 등장할 사람은 Ginger의 조카인 Sam입니다. 대학 3학년인 Sam이 평점 2.2라는 학점을 받았습니다. 통상 4.5가 만점이기 때문에 그래봐야 반타작도 제대로 못한 셈이네요. 그의 성적은 주로 1.8과 1.9 사이를 맴돌았기 때문에 Sam의 친구가 다음과 같이 말했습니다. "축하해. 결국 2.0을 넘겼구나!" 그런데 Sam은 걱정이 태산같았습니다. 그의 대답인즉 2.0을 넘긴 것이 오히려 문제라는 겁니다. 친구가 그 이유를 묻자 Sam이 뭐라고 답했을까요?

정답 : My parents think 2.0 is the highest.(부모님은 2.0이 최고 점수라고 생각하고 계시거든.)
혹시 시골에 계신 부모님께 이렇게 속이고 있는 대학생은 없나요?

TURNING POINT 1

어려운 단어가 있다고 생각하지 않는다

많은 사람들이 영어 단어 암기가 잘 되지 않아서 고민을 하고 있습니다. 왜 그럴까요? 우선 여러분 스스로 어떻게 영어 단어를 암기하는지 떠올려보세요. 나름대로의 독특한 방법으로 공부하는 사람도 있겠지만, 대부분의 사람들은 연습장에 암기해야 할 단어들을 깨알같이 적는 일을 반복하고 있습니다. 그것도 다음에 그 단어를 보면 생각이 난다는 자신을 못한 채……

단어공부를 할 때 가장 좋은 방법은 많은 문장을 읽고 듣고 직접 말하고 써보는 것입니다. 이렇게 하면 영어 단어의 다양한 용례를 폭넓게 파악할 수 있기 때문입니다. 많은 사람들이 이런 방법에 동의를 하지만 실제로 실천하기는 어렵다는 것을 경험하고 있을 겁니다.

단어암기가 왜 안되는지를 조사해보니 대체로 다음과 같은 두 가지 사실을 알 수 있었습니다.

첫째는 암기할 단어가 너무 많다는 것입니다(개수).

10000단어, 22000단어, 33000단어라는 단어수가 영어를 공부하려는 사람을 질리게 하는 것은 당연할 것 같습니다. 이 문제는 암기해야 할 단어수를 줄여주는 것이 최선의 해결책일 것입니다. 1000단어, 2000단어, 3000단어만 가지고도 많은 단어를 쉽게 알 수 있다면 단어수에 제약 받지 않고 어휘력을 많이 늘려갈 수 있을 것입니다.

둘째는 시간이 지나면 공부한 단어의 뜻이 잘 생각이 나지 않는다는 것입니다(망각).

시간이 지나면 공부한 단어가 잘 생각이 나지 않는다는 것은 어쩌면 당연한 것일 수도 있습니다. 그래서 반복해서 학습을 해야만 하는 일반적인 해결책이 제시될 수밖에 없는 것 같습니다. 그런데 반복을 해도 잘 안되는 경우가 많으니 그것이 문제입니다. 이래서 마음먹고 시작한 영어공부를 자꾸 중도포기하는 경우가 많습니다. 반복을 하더라도 다음에 볼 때 단어의 뜻이 반드시 생각이 나도록 과학적으로 반복을 해야만 합니다.

하여간 이 문제는 반복해야 하는 단어들이 우리가 생각하기에 어려운 단어들이고 이 단어를 자주 볼 기회가 없어서 생기는 문제입니다. 따라서 이 문제를 해결하려면 우리가 어렵다고 생각하는 단어를 인위적으로 자주 볼 수 있도록 하는 것입니다.

위의 두 가지 문제를 해결하는 방법을 스스로 설정하여 공부하는 것이 가장 효과적이겠지만, 현실적으로 쉬운 일은 아닙니다. 그렇지만 하나 생각해볼 것은, 우리가 어렵다고 생각하는 단어들에 대한 태도를 한 번 바꾸어 보는 것입니다. 다음의 예를 볼까요.

spit, numb, resent, terrain, smother

위에 있는 단어들은 그리 쉽게 암기되는 단어들은 아닐 것입니다. 그래서 어려운 단어라고 생각하게 됩니다. 문장을 읽을 때 자주 보는 단어들이 아니지요. 자, 다음 단어들을 볼까요.

hospital, number, present, train, mother

어떤가요? 이 단어들은 그렇게 어렵게 느껴지지 않지요? 그리고 자주 접하는 단어이거나 이미 알고 있어서 오랜만에 보더라도 그 뜻을 쉽게 알 수 있는 단어들일 겁니다.
그러면 먼저 제시한 단어들과 잘 비교해 보세요. 뭔가 연관성이 있음을 알게 됩니다. spit(침뱉다), numb(마비된), resent(분개하다)는 각각 hospital(병원), number(수), present(선물)라는 단어 안에 들어 있습니다. terrain(지형), smother(질식시키다)는 train(기차), mother(어머니)라는 단어에 철자를 첨가했다는 것을 알 수 있습니다.
자, 이제 무엇을 이야기하려는지 눈치채셨겠죠? 우리가 고정관념으로 가지고 있는 쉬운 단어, 어려운 단어에 대한 생각을 없애자는 것입니다. 그래야만 영어공부를 할 때 접하는 단어에 대한 부담감, 공포감 없이 재미있고 즐겁게 영어를 대할 수 있기 때문입니다. 이렇게 할 때 영어로 의사소통하는 모든 것(listening, reading, speaking, writing)이 흥미있게 될 것입니다. (계속해서 발간할 예정인 문법, 생활영어, 영작문, 토익 등에 관한 설명을 할 때도 '어려운 단어는 없다'라는 기본 개념은 계속 적용될 것입니다. 영어공부는 원래가 즐거운 것이기 때문에 즐겁게 공부해야 한다는 것이 필자의 지론입니다.)

train이라는 단어가 쉬운 단어가 되어, 시간이 한참 지나 별로 반복하지 않아도 그 단어의 뜻을 알 수 있는 것은 단지 그 단어를 여러번 접할 기회를 가졌기 때문입니다. 그렇다면 '지형'이라는 뜻의 terrain이라는 단어도 train을 볼 때마다 연결시켜서 생각해본다면, terrain의 뜻도 어느 순간이 지나면 train처럼 아주 쉽고 친근한 단어가 될 것입니다. 다시 말하지만 어려운 단어는 없습니다.

자, 그럼 정리해볼까요.

> 영어 단어는
> 쉬운 단어와 어려운 단어로 구분되어 있는 것이 아니라
> 자주 보는 단어와 자주 보지 않는 단어로 되어 있다.
> 따라서 자주 보는 단어를 통해 자주 보지 않는 단어를 연결하여 암기한다.

논리적 상상력을 발휘한다

어려운 단어는 없다라는 말이 이해가 되었다고 하더라도 남는 문제가 있습니다. 예를 들어 hospital이라는 단어 안에 spit라는 단어가 있다는 사실을 알았다고 해도 시간이 한참 지난 뒤 이 단어와 부딪쳤을 때 spit의 뜻이 전혀 생각나지 않을 수가 있습니다. 이럴 때 필요한 것이 바로 '논리적 상상력'이라는 개념입니다.

인간의 뇌는 좌뇌와 우뇌를 적절히 연결하여 사용할 때 최대의 기능을 발휘한다고 합니다. hospital은 '병원', spit은 '침을 뱉다'라는 뜻을 가

지고 있습니다. 여기까지는 논리적으로 해당 단어의 뜻을 암기만 하고 있는 경우입니다. 즉, 좌뇌만 사용하고 있다고 할 수 있습니다. 그러면 두 개념을 우뇌의 주된 영역인 상상력을 발휘해 연결해볼까요. '병원에서 침 뱉으면 안된다'라고 연결시키면 아주 강한 이미지가 뇌리에 남습니다. 이렇게 하면 시간이 한참 지나더라도 단어의 뜻을 머릿속에 오래 남겨둘 수 있습니다. 상상력을 발휘하여 두 단어를 논리적으로 연결시키는 개념이 바로 '논리적 상상력'입니다.

사람마다 상상하는 내용이 다 다를 것이므로 단어를 서로 연결시키는 방법도 달라질 수밖에 없습니다. 단어를 연결하는 과정에서 논리성과 상상력을 훈련시킬 수 있습니다.

examination은 '시험'이라는 뜻이죠. 그럼 '상상력'은? imagination이지요. 두 단어 안에는 공통적으로 들어간 단어가 있습니다. '국가'라는 뜻을 가진 nation이 그것입니다.

영어공부를 시험에 대비해서만 공부하는 경향이 있었습니다. 그래서 영어공부는 지루하고 싫증날 수밖에 없었던 것입니다. 상상력을 발휘해서 흥미있게 영어를 공부하세요.

시험위주로 공부하는 나라와 상상력을 충분히 발휘하며 공부하는 나라, 여러분은 어떤 나라에서 살고 싶으세요?

자, 그럼 정리해볼까요.

논리적 상상력을 발휘해서 단어를 암기하자.

2장
의미를 생각하며 접근하기

advice-vice
악을 저지르지 말라고 충고하다

He did not heed my **advice**, and he crushed his hand in the **vice**.

그는 내 충고에 귀를 기울이지 않고 악에 손을 밀어넣었다.

advice는 '충고'라는 뜻을 가진 단어인거 다 아시죠. 동사는 advise입니다. 악을 가지고 있는 사람은 그것을 없애도록 관심을 가지고 충고를 해주어야겠지요? '악'은 advice 안에 있는 vice입니다. 형용사는 vicious. 그러니까 vicious circle하면 '악순환'이란 뜻이 됩니다.

그럼 vice president하면 '악한 대통령'? 아닙니다. vice가 직위 앞에 쓰이면 副라는 뜻입니다. 따라서 vice president는 '부통령'이 되지요.

영어 단어에는 서로 짝이 되는 반대말이나 상대어가 있습니다. vice의 상대어는 같은 v로 시작한다고 생각하세요. virtue. '미덕'입니다.

vice를 활용하여 '몹시 악한' '비열한'이라는 뜻을 가진 단어도 v로 시작한다고 생각하세요. vile. advice에서 vice를 빼면 ad만 남지요. '충고하다' '권고하다'라는 또다른 단어는 ad로 시작한다고 생각하세요. admonish.

악을 없앨 수 있는 장치를 마련해야겠지요? '장치'라는 단어는 vice를 이용하면 됩니다. device. 동사는? devise. '고안하다'의 뜻입니다.

```
              device
                |
advice  —   vice   =  vile
  ‖           ↕
admonish    virtue
```

ago-agony
오래 전의 고통은 잊어버리자

The day will come when **agony** was long time **ago**.
고통이 오래 전의 일이 될 날이 올 것이다.

과거의 고통은 잊는 것이 좋겠죠. 거기에서 헤어나지 못하면 현실에 잘 적응하지 못할 겁니다. ago를 활용하여 '고통'을 만들면 agony. 동사는 agonize.

　'고통'이라는 뜻을 가진 또다른 단어는 같은 a로 시작합니다. anguish. 고통을 많이 받으면 사람 몸이 많이 쇠약해질 겁니다. '쇠약해지다'는 l자를 붙여서 languish.

```
ago — agony = anguish
                |
             languish
```

article-particle
기사는 한 점 티끌도 없어야 한다

The New York Times published an **article** about the new **particles** of organic materials found on Mars.
〈뉴욕타임스〉는 화성에서 발견된 새로운 유기물질의 입자에 대한 기사를 발표했다.

신문이나 잡지의 기사는 읽는 독자에게 한 점 티끌(partlcle은 파티클로 읽으니까 뒷부분의 발음이 '티끌'과 유사합니다. '입자'라는 뜻입니다. 입자도 하나의 티끌이겠지요.)도 없는 진실된 내용을 전달해야 할 것입니다.

얼마전 미국의 유력 일간지 중의 하나인 〈보스턴 글로브〉(The Boston Glove)지의 컬럼니스트로 이름을 날렸던 패트리샤 스미스가 자신의 컬럼에 실제로 있지도 않은 인물을 등장시키고 내용도 위장한 것으로 밝혀져 미국 언론계가 발칵 뒤집혔던 적이 있었습니다.

신문기사는 한 점 띠끌도 없이 공정하게 써야겠지만, 어떤 기사는 포복절도할 정도로 재미있는 내용도 많이 있습니다. '간지럽히다' '재미나게 하다'라는 뜻을 가진 단어를 건져볼까요? article 안에 있는 ticle을 조금 변형하면 tickle이 됩니다. k자가 추가됐지요?

```
article — particle
   |
  tickle
```

believe-relieve
믿어라 그러면 안도감이 생긴다

I feel greatly **relieved** that I **believe** in God.
신을 믿으면 대단한 안도감이 생긴다.

relieve는 '고통을 덜어주다' '구호하다'의 뜻도 있습니다. 한 단어 더 볼까요. grieve. '슬퍼하다'라는 뜻입니다. believe, grieve, relieve. 세 단어가 무슨 공통점이 있지요? -ieve로 끝나는 단어들입니다(achieve도 있지만 명사형이 achievement라 어형 변화가 틀립니다. '성취하다'의 뜻). 이럴 때는 공통 접미어법(353쪽 참조)을 적용할 수 있습니다.

그러면 다음을 볼까요?(잊지마세요, 알파벳 순서.)

believe   v. 믿다 → belief   n. 믿음
grieve   v. 슬퍼하다 → grief   n. 슬픔
relieve   v. 안도하다 → relief   n. 안도, 구호

나고야의 태양 선동렬 선수는 선발투수인가요, 구원투수인가요? 구원투수죠. '구원투수'는 영어로 relief pitcher라고 합니다. 선발투수가 상대 타자에게 안타와 홈런을 자꾸 맞으면 심정이 어떻겠어요? 죽을 맛이겠죠. 그럴 때 고통을 덜어주는 투수가 relief pitcher입니다. 홍수(flood)나 가뭄(drought)이 났을 때 전달해주는 '구호품'은 relief supplies.

believe — belief
  |
grieve — grief
  |
relieve — relief

blame-lame
절뚝거리는 사람을 비난하다니

The **lame** man did not **blame** anyone for his limping.
다리를 저는 그 남자는 다리를 저는 것에 대해 그 어느 누구도 원망하지 않았다.

장애인에 대한 우리 사회의 삐뚤어진 시각을 아주 예리하게 비판하고 있는 사람을 대표적으로 꼽으라면 강준만 교수를 드는 사람이 많을 것입니다. 〈인물과 사상〉이라는 책자를 통해 장애인 문제를 다루고 있습니다. 관심있는 분은 읽어보세요. 공감하는 부분이 많을 겁니다.

하버드에 유학했던 한 한국인 장애학생이 장애인에 대한 하버드측의 무성의에 대해 항의하자 그 학생을 위해 출입구를 비롯해서 모든 시설을 다 바꾸었다는 기사를 본 적이 있습니다.

다리를 절뚝거리는 사람을 장애자라고 해서 눈에 안보이는 곳에서 비난하면 안되겠지요?

blame은 '비난하다'라는 뜻입니다. '절뚝거리는'의 뜻을 가지고 있는 단어는 blame에 있는 lame. '절뚝거리다'라는 뜻을 가진 또다른 단어는 lame과 같이 l자로 시작하는 limp.

교통사고가 나서 갑자기 다리를 절게 되면 슬퍼하겠죠. '슬퍼하다' '비탄하다'는 lament.

```
blame — lame = limp
          |
        lament
```

clean-lean
깨끗한 사람에게 기대다

Do not just **lean** there against the wall but go out and **clean** the yard.
거기서 벽에 기대고만 있지 말고 밖에 나가 마당이라도 청소해라.

사람은 정신적으로 깨끗한(clean) 사람에게 기대고 싶은 마음이 들겠죠. '기대다'는 lean. lean은 형용사로 쓰이면 '야윈'의 뜻이 됩니다.

　연기파 배우 모건 프리먼(Morgan Freeman)이 고등학교 교장으로 나와, 〈죽은 시인의 사회〉, 〈위험한 아이들〉처럼 교육문제를 다시 한번 상기시킨 영화의 제목이 〈Lean on Me〉입니다.

　그런 사람에게 기대면 마음의 양식을 얻겠죠. glean은 '줍다' 수집하다'. glean보다 쉬운 단어로는 같은 g로 시작하는 gather가 있죠.

```
clean — lean
  |
glean  =  gather
```

courage-rage
불의에 분노할 수 있는 용기

The **rage** that I feel inside comes from the lack of people's personal **courage**.
나의 내면에서 느끼는 분노는 사람들의 개인적 용기의 부족 때문이다.

불의를 보면 분노가 생기죠? 그리고 용기를 내어 불의를 척결하려는 마음을 가지게 될 것입니다. 걸프전에 참전했던 한 여군의 삶을 감동적으로 그려낸, 맥 라이언 주연의 영화가 바로 〈Courage under Fire〉였죠? courage는 '용기'라는 뜻이죠.

courage 안에는 '분노'라는 뜻을 가진 단어가 들어 있습니다. rage. 명배우 로버트 드 니로에게 아카데미 남우주연상을 안겨주었던 영화가 바로 한 권투선수의 삶을 사실적으로 그려낸 〈성난 황소〉라는 것은 알고 계시죠. 이 영화의 원제가 바로 〈Raging Bull〉.

화가 나서 감정을 잘 통제하지 못하면 폭행을 가할 수도 있죠. '폭행하다' '법을 위반하다'라는 뜻을 가진 단어는 rage를 활용해 보면 outrage가 됩니다. courage안에 있는 ou를 활용하여 확장할 수도 있겠죠.

```
courage — rage
            |
         outrage
```

deal-ordeal
시련을 잘 다루다

I am amazed at how she can **deal** with such an **ordeal** as losing everything she owned in the flood.
홍수로 그녀가 가진 모든 것을 잃는 그러한 시련을 잘 다루는 것을 보고 나는 놀랬다.

deal은 '다루다' '거래' '분량'이라는 뜻으로 많이 쓰입니다. 사람은 누구나 몇 번의 시련을 겪게 마련입니다. 이 시련을 잘 치러낸다면 더 큰 성장을 이룰 수 있을 겁니다. 한국이 처한 IMF라는 시련도 슬기롭게 잘 다루어 거품을 제거하고 성장 일변도가 아닌 내실 있는 경제 기반을 다지는 계기로 만들어낼 수도 있을 겁니다.

'시련'이라는 뜻을 가진 단어는? ordeal. 시련도 사람 앞에 가로놓여 있는 장애입니다. '장애'는 같은 o로 시작합니다. obstacle. 그러면 시련과 장애를 극복해야겠지요. '극복하다' 역시 같은 o로 시작한다고 생각하세요. overcome.

```
deal ― ordeal
         |
       obstacle
         |
       overcome
```

devote-vote
선거 때 표밭에 몰두하다

When election time rolls around, the politicians **devote** most of their time to rallying for your **vote**.
선거철이 다가오면 정치가들은 여러분의 표를 얻기 위해 사람들을 모으는 데 대부분의 시간을 보낸다.

선거에 출마한 사람은 표를 모으기 위해 혼신의 노력을 기울여야 할 겁니다. '몰두하다' '시간을 바치다'라는 뜻을 가지고 있는 단어는 devote. 비슷한 뜻을 가진 단어는 같은 d로 시작하는 dedicate.

그런데 투표하는 날 표를 얻기 위하여 그렇게 열심히 뛰던 사람들이, 일단 당선되고 나면 지역구민들보다는 뭔가 다른 일에 몰두하는 일이 많은데 그러지 못하도록 감시활동을 철저히 해야겠죠? 진정으로 지역구민을 위해 온몸을 바칠 수 있는 사람이 당선될 수 있도록 하는 높은 시민의식이 이제는 필요할 때 아닌가요?

얼마전 〈성공시대〉라는 프로그램에, 남해군수에 재선된 한 젊은이의 참신한 행정 수행과 진정으로 지역주민을 위해 봉사하는 모습이 소개되었을 때 많은 사람들이 깊은 인상을 받았을 것이라고 생각합니다.

그럼 '투표' '투표하다'라는 뜻을 가진 단어는? devote안에 있는 vote.

```
devote — vote
   ‖
dedicate
```

disobey-sob
부모님 말에 불복종하면 흐느껴 울 일이 생긴다

If you disobey your parents when they are alive, you will sob after they pass away.
살아 계실때 부모님에게 복종하지 않으면 돌아가신 후에 흐느껴 울게 될 것이다.

자식이 부모말에 잘 복종하지 않고 속만 썩이다가 막상 부모가 돌아가시면 흐느끼며 우는 경우가 많죠? 살아계실 때 잘 해드릴걸… 하며 후회만 합니다.

'불복종하다'는 disobey. '복종하다'라는 뜻을 가진 obey의 반대말입니다. obey를 굳이 우리말로 표기하자면 '오베이'가 될 텐데 그냥 '어버이'라고 생각해보면 어떨까요? 어버이에게 복종하지 않으면 반대말을 뜻하는 접두사인 dis를 붙여서 disobey가 된다고 생각해보도록 합시다.

그럼 '흐느껴 울다'는 disobey를 활용해서 건지면 됩니다. sob. 흐느껴 우는 것은 슬퍼서 우는 것일 겁니다. '슬픔'은 sob이라는 단어 안에 있는 so를 활용하면 됩니다. sorrow. 남의 슬픔을 빌려오면 그 사람의 슬픔은 반으로 줄겠죠? '빌리다'는 borrow. 자음순환법에 의해 sorrow와 연결된 단어입니다.

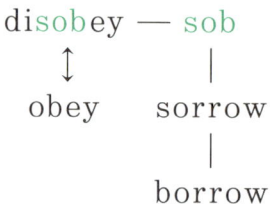

dozen-doze
아버지가 연필 한 다스를 깎으면서 졸다

There were a **dozen** or so speakers at the seminar and I began to **doze**.

세미나에 10여 명 정도의 연사가 있어서 나는 졸기 시작했다.

초등학교에 다니는 사랑하는 자식을 위해 연필을 한 다스(dozen)나 깎는 아버지의 정성을 생각해보세요. 그것도 꾸벅꾸벅 졸면서……. 어때요, 아버지의 사랑이 느껴지나요.

　'졸다'는 dozen 안에 있는 doze. '졸다'라는 뜻을 가진 또다른 단어는 역시 d로 시작합니다. drowse.

dozen — doze
　　　 ‖
　　 drowse

draw-raw
가공하지 않은 기교로 그리다

If I **draw** every single detail, the pencil would make my fingers **raw**.
하나하나 너무 자세히 그린다면, 연필이 내 손가락을 쓰라리게 만들 것이다.

어린아이에게 그림을 지도할 때 실물과 아주 똑같이 세련되게 그리도록 하는 것은 상상력을 제한하는 것이죠? 비록 거칠게 그렸더라도 나름대로 아이의 상상력이 표현되었다면 그것이 훌륭한 그림 아닙니까?

　draw는 '그리다' '끌다'의 뜻으로 많이 쓰이죠. drawer는 '서랍'이라는 뜻이 있으니 조심하세요. 그럼 '가공하지 않은' '날것의'라는 뜻을 가진 단어는? draw를 이용하면 됩니다. raw.

　raw와 유사한 뜻을 가진 단어는 crude.

```
raw material    원료
raw fish        생선회
crude oil       원유
```

draw — raw
　　　‖
　　crude

earth-dearth
지구는 자원부족 상태에 직면했다

The **earth** is suffering from the **dearth** of natural resources.
지구는 천연자원의 부족으로 몸살을 앓고 있다.

earth는 '지구'라는 뜻이지만 '흙'이라는 뜻으로도 많이 쓰입니다. 먹을 것이 없으면 흙이라도 파먹는다고 하지요. '부족' '결핍'이라는 단어는 dearth.

우리가 살고 있는 지구는 환경재앙으로 엄청난 몸살을 앓고 있습니다. 모두 자연을 개발의 대상으로만 보지 친화의 대상으로 보지 않기 때문입니다. earth라는 단어를 볼 때마다 환경문제를 생각해보는 것도 뜻있는 일이겠죠?

'부족'이라는 뜻을 가진 또다른 단어도 d로 시작합니다. deficiency. 형용사는 deficient. deficiency라는 단어는 AIDS라는 말을 접할 때마다 뜻을 새겨보기 바랍니다.

- Acquired 후천성(acquire는 '얻다'의 뜻이죠. 나중에 얻는 것이죠. '선천적인'이라는 단어는 innate)
- Immune 면역(이 단어도 e로 끝나는 형용사이므로 명사는 immunity. 면역)
- Deficiency 결핍
- Syndrom 증(후군)(신드롬이란 말 많이 쓰는 말이죠.)

```
earth — dearth
          |
       deficiency → AIDS
```

의미를 생각하며 접근하기

effort-fort
요새를 지키려고 노력하다

It took great **effort** for the soldiers to break down the wall of the military **fort**.
병사들이 군 요새의 장벽을 무너뜨리는 데 대단한 노력이 들었다.

30만 대군을 이끌고 당태종이 쳐들어왔을 때 고구려의 양만춘 장군이 2~3개월을 버티며 결국 당나라 군사들을 물리쳤던 일을 알고 있지요? 임진왜란 때 행주치마에 돌을 담아 나르며 끝까지 왜군에 맞서 행주산성을 지켰던 일도 알고 있을 겁니다.

국난을 맞아 요새를 지키려는 선조들의 끈질긴 노력이 눈앞에 선하게 떠오릅니다. effort는 '노력'이라는 뜻입니다. '노력하다'라는 뜻을 가진 또다른 단어도 e로 시작한다고 생각하세요. exert입니다. 하나 더 하면 endeavor.

그럼 '요새'는 영어로 뭘까요? effort 안에 있는 fort. fortress도 '요새'라는 뜻입니다. 요새를 지키려는 불굴의 정신이 있었기에 적은 수로 많은 적을 물리쳤을 겁니다. 자신을 괴롭히는 수많은 보이지 않는 적을 물리치려는 불굴의 정신은 개인에게도 필요한 덕목입니다.

'불굴의 정신'이라는 뜻을 가진 단어는? fort를 활용하면 됩니다. fortitude(fort + attitude[태도]의 결합어라고 생각하세요).

```
effort —  fort  — fortitude
   ||      ||
 exert   fortress
   ||
endeavor
```

end-endure
끝까지 참다

Those who **endure** to the **end** of the class will acquire new skills.
수업을 끝까지 견뎌내는 사람은 새로운 기술을 습득하게 될 것이다.

끝까지 참는 사람이 결국은 성공합니다. end는 '끝'이라는 뜻입니다. 그럼 '참다'는? endure. endure는 '지속하다'의 뜻으로도 많이 쓰입니다.

'참다'라는 단어로 많이 쓰이는 다른 단어는 bear입니다. 그런데 bear는 명사로 쓰이면 '곰'이라는 뜻이죠. OB BEARS라면 쉽게 알 수 있겠죠. 단군신화에 보면 곰이 매운 마늘과 쓴 쑥을 참고 견디며 먹는 내용이 나오잖아요. 그래서 bear가 '참다'라는 뜻을 가지고 있다고 연상해서 생각해보세요.

부록은 책의 제일 끝에 있죠. 그래서 '권말부록'이란 말을 많이 씁니다. '부록'은 영어로 뭐지요? appendix. appendix 안에는 end가 들어 있지요.

```
end — endure = bear
 |
appendix
```

equally-ally
동등하게 동맹해야 한다

The United Nations and its **allies equally** share in the defense of a country worldwide.

UN과 그 동맹국은 전세계적으로 한나라의 방어에 동등하게 그 몫을 부담해야 한다.

남녀가 만나서 결혼하는 것은 서로가 인격적으로 동등하게 결합하는 것이라는 것에는 이견이 없을 것입니다. 그러나 실제로 결혼하고 나면? 결혼 후에 달라지는 사람이 많다고 합니다. 성공적인 결혼생활을 위해 벽한쪽에 equally-ally를 붙여 놓으면 어떨까요? equally는 '동등하게'라는 뜻을, ally는 '동맹하다'라는 뜻을 가진 단어입니다.

'동등하게' '고르게'라는 뜻을 가진 또다른 단어 역시 equally처럼 e로 시작합니다. evenly.

참고로 ally가 들어간 단어들을 볼까요.

actually	실질적으로	finally	마침내
basically	기본적으로	gradually	점차적으로
critically	비판적으로	ideally	이상적으로
dramatically	극적으로	mentally	정신적으로
equally	동등하게	normally	정상적으로

```
equally — ally
   ‖
evenly
```

event-prevent
좋지 않은 사건은 사전에 예방하자

His intentions were to **prevent** the tragic **event** from happening.
그의 의도는 그러한 비극적인 일이 일어나지 않도록 하자는 것이었다.

요즘 "토요 이벤트"니 "이벤트 회사"니 하는 말을 많이 들어볼 겁니다. event는 '사건' '행사'라는 뜻을 가지고 있습니다.

좋지 않은 사건은 사전에 예방해야겠지요? '예방하다'는 영어로 뭘까요? 사전에 예방한다고 했으니까 접두어 pre를 생각하세요. prevent. 명사는 prevention.

prevent와 유사한 뜻을 가진 단어도 역시 pr로 시작합니다. prohibit.

---

event — prevent
       ‖
     prohibit

example-ample
충분한 예를 들다

There have been **ample examples** from the past that forgiveness is one of the keys to peace.
용서가 평화에 이르는 열쇠 중의 하나라는, 과거로부터의 예는 충분히 많이 있다.

이번에는 교사의 역할에 대해 생각해볼까요. 부모도 아이에게는 교사이긴 마찬가지입니다. 학생들이나 자녀들이 잘 이해하지 못하는 것을 생활에서 그 용례를 들어 설명하면 충분히 이해할 겁니다. 그렇지 않고 자신이 아는 것만 나열한다면 그 수업이나 설명은 정말 따분한 것이 것이 아닐 수 없습니다. 이렇게 충분한 예를 들려면 정말 부지런히 자료를 수집하고 우리 주변의 삶을 관찰해야겠죠? 충분한 예를 들어 설명하면 누구든지 쉽게 이해를 합니다.

example은 '보기' '예'라는 뜻을 가지고 있습니다. sample도 '견본' '실례'라는 뜻을 가지고 있습니다. 그럼 '충분한'이라는 뜻을 가진 단어는? example과 sample안에 들어 있는 ample입니다.

충분한 예를 들어서 설명하려면 많은 예들을 가지고 있어야 합니다. 그러면 examples가 되지요. s가 추가되었습니다. '충분한'이란 뜻을 가진 또다른 단어도 s로 시작한다고 생각하세요. sufficient.

```
            sufficient
                |
examples — ample
    ‖
 sample
```

Funny Story 6

Ginger and her son Nick were washing dishes while Michael and Susan were watching TV in the den. Suddenly, there was a crash of breaking dishes, then complete silence.
The daughter looked at her father and said, "It was Mom."
"How do you know?" her father asked.
"____?____"

어느날 온 가족이 집에 있을 때의 일입니다. Ginger가 아들과 함께 설거지를 하고 있는 동안에 남편인 Michael과 Susan은 방에서 TV를 시청하고 있었습니다. 그때 갑자기 접시가 바닥에 떨어져서 '쨍그랑'하는 소리가 요란하게 들려왔습니다. 그리고는 쥐 죽은 듯이 한순간 고요한 정적이 흘렀습니다. 딸이 아버지에게 말했습니다. "이거 엄마가 깬 게 분명해요." 그 말을 듣고 아버지가 물었습니다. "아니 어떻게 보지도 않고 알 수가 있니?" 딸이 뭐라고 대답했을까요?

정답 : She didn't say anything.(엄마가 아무말 안잖아요.)
상상해보세요. 아들이 접시를 깼으면 "정신을 어디다 빠뜨리고 있는거야!" "조심하지 못해!" 하며 큰 소리가 났을 겁니다. 그런데 접시 깨지는 소리가 났는데도 아무런 소리가 나지 않는 걸 보니 어린 딸의 생각으로는 엄마가 깬 것이 틀림없다고 생각할 수밖에 없을 겁니다. 평소 자신이 많이 당해보던 일이니까요. 단란한 가족의 한때가 선명하게 머릿속에 그려지죠?

fail-ail
실패한 일이 마음을 괴롭히다

Don't let past mistakes **ail** you so or it will cause you to **fail** in future endeavors.
과거의 잘못으로 너무 고통받지 않도록 하라. 그렇지 않으면 앞으로의 노력도 허사로 돌아갈 수 있을 것이다.

오랫동안 열망하던 일이 실패하면 마음이 아프죠? 실패는 사람의 마음에 깊은 고통을 던져줍니다. '고통을 주다'는 fail 안에 있는 ail. 명사는 ailment.

   그 고통이 너무 심하면 사람들이 보지 않는 곳에서 통곡을 할지도 모릅니다. '통곡하다'는 wail.

```
fail — ail — wail
        |
      ailment
```

failure-lure
유혹에 빠져서 실패하다

The goal of the beautiful woman was to **lure** him into **failure**.
그 미녀의 목적은 그를 실패하도록 유인하는 것이다.

어떤 유혹에 자꾸 넘어가면 결국은 실패할 수밖에 없을 겁니다.
　명창 박동진 옹이 '권번'에서 소리꾼으로 일할 때 숱한 여자들과의 방탕한 삶으로 인해 결국 소리를 제대로 하지 못했던 일을 예로 들더라도 유혹이란 무서운 것입니다. 비단 여자에 대한 유혹만이겠습니까? 물질에 대한 유혹, 불의에 대한 유혹 등에 넘어가면 결국 인생에서 실패하게 될 것입니다.
　failure는 fail의 명사형입니다. 그럼 '유혹하다'라는 뜻을 가진 단어는? failure안에 있는 lure입니다. allure 역시 '유혹하다'의 뜻을 가지고 있습니다. allure와 lure 모두 e로 끝납니다. '유혹하다'는 뜻을 가진 또 다른 단어 역시 e로 시작합니다. entice.

```
failure — lure  ⎫
           ‖    ⎬ = entice
         allure ⎭
```

foreign-reign
다시는 외국인에게 통치받는 일이 있어서는 안된다

The new form of currency called the 'Euro' will **reign** over all other **foreign** money in Europe.
'유로'라 불리는 새로운 형태의 통화는 유럽 국가의 화폐를 지배할 것이다.

우리나라를 36년 동안 통치한 일본인은 우리에게 외국인입니다. 이때 우리의 주권은 상실되었죠. '통치하다' '주권'과 같은 단어들을 foreign을 통해 알아보도록 합시다.

'통치하다'는 foreign에 들어 있는 reign. 그리고 같은 r자로 시작하는 rule. 또 rule과 같은 뜻의 새로운 단어에는 govern이 있습니다.

'주권국'이라는 단어는? sovereign. reign 앞에 sove가 붙었습니다. '주권'은 여기에 ty를 붙입니다. sovereignty(sovereignty 앞에 있는 sover를 볼 때마다 sober를 생각합시다. '술취하지 않은'이란 뜻이죠. 정신을 똑바로 차리고 나라를 경영해야 주권을 지키는 것 아닙니까.).

'외국의'라는 뜻을 가진 단어에는 alien이 있습니다. 이 단어는 여전사 시고니 위버(Sigourney Weaver)의 〈Alien〉으로 잘 알려져 있죠. 1998년까지 4편이 나와 있잖아요. alien에서 나온 동사가 alienate. '소외시키다'라는 뜻입니다. 이 단어는 잘 보면 lie라는 단어가 들어 있습니다. 거짓말을 밥먹듯이 하는 사람은 따돌림을 받겠죠.

```
foreign  —  reign  —  sovereign
   ||          ||          |
 alien        rule     sovereignty
   |           ||
 alienate   govern
```

forget-forge
마음을 벼리는 것을 항상 잊지마라

The blacksmith **forgot** that he was supposed to **forge** a new sword for the prince's birthday present.
그 대장장이는 왕자의 생일선물로 새로운 칼을 만들기로 되어 있다는 사실을 잊었다.

영어 명언 중에 "Nothing but the heart can change the heart."라는 말이 있습니다. 마음 이외에는 마음을 바꿀 수가 없다는 말이지요. 그만큼 마음을 다스리기 어렵다는 말일 겁니다.

'벼리다'라는 말은 '날이 무딘 연장을 불에 달구어 두드려 날카롭게 만들다'라는 뜻을 가진 좋은 우리말이지요. 자신의 마음을 벼리는 일을 소홀히 하면 쉽게 화를 내고 흐트러지는 자신을 발견할 수 있을 겁니다. 그러니 자신의 마음을 벼리는(forge) 일을 한시라도 소홀히 하거나 잊으면 (forget) 안되겠지요?

forge에서 f자를 g자로 바꾸면 gorge가 됩니다. gorge는 '협곡'이란 뜻입니다. 협곡은 오랜 세월 동안 비바람에 얼마나 많이 파이고 깎였겠습니까? 영화 〈가을의 전설〉에 나오는 그 아름다운 협곡을 생각해보면 될 겁니다. 그 협곡이 얼마나 아름답습니까? gorge를 이용하여 '아름다운'이란 단어를 건져볼까요? gorgeous.

```
forget — forge
           |
         gorge — gorgeous
```

의미를 생각하며 접근하기

green-grin
싱그러운 푸른 나뭇잎처럼 싱긋 웃다

She had a pleasant **grin** because her plants were turning to a delightful **green**.
화초가 화사한 초록빛으로 돌아오자 그녀는 유쾌한 미소를 지었다.

도시에서 복잡함에 찌든 생활을 하다가 푸른 자연이 있는 곳에 가면 기분이 상쾌해지면서 싱긋 웃음이 나오겠죠. '싱긋 웃다'는 grin. green과 유사한 발음을 가진 단어입니다. green이라는 쉬운 단어를 볼 때마다 '싱그러운 미소'를 생각해보세요. 잠시 '산소 같은 사람'이 될 겁니다.

상대에게 복수하려는 마음을 가진 사람이 분함을 누르고 웃음을 보여야 할 때가 있죠. '분함'이라는 뜻을 가진 단어는 grin을 활용하여 건져 봅시다. chagrin.

green — grin — chagrin

habit-inhabit
낯선 곳에 거주할 때는 빨리 적응하는 습관을 가져라

During the winter months, I have a bad habit of letting the flu virus inhabit my body.
겨울 몇 달 동안, 나는 감기 바이러스를 몸에 달고 다니는 좋지 않은 습관을 가지게 되었다.

습관은 제2의 천성이라는 말이 있죠. 그만큼 한번 들인 습관은 고치기 어렵다는 뜻입니다. 그렇지만 좋은 습관은 몸에 잘 배게 하는 것이 필요합니다. 어디에? 몸 안에. 몸 안에 잘 거주시켜야 합니다. '거주시키다'는 inhabit. '거주민'은 inhabitant.

  나쁜 습관은 금지시켜야겠죠. '금지시키다'는 inhibit.

  그럼 '서식지'라는 뜻을 가진 단어는? 장소를 나타내는 전치사 at을 활용하면 됩니다. habitat.

---

habit — inhabit — inhabitant
 ↓ +at |
habitat inhibit

individual-dual
개개인은 모두 이중적인 성격이 있다

The **dual** concept of good and evil is fought out in the **individual**.
선과 악의 이중 개념이 한 개인의 몸 속에서 서로 싸우고 있다.

말로는 도덕적인 척하지만, 돌아서서는 온갖 부정을 저지르는 사람. 말로는 남녀 평등을 이야기하지만 가정에서는 누구보다도 가부장적인 사람. '한국의 잠룡 시장'이란 별명을 가지고 있던 사람이 실제로는 엄청난 이권을 챙겼다는 사실을 접할 때 너무 허탈해집니다. 이런 사람을 우리가 뭐라고 하지요. 이중적인 성격을 가진 사람이라고 합니다. 살아가면서 자신에게는 이중적인 모습이 없는지 냉정하게 되돌아볼 필요가 있지 않을까요?

individual은 '개인'을 말합니다('개별적인' '개인적인'이라는 뜻의 형용사로도 쓰입니다). 그러면 '이중적인'이라는 뜻을 가진 영어 단어는? individual 안에 들어 있는 dual입니다. dual citizenship은 2개의 나라에 시민권을 가지고 있을 때 쓰는 표현입니다.

'이중의'라는 뜻을 가진 또다른 단어 역시 dual처럼 du로 시작합니다. duplicate. 이 단어는 동사로 쓰이면 '복제하다'라는 뜻을 가집니다.

individual과 dual은 al로 끝나는 형용사로서 규칙적 어형 변화를 하는 단어들입니다. 모두 ity를 붙여서 명사형을 만듭니다. individuality, duality.

---

indivi**dual** — **dual**
          |
       duplicate

learn-earn
돈 버는 법을 배우다

The more you **learn** about the wonders of life, the more joy you will **earn**.

삶의 경이로움에 대해 배우면 배울수록 더 많은 기쁨을 얻게 될 것이다.

배우면 뭔가를 얻게 되죠. '얻다' '벌다'의 뜻을 가지고 있는 단어는? learn 안에 있는 earn입니다. earn을 빼면 l이 남죠. 강의에서 많은 것을 얻는다고 생각합시다. 강의는 learn에서 earn을 빼면 l자만 남으니까 l자를 활용합시다. lecture.

```
learn — earn
  |
lecture
```

limitation-imitation
모방하는 데는 한계가 있다

His **limitation** was that he could not go beyond the **imitation** of his teacher.
그의 한계는 스승을 모방하는 것을 뛰어넘지 못한다는 것이다.

지금은 많이 나아졌지만 과거에 방송국 PD들이 부산에 자주 내려갔던 적이 있었습니다. 일본 TV가 부산에서 잘 잡히니까 프로그램을 베끼기 위해서죠. AFKN 프로그램을 모방한 경우도 많이 있었습니다. 모방도 한계가 있는 것 아닐까요. 모방은 창의력으로 가는 징검다리이지만 모방만 한다면 아무런 발전이 없을 겁니다.

limitation은 '한계'라는 뜻입니다. 그럼 '모방'이란 말은? limitation 안에 들어 있는 imitation입니다. 길거리 좌판에서 파는 반지, 목걸이 등을 '이미테이션'이라고들 하지요. 그런데 '모조품'이라는 말은 fake를 많이 씁니다. imitation의 동사형은 imitate. imitate와 유사한 뜻을 가진 단어는 imitate안에 있는 m자를 활용합시다. mimic.

유행은 남이 하는 것을 그대로 따라하기를 은연중에 강요합니다. 이것을 거부하면 돌연변이 취급을 받습니다. '돌연변이'라는 단어는 imitation이란 단어 안에 있는 mitation의 철자를 변형하면 됩니다. mutation. 의학 스릴러를 주로 쓰는 작가 로빈 쿡(Robin Cook)의 소설 『돌연변이』(*Mutation*) 제목이기도 합니다.

```
limitation — imitation — imitate
                |              ‖
             mutation        mimic
```

mental-fundamental
근본적으로 정신적 수양이 되어 있어야 한다

A **fundamental** for happiness is to maintain one's **mental** well-being.
행복의 기초는 정신적 안녕을 유지하는 것이다.

마음의 근본부터 갈고 닦아야 정신을 올바로 가질 수 있을 겁니다. 또한 개인의 근본적인 정신이 건강해야 사회도 건강해질 수 있습니다.

mental은 '정신적'이란 뜻을 가지고 있습니다. 그러면 자동적으로 '육체적'이란 반의어를 알아야겠죠. physical.

그럼 '근본적'이란 뜻을 가지고 있는 단어는? mental을 활용하면 됩니다. fundamental.

물질적인 것에 너무 빠지면 올바른 정신을 유지하기 어렵겠죠? 금속도 물질의 일부입니다. '금속'이라는 뜻을 가진 영어 단어는 mental에서 n자만 빼면 됩니다. metal. metal은 격렬한 록 음악을 구사하는 '헤비 메탈' 그룹을 지칭할 때 많이 듣게 되는 단어입니다.

```
metal
  |
mental — fundamental
  ↕
physical
```

의미를 생각하며 접근하기

message-sage
요즘처럼 어려운 때는 현자의 메시지가 필요하다

The **message** of the **sage** was that their people's sense of justice was in a mess.
그 현자가 전달하고자 하는 말은 사람들의 정의감이 엉망이 되어버렸다는 것이었다.

message는 '통지' '전갈'이라는 뜻으로 우리 일상에서 많이 쓰는 단어입니다.

Leave your message on the answering machine.
(자동응답기에 전할 말을 남겨주세요.)

message라는 단어 안에는 mess와 sage라는 단어가 들어 있습니다. mess는 '혼란' '뒤죽박죽'이라는 뜻을 가지고 있지요.

What a mess! You messed up everything.
(이게 다 뭐야! 네가 다 망쳐 버렸어.)

혼란스러운 시대에는 현자들이 지혜의 메시지를 전해줍니다. 성직자나 고승들의 성탄 메시지나 법어들이 우리 삶에 지침이 되었던 시절이 있었습니다. sage는 '현자'라는 뜻입니다.

```
messsage — sage
   |
 mess
```

moral-oral
말만 도덕적으로 하는 사람은 되지 말자

I had a **moral** obligation to give the woman an **oral** apology for wrecking into her car.
차를 엉망으로 만든 것에 대해 그 여자에게 구두로 사과를 해야겠다는 도덕적인 의무감이 들었다.

입만 열면 말로만 도덕적인 언사를 늘어놓는 사람이 있죠. 이렇게 말로만 하는 사람은 대단히 지겹습니다. moral은 '도덕적인'이란 뜻입니다. '성 모럴'이니 '모럴 헤저드'(moral hazard; 도덕적 위기)라는 말도 많이 들어보는 단어입니다. 명사형은 morality.

그럼 '말의' '구두의'라는 뜻을 가진 단어는? oral.

말로만 사기를 올려주고 월급은 안 올려주면 일할 의욕이 안나죠. '사기'는 morale. morale의 끝에 있는 e는 enhance라고 생각하세요. enhance는 '고양시키다'라는 뜻입니다. 직원들의 사기를 고양시켜주면 일을 잘하잖아요.

마지막으로 하나 더. 요즘 도덕은 케케묵은 낡은 것으로 생각하는 경향이 많습니다. 인간을 억압하는 도덕은 마땅히 철폐해야 하지만 절제와 규율을 지키는 데서 오는 도덕적 아름다움은 인간을 더 없이 드높여 줍니다. 깊은 바다에 있는 산호처럼. 그러면 '산호'는? moral이란 단어에서 철자 하나만 바꾸면 됩니다. coral.

```
moral — oral — coral
  |
morale
     |
     enhance
```

의미를 생각하며 접근하기   143

nation-destination
가는 목적지가 어느 나라인지 물어보다

I asked the tourist whose **nation** I could not identify where his **destination** is.
출신 국가를 확인할 수 없었던 관광객에게 나는 그의 목적지를 물었다.

nation은 '국가' '국민'이라는 뜻을 가지고 있습니다. '국제 연합'은 United Nations라고 하면 되죠.

해외로 떠날 때 가려는 목적지가 어느 나라인지 잘 기억해야겠죠? '목적지'는 destination. 공항에 가면 자주 보는 단어입니다.

examination(시험)   imagination(상상력)

두 단어 안에 모두 nation이란 단어가 들어 있습니다. 다음 영어 명언을 볼까요.

Imagination is the highest kite one can fly.
(상상력은 사람이 띄워 올릴 수 있는 가장 높은 연이다.)

우리 아이들이 시험에 찌든 나라에서 사는 것보다는, 상상력과 창의력을 마음껏 펼칠 수 있는 나라에서 사는 게 훨씬 좋다고 생각하시죠?

nation — destination
        |
     examination
        |
     imagination

nature-mature
자연을 바라보는 성숙한 시선이 필요하다.

It is in the course of **nature** for all living things to **mature** and grow old.
모든 생물이 성숙하여 나이를 먹어가는 것은 자연의 과정 속에서이다.

자연을 정복의 대상으로 삼았기 때문에 오늘날과 같은 많은 환경문제가 야기되었다는 것은 이제 상식에 속하는 이야기죠. 인간이 보다 성숙한 자세로 자연을 본다면 환경문제가 근본적으로 달라질 텐데…….

'성숙한'이란 뜻을 가진 단어는? mature. nature에서 n자만 m으로 바꾼 것이죠. 반대말은 접두사 im을 붙여 immature. 그럼 '조숙한'이란 뜻을 가진 단어는? premature. pre가 '~앞에'라는 뜻이죠.

mature의 명사형은 maturity입니다. 뒤에서 자세히 살펴보겠지만 e로 끝나는 상당수의 형용사들이 명사형으로 바뀔 때는 e자를 탈락시키고 명사형 어미 ity를 붙입니다. 그래서 premature의 명사형도 prematurity가 됩니다.

nature의 형용사는 natural. 그럼 꼭 알아두어야 할 표현이 '자연재해'. 영어로는 natural disaster.

```
nature — natural
   |
mature — premature
   ↕
immature
```

parent-rent
부모님이 방을 임대해주다

My **parents** has the plan to **rent** my room if I join the army.
부모님은 내가 입대하면 내방을 세놓을 계획을 가지고 있다.

자식이 군대를 갔습니다. 부모님(parents)은 아들이 쓰던 방을 세놓아 (rent) 면회를 가서 갈비(rib)도 사주고 과일도 껍질을 잘 벗겨 먹이고…… 이런 부모의 마음을 자식들은 아는지…….

부모가 자식에게 취해야 할 태도를 생각해봅시다. apparent. 부모는 자식에게 상벌을 '명백히' 해야겠죠. 아들이라고, 장남이라고 편애하면 안되잖아요. '명백한'이란 뜻의 단어를 몇 개 더 해볼까요?

evident 명백한(좀 무리한 방법이지만 evident의 앞 발음이 '애비'죠. 아버지는 자식들에게 명백해야 한다고 앞에서 했죠.)

obvious 명백한(이것도 좀 무리하긴 하지만 obvious의 발음이 '앞비어스'니까 앞에 자리가 비어 있으니까 분명히 앉아도 되겠다고 생각하세요.)

parent를 가지고 단어 하나를 더 건져봅시다. tranparent. '투명한'이란 뜻입니다. 부모의 소득은 자식이 보기에도 부끄럽지 않게 투명해야 겠죠.

```
transparent
     |
 parent — rent
     |
 apparent = evident = obvious
```

power-owe
남의 힘을 빌리면 빚을 진 것이다

When you **owe** someone a favor, you have given them **power** over you.
당신이 누군가에게 호의를 빚지고 있다면, 당신은 그사람이 당신에게 행할 권한을 부여한 것이다.

power는 '힘'. 그러면 power plant는? '발전소'입니다. power는 전기의 '전원'을 말하기도 합니다. 영어 단어는 2단어 이상의 표현 위주로 공부하는 게 좋습니다. 그러지 않으면 power도 아는 단어고 plant도 아는 단어인데, 막상 2단어가 결합되면 무슨 뜻인지 모르는 경우가 많이 생깁니다.

자, 이번에는 '빚을 지다'라는 뜻을 가진 단어를 건질 차례입니다. 뭘까요? power 안에 있는 owe입니다. owe라는 단어가 들어간 생활영어 문장 중 가장 많이 쓰이는 표현이 뭘까요? "How much do I owe you?" "How much is it?"이 "얼마죠?" 정도의 어감을 가지고 있다면 이 표현은 "얼마를 지불해야 하나요?" 정도의 어감을 가지고 있습니다. 영어에는 같은 뜻을 가지고 있다고 하더라도 어감이 서로 틀린 단어와 표현이 많습니다.

owe는 '~의 탓으로 돌리다'라는 뜻도 가지고 있습니다. 같은 뜻을 가진 단어를 알파벳 순서대로 나열하겠습니다. power라는 단어를 볼 때마다 어렵긴 하지만 꼭 함께 마스터하기 바랍니다. ascribe, attribute, impute.

---

power — owe
 ‖
 ascribe = attribute = impute

pride-rid
자만심을 제거하라

Get **rid** of the **pride** in your heart or you will never be humbled.
마음 속에 있는 오만함을 없애라. 그렇지 않으면 결코 겸손해질 수 없다.

자부심이 너무 강하면 자만심으로 발전하기도 하지요. 자만심, 오만함은 마음 속에서 제거해야 할 정신자세입니다. '제거하다'라는 뜻을 가진 영어 단어는 pride 안에 있는 rid. '제거하다'라는 뜻을 가진 또다른 단어 역시 r로 시작합니다. remove.

remove라는 단어의 끝의 e를 활용하여 '제거하다'라는 뜻을 가진 단어를 3개 건져볼까요.

eliminate, eradicate, erase

p ride — rid
∥
remove
∥
eliminate = eradicate = erase

prove-improve
향상되는지 효능을 입증하다

It would **prove** helpful to a soldier to **improve** his accuracy with his rifle.
사격의 정확도를 향상시키는 것은 군인에게 결국 도움이 될 것이다.

공부를 아무리 열심히 해도 방법이 잘못되어 있으면 실력이 향상되지 않을 것입니다. 좋은 공부 방법은 좋은 결과를 낳습니다. 그래서 공부는 실력이 향상되는 것을 입증할 수 있는 방법으로 해야 합니다. 『선인들의 공부법』이라는 책을 보면 공부를 통해서 우리의 내면을 어떻게 단련해야 할지가 잘 설명되어 있습니다.

prove는 '입증하다' '증명하다'. 그럼 '향상시키다'는? improve. im은 in의 변형이죠. 내면을 향상시킨다고 생각하세요. improve의 명사형은 improvement.

prove라는 단어를 통해서 '증거'라는 뜻을 가진 명사를 건져볼까요. 물론 prove의 명사형 proof는 '증거'라는 뜻을 가진 단어입니다. 이 단어 말고 '증거'라는 뜻을 가진 단어가 또 하나 있습니다. evidence. prove라는 단어의 제일 끝에 있는 e를 활용하면 됩니다. 가수 마돈나가 주연한 영화 중에 〈육체의 증거〉가 있지요. 원제목이 〈The Evidence of the Body〉입니다.

prove — improve
  ↓
 evidence

의미를 생각하며 접근하기

reason-treason
반역하는 데에도 다 이유가 있다

Treason against your country is a good **reason** to spend the rest of your life in jail.
나라에 반역하는 것은 남은 여생을 감옥에서 보낼 좋은 이유가 된다.

임꺽정이나 홍길동이 나라에 반역을 할 때는 다 이유가 있었습니다. 탐관오리들이 백성을 착취하고 임금이 선정을 베풀지 못하니까 참다 못한 백성들이 들고 일어난 것입니다.

　자식들이 부모에게 반항을 할 때도 뭔가 이유가 있겠죠? '반역'은 reason을 활용하면 됩니다. treason. '반역'이라는 뜻을 가진 또다른 단어 역시 trea로 시작합니다. treachery.

reason — treason
‖
treachery

Funny Story 7

Hurrying Susan to school, Ginger made a right turn at a red light where it was prohibited. "Uh-oh," she said, realizing her mistake. "I just made an illegal turn."
 "I guess it's all right," her daughter replied. "___?___"

어느날 Ginger가 딸을 차로 학교에 데려다 줄 때의 일입니다. 너무 서두르는 바람에 그만 불법으로 우회전을 하고 말았습니다. '어이구, 이런' 하면서 Ginger는 불법 우회전을 한 것에 대해 걱정을 하고 있었습니다. 그런데 그때 딸이 "엄마, 걱정하지 마"라고 자신있게 이야기했습니다. 뭘 보고 딸이 그렇게 이야기 했을까요?

정답 : The police car behind us did the same thing.(뒤에 있는 경찰차도 똑같이 우회전하는 걸요.)
경찰이 왜 똑같이 우회전을 했겠어요. 신호위반한 차를 잡으러 뒤따라오는 것을 모르고 딸이 하는 말이지요. 못말리는 식구들입니다.

receive-deceive
남의 말을 너무 받아들이기만 하면 속는다

The student tried to **deceive** the teacher, and will **receive** detention for a week.
그 학생은 선생님을 속이려 했다. 그래서 일주일 정학을 받을 것이다.

배구경기에서 한쪽이 serve하면 반대편이 receive 해야겠죠? receive는 '받다'의 뜻이란걸 다들 알고 있을 겁니다.

그러면 '속이다'는 영어로 뭐죠? 상대방을 자꾸 받아들이면 속게 되는 경우가 많습니다. 남을 믿는 건 좋은 미덕이지만, 처음보는 낯선 사람이 지나치게 믿음을 강요하는 것은 조금 경계해야 하지 않을까요?

'속이다'는 receive를 활용하여 암기합니다. deceive. 제일 앞 철자만 바꾸면 됩니다. 이 두 단어를 보면 공통적으로 -ceive라는 어미로 끝납니다. 이런 것을 공통 접미어법이라고 했지요. 품사 변화가 거의 동일하다는 것도 기억이 날 겁니다(잊지 마세요, 알파벳 순서).

conceive	v. 마음에 품다	conception	n. 개념
deceive	v. 속이다	deception	n. 사기
perceive	v. 지각하다	perception	n. 지각
receive	v. 받다	reception	n. 받음, 환영회

cf. receipt 영수증

형용사는 각각 conceptive, deceptive, perceptive, receptive. 그러면 receive라는 한 단어로 총 12개의 단어를 가볍게 얻게 됩니다.

receive — deceive — conceive — perceive

relate-elate
그와 관계 맺자 정신이 고무되었다

Elate the way she feels about you and she will **relate** to you much better.

그녀가 당신에게 느끼는 방식을 고양시켜 보라. 그러면 그녀와의 관계가 훨씬 좋아질 것이다.

사람과 사람과의 만남은 서로의 발전을 위해서 필요한 것인데, 아예 처음부터 만나지 말았어야 한다고 생각하는 사람들이 많습니다. 만남이 오히려 악연이 되는 경우는 우리 삶에서 부지기수입니다.

relate는 '관련시키다'라는 뜻으로 많이 쓰입니다. 사람과의 만남은 관련을 맺는 것이고, 이 만남이 서로의 삶을 고무시킨다면 더할나위없이 좋을 겁니다. 그렇게 되도록 서로간에 부단히 노력을 해야 합니다.

'고양시키다' '고무시키다'라는 뜻을 가진 단어는 relate 안에 있는 elate입니다.

elate와 비슷한 뜻을 가진 단어는 같은 el로 시작합니다. elevate.

relate — elate
 ‖
 elevate

rifle-trifle
사소한 일로 총질을 하다

It is a **trifle** thing to own a **rifle** in the United States.
미국에서 총기를 소지하는 것은 아주 하찮은 일이다.

서부영화를 보면 아무것도 아닌 사소한 일에도 총질을 해서 사람을 죽이곤 하죠. 미국에서는 학교에서 학생들의 총기(rifle) 사고로 목숨을 잃는 경우가 많은데 대부분 사소한 일이 원인이라고 합니다. '사소한 일' '하찮은 일'에 해당하는 단어는? trifle. 형용사는 trifling. '사소한'이라는 뜻을 가진 또다른 단어는 같은 tri로 시작하는 trivial.

rifle — trifle → trifling
                    ‖
                 trivial

science-conscience
과학하는 사람들은 양심이 있어야 한다

Conscience is not a subject of **science** but a matter of religion and beliefs.
양심이란 과학의 주제가 아니라 종교와 신념의 문제다.

과학자들이 환경을 파괴하는 기술이나 제품을 만드는 데 일조를 한다면 안될 말이겠죠? 인류에 진정으로 기여할 수 있는 과학기술, 자연친화적인 제품을 만드는 데 과학자들이 양심(良心)적으로 사고하고 연구해야 할 것입니다. 양심이 없는 과학자들은 한심(한가지 마음)한 사람들일까요?

'양심'은 영어로 뭘까요? science 앞에 con을 붙이면 됩니다. conscience. 발음은 '콘사이언스'가 아니라 '칸션스'. 철자가 정학해질 겁니다. 아니 발음이 틀렸잖아, '정확'인데 정학이라고 쓰다니……. conscience를 발음할 때 이렇게 틀리지 말라는 뜻입니다. '양심적'이라는 형용사는 conscientious.

conscience라는 단어와 가장 혼동을 잘 불러일으키는 단어는 conscious. '의식적'이라는 뜻이죠. 명사는 consciousness(의식). 제임스 조이스, 버지니아 울프 등의 작가들이 자주 썼던 소설 기법이 '의식의 흐름'(stream of consciousness) 아닙니까. '무의식'은 unconsciousness. 형용사는 unconscious.

```
science — conscience → conscientious
              |
          conscious ↔ unconscious
```

size-emphasize
크기를 강조하다

The real **size** of the Titanic can only **emphasize** the fact that man will put too much faith in a machine.
타이타닉호의 실제 크기는 인간이 기계에 너무 많은 믿음을 쏟아붓고 있다는 사실을 강조할 뿐이다.

외형적 성장만을 강조하는 것은 다 좋은 것은 아닙니다. 우리나라 경제가 GNP나 경제성장률, 국민소득 등 외형만을 중시하여 오늘날의 IMF를 맞은 것은 아닌지 깊이 생각해보아야 할 문제입니다. 크다고 다 좋은 것 아니잖아요?

'강조하다'라는 뜻을 가진 단어는 size를 활용하면 됩니다. emphasize.

크기를 줄이는 것은 downsize라고 합니다. 요즘 restructuring(구조조정)과 더불어 경제 용어로 많이 쓰입니다.

---

size — emphasize
  |
downsize

stress-distress
스트레스도 고통이다

When work causes you **stress**, take a moment to yourself and meditate on **distress**.
일이 스트레스를 일으킨다면 잠시 자신만의 시간을 가지고 고통에 대해 명상을 해보라.

삶은 고해(苦海)라고 하지요. 살면서 stress를 많이 받으면 정말 고통스럽습니다. 가능하면 스트레스를 받지 않고 살아가려고 하지만 그게 쉽지 않습니다.

'고통' '고뇌'라는 뜻을 가진 단어는 stress를 활용하면 됩니다. distress. 스트레스는 사람의 정신을 혼란스럽게 만듭니다. 심하면 정신분열증에까지 이르게 합니다. '혼란시키다' '분열시키다'라는 단어는 distress 안에 있는 dis를 활용하면 됩니다. disrupt.

```
stress — distress
             |
           disrupt
```

system-stem
줄기가 잘 자라야 체계가 잡힌다

The **stem** of a flower is nature's **system** to transport water and nutrients.
꽃의 줄기는 물과 영양분을 나르는 자연의 체계이다.

줄기가 잘 뻗어야 체계가 잘 잡혔다고 말할 수 있을 겁니다. system은 '체계'라는 뜻이죠. 그럼 '줄기'는? system 안에 있는 stem입니다.
   stem from은 '유래하다' '생기다'라는 뜻을 가진 중요한 숙어입니다.
   '줄기'라는 뜻을 가진 또다른 단어 역시 st로 시작합니다. stalk.

system — stem
        ‖
       stalk

teacher-ache
아이 때문에 선생님 마음이 아프다

The **teacher** caused my brain to **ache** because of his long monotonous voice.
선생님의 단조로운 목소리 때문에 머리가 쑤셨다.

도시락을 싸오지 못해 점심시간마다 수도꼭지에 입을 대야 하는 학생들을 보는 선생님의 마음이 어떻겠습니까? 마음이 아프겠죠. '마음이나 머리 등이 아프다' '쑤심'의 뜻을 가지고 있는 단어는? teacher 안에 있는 ache.

ache를 넣어서 만드는 단어를 몇 개만 볼까요?

headache	두통	bellyache	복통
toothache	치통	heartache	마음의 아픔
backache	등의 통증	stomachache	위통

손자가 할아버지 콧수염을 잡아다니면 어때요? 아프죠? '콧수염'은 mustache. 그럼, '턱수염'은 beard(beer를 마시다 턱으로 맥주를 밑으로 drop한다고 생각하세요).

냉면에 겨자를 실수로 너무 많이 치면 코끝이 아리겠죠. '겨자'는 mustard. 그러면 mustache가 턱수염이 아니라 콧수염이라는 것을 혼동하지 않을 겁니다. must까지는 동일하잖아요.

```
teacher — ache — mustache — beard
                  |
                mustard
```

의미를 생각하며 접근하기

trust-rust
신뢰가 깨지면 녹슨다

If there is strong **trust** between friends, the relationship won't **rust** and corrode.
친구간에 강한 신뢰가 있다면 그 관계는 녹슬어서 부식되지 않을 것이다.

사람 사이의 믿음이 깨지면 신뢰(trust)에 녹슬겠죠. '녹슬다'는 rust. 사람에 대한 신뢰가 상실되면 좌절할 수도 있습니다. '좌절하다'는 frustrate.

시골에서 인재가 녹슨다고 이야기하죠. '시골의' '전원의'라는 뜻의 단어는 rust를 이용하면 rustic. 비슷한 뜻을 가진 단어는 같은 r로 시작하는 rural. rural은 정해져 있는 반대말이 있습니다. rural 안에 있는 ru를 거꾸로 돌려서 활용하면 됩니다. urban.

신뢰가 깨지면 끔찍한 이야기지만 칼로 상대방을 찔러버릴 수도 있습니다. '찔러넣다'는 thrust.

```
            thrust
              |
trust — rust — frustrate
              |
        rustic = rural ↔ urban
```

way-sway
내 갈 길을 흔들지 마라

I would attempt to **sway** you to follow the **way** of truth, but you are stubborn.
진실의 길을 따르도록 당신을 동요시키려고 하지만 당신은 너무 완고하다.

우리가 갈 길(way)을 정하고, 그것에 몰두하려고 할 때 항상 마음을 흔들리게 하는 삶의 복병 같은 것이 있습니다. 그럴 때마다 꾸준히 확고하게 자신의 길을 한눈 팔지말고 가야 할 필요가 있습니다.

프랭크 시나트라의 "My Way"가 우리에게 감동을 주는 것은 흔들림 없이 자신의 길을 가고 싶은 마음 때문이 아닐까요.

way를 이용하여 '흔들리다'와 '확고한'이라는 단어를 건져봅시다. '흔들리다'란 뜻을 가진 단어는 way 앞에 s를 붙이면 됩니다. sway. 그리고 '확고한'이란 뜻을 가진 단어는 sway 앞에 있는 s로 시작한다고 생각하세요. steadfast.

way — sway
　　　　↕
　　　steadfast

의미를 생각하며 접근하기

well-dwell
한 우물을 깊이 파서 거주하다

The only way to get water where we **dwell** is to dig a deep **well**.

당신이 거주하는 곳에서 물을 얻는 유일한 방법은 우물을 파는 것이다.

"한 우물을 파다"라는 말이 있죠. well은 '잘'이란 부사로도 쓰이지만 '우물'이라는 명사로도 쓰입니다. 한 우물을 파서 한 곳에 거주하듯이 한 분야에 장인 정신을 가지고 한 길을 꾸준히 판다면 성공을 거두겠죠. '거주하다'는 dwell. 그럼 well 앞에 있는 d는 dig(파다)으로 연결해보세요. 밀가루에 이스트(yeast)를 넣으면 잘 부풀어오르겠죠. '부풀어오르다'는 swell.

```
well — dwell — swell
        |
       dig
```

will-willow
너의 의지가 버드나무처럼 흔들려서는 안된다

We **will** go down to the garden and have a picnic among the **willows**.
우리는 정원으로 내려가서 버드나무들 사이에서 야유회를 가질 것이다.

will은 조동사로 주로 쓰이지만 명사로 쓰이면 '의지' '유언장'의 뜻도 있습니다.

  Where there is a will, there is a way.
  (뜻이 있는 곳에 길이 있다.)

  정상에 오르려면 굳센 의지로 추호도 흔들리지 않는 결연한 자세가 필요하겠죠. 그런데 버드나무처럼 흔들흔들거리면 의지가 꺾일 것입니다. 버드나무가 축 늘어지면 땅에 닿을 정도로 낮게 내려오잖아요. willow 안에 low가 있다는 것을 생각하세요.
  '버드나무'는 willow. 버드나무가 세찬 바람에 흔들리면 마치 큰 물결이 이는 것처럼 보이죠. '큰 물결'은 billow.

```
will — willow
         |
       billow
```

의미를 생각하며 접근하기

year-yearn
새해에는 소원이 성취되기를 갈망하다

For my birthday this **year**, I **yearn** to receive a kite as a present.
올해 내 생일에는 연을 선물로 받기를 바란다.

새해가 되면 하늘에 연을 띄우며 소원이 성취되기를 열망하겠죠. '열망하다' '동경하다'는 year에 n을 추가하면 yearn. 발음이 '연'이니까 하늘에 띄우는 연(kite)을 연상하세요.

　연말에 소원대로 얻었는지 따져보아야겠죠. '얻다' '벌다'는 yearn 안에 들어 있는 earn. learn에서 배웠던 단어죠.

year — yearn … kite

체계적으로 단어를 확장한다

우리가 평소에 알고 있는 쉬운 단어를 활용하여 자주 볼 수 없는 여러 가지 단어를 무한히 확장시킬 수 있는 방법에 대해 생각해볼까요.

우선, 쉽게 해볼 수 있는 방법은 동의어로 확장하는 방법입니다(파생어로 확장시키는 것도 당연히 포함됩니다). 동의어는 철자는 다르지만 우리말 뜻이 비슷하기 때문에 새로운 단어로 생각하지 않고 어휘력을 늘릴 수 있는 좋은 방법입니다. 이것은 많이 알려져 있는 방법입니다. 그런데 이 동의어가 잘 생각이 나지 않을 때가 많습니다. 동의어를 많이 알아두는 것은 영어문장을 쓸 때 무척 중요합니다. 영어문장에서는 같은 단어를 가능한 한 반복해서 쓰지 않고 동의어를 사용하기 때문입니다.

일반적으로 동의어를 암기할 때는 별다른 방법없이 암기하지만 하나의 방법을 제시해 보겠습니다.

모든 단어가 그런 것은 아니지만 동의어를 암기할 때 같은 철자로 시작하는 어휘가 많은 부분에 유의하면 어휘 확장이 좀 더 용이할 것입니다.

다음의 예를 참고하세요.

get - gain
grab - grip, grasp
smother - suffocate
scream - shout
agony - anguish

그러면 동의어 실력을 키울 수 있는 또다른 방법을 생각해봅시다. speak라는 단어를 예로 들어 볼까요. speak라는 단어 안에는 peak라는 단어가 들어 있습니다. '정상'이라는 뜻이지요. 그러면 '정상'이라는 뜻을 가진 또다른 단어는? speak에서 peak를 제외하면 s만 남지요. '정상'이라는 뜻을 가진 또다른 단어는 최소한 s로 시작한다고 생각하세요.

바로 summit입니다.

이와 같이 우리가 알고 있는 쉬운 단어 안에 있는 철자를 활용하여 동의어를 확장할 수 있습니다. 이 때 잊지 말아야 할 원칙은 항상 우리가 알고 있는 쉬운 단어와 연결시켜야 한다는 것입니다.

동의어로 확장하는 방법 이외에도 이 책에서는 다양한 방법으로 어휘력을 확장시킬 수 있는 방법을 제시하고 있습니다.

그 중 하나가 '의미소'(意味素)라는 개념을 통해서 단어를 늘리는 방법입니다. 처음 들어보는 개념이라 생소할 테니까 어원을 통한 어휘확장이라는 기존의 방법을 먼저 다루고 난 뒤 설명을 하겠습니다.

영어어휘를 공부할 때 많이 쓰이는 방법이 바로 '어원'을 이용한 방법입니다. 이 방법은 대단히 훌륭한 방법으로 필자 역시 강력하게 권하는 방법이기도 합니다. 그런데 문제는 상당수의 사람들이 어원으로 공부할 때 어려움을 많이 느낀다는 것입니다. 그리고 시간이 지나면 잊어버리게 되는 본질적인 문제를 해결할 수는 없습니다. 영어실력이 일정한 수준에 이른 사람들에게는 이 어원을 통한 어휘의 확장은 대단히 좋은 방법입니다. 하지만 이 방법으로 해도 잘 안되는 사람이 현실적으로 많고, 그 원인을 설문과 상담을 통해 파악해본 결과 다음과 같은 사실 때문에 어려움을 겪고 있다는 것을 알 수 있었습니다.

첫째, 어원의 뜻을 별도로 또 암기해야 한다는 부담이 있다.
둘째, 어원의 철자가 일정하지 않다.
셋째, 어원은 별도로 독립적인 단어로 쓰이지 않는다.

climate, incline이란 단어를 가지고 설명을 하겠습니다. 이 단어들 안에 있는 cli-, clin이라는 라틴어 어원은 영어의 bend(구부리다)의 뜻을 가지고 있습니다. 그래서 climate는 '기후'(적도를 중심으로 구부러져 양극으로 갈수록 기후가 다르니까)라는 뜻을, incline은 '기울이다' 마음이 내키게 하다'라는 뜻을 갖고 있는 것입니다. 그렇지만 이처럼 어원 자체의 뜻을 따로 암기해야 하고(물론 다 암기되어 있는 사람은 그 후 단어를 볼 때 뜻이 자동적으로 떠오르는 강력한 힘을 발휘합니다), 철자도 동일하지 않은 경우가 많으며, 무엇보다도 독립적인 단어로 쓰여 일상적인 문장에서 접할 수 없다는 점 때문에 많은 사람들이 어려움을 느끼고 있습니다.
  이러한 문제는 주로 어원을 통한 방법이 서양의 방식인 것과 관련이 깊습니다. 따라서 우리에게 적절한 방식을 찾아서 어휘력을 쉽고 재미있게 확장시킬 필요가 있다는 생각이 듭니다.
  서양인에게는 라틴어가 각 언어의 뿌리를 이루는 것이라면, 동양인에게는 한자문화라는 뿌리가 상당 부분 공유되어 있습니다. 그런 까닭에 중국이나 일본을 여행할 때 말은 통하지 않더라도 한자를 종이에 써가며 의사소통이 가능한 것입니다. 이런 원리에 기초하고 있는 것이 바로 '의미소'를 활용하는 방법입니다.
  '의미소'라는 개념을 설명하기에 앞서 쉬운 한자 하나를 예로 들어보겠습니다.
  好자를 볼까요. '좋을 호'이지요. 왜 좋냐면 여자[女]가 아들[子]을 안고 있어서 그렇습니다. 바로 이것입니다. 모든 한자가 다 그런 것은 아니지만 이런 방법으로 한자 실력을 많이 늘려갈 수 있습니다(라틴어 어원으로 확장할 수 있는 어휘도 한정이 되어 있습니다. 모든 영어 단어가 라틴어 어원으로 되어 있는 것은 아닙니다). 또 劇이란 한자를 볼까요. 호랑이[虎]와 돼지[豕]가 칼[刀·刂]을 들고 춤추는 형상은 연극에서만 가능한 일이지요. 그래서 '연극 극'입니다.
  각각의 한자가 독립적으로 쓰이기 때문에 결합하면 새로운 의미를 추정할 수 있는 것입니다. 영어어휘를 확장하는 것도 마찬가지라고 생각하세요. 철자수가 많지 않으면서 독립적인 뜻을 가지고 있는 영어 단어로 새로운 단어를 많이 늘릴 수 있습니다. 그런 단어들은 철자수가 많으면 안되겠지요. 대개 3~5개 정도의 철자를 가지고 있는 영어 단어는 많습니다. 그런 단어들은 여러 영어 단어 안에 들어 있을 가능성이 높습니다.
  우리가 잘 알고 있는 movie라는 단어를 예로 들어보겠습니다. movie라는 단어 안에는 vie라는 단어가 들어 있습니다. '경쟁하다'라는 뜻을 가지고 있습니다. 영화를 보기 위해 새벽부터 줄서는 광경을 연상하면 쉽게 단어의 뜻을 알 수 있게 될 것입니다. 그리고 나서 vie라는 단어를 통해 단어를 늘려봅시다. 철자가 3자니까 제일 앞에 있는 자음만 알파벳 순서로 돌리면 됩니다. 그러면 die, lie, pie, tie 등의 단어를 쉽게 얻을 수 있습니다. 그리고 나서 다시 이 단어들(의미소)이 들어가 있는 단어를 연결시켜서 어휘를 확장시킵니다. 대표적인 단어만 몇 개 논리적 상상력을 이용해 연결해보겠습니다.

die-obedient(복종하지 않으면 죽어), lie-client(고객에게 거짓말 하면 안돼), pie-pier(부둣가에서 파이를 먹다), tie-patient(그 정신병 환자 잘 묶어 놔).

movie
　　경쟁하다
die-obedient
lie-client
pie-pier
tie-patient

이렇게 확장된 새로운 단어, 그렇지만 조금 어려운 단어를 얻었으면 다시 각 단어들의 동의어를 이용하여 단어를 계속 확장시킬 수 있습니다.

의미소에 해당하는 단어는 철자수가 많지 않기 때문에 대부분의 단어 안에 들어 있습니다. 의미소는 별도의 독립적인 단어로 쓰이므로 평소에도 자주 접할 수 있습니다.

의미소와 암기하고자 하는 단어를 논리적 상상력으로 연결시켜보는 훈련을 하면 영어로 말하거나 쓸 때 많은 도움이 됩니다. 독해와 듣기는 외국인이 쓴 글을 읽거나, 혹은 외국인이 하는 말을 듣는 것이므로 수동적인 측면이 있습니다. 그렇지만 말하기와 쓰기는 전적으로 기억력에 의존해야 하기 때문에 능동적입니다. 쉬운 단어와 우리가 어렵다고 생각하는 단어를 평소에 재미있게 체계적으로 연결시키는 훈련을 하면, 머릿속에서만 맴돌던 단어가 원하는 즉시 입밖으로 튀어나와 활용할 수 있게 됩니다(실제로 영어 의사소통은 단어만으로 되는 것이 아니라 문장을 통해서 이루어집니다. 그렇지만 최소단위인 영어 단어를 확실히 장악했을 때, 그것을 기초로하여 만들 수 있는 문장은 그리 어렵지 않습니다. 생활영어를 공부하는 방법에 대해서는 별도의 책을 통해 소개하겠습니다).

단어를 확장하는 또하나의 방법으로는 '의미연상법'이 있습니다. 이 방법 역시 우리가 평소에 자주 접하는 쉽고, 익숙한 단어를 통해서 할 수 있습니다.

예를 몇 가지 들겠습니다. '신문'은 newspaper지요. 그러면 신문과 관련된 것이 무엇이 있을까요? '신문을 구독하다', '신문기사', '신문을 편집하다'.

여기에 해당하는 단어를 생각해내기가 그리 쉽지는 않을 것입니다. 그리고 문장을 읽을 때는 그래도 앞뒤 문맥을 유추해서 단어의 뜻을 생각해낼 수 있지만, 기억력에만 의존해서 해야 하는 말하기의 경우에는 해당 단어를 생각해내기가 쉽지 않을 것입니다. 그래서 평소에 newspaper라는 단어를 볼 때마다 그 안에 있는 철자를 활용하여 우리가 좀더 어렵다고 생각하는 단어(실제로는 자주 보지 않는 단어)를 연결하는 훈련을 합니다.

'구독하다'는 subscribe, '신문기사'는 article, '편집하다'는 edit입니다. 모두 newspaper라는 단어 안에 있는 철자를 활용한 것입니다.

    newspaper - subscribe   구독하다
                   article   신문기사
                     edit   편집하다

영어의 모든 단어가 이렇게 의미를 연상시켜 확장할 수 있다는 생각에 이르면 신나지 않습니까? 다시 한번 이야기하지만 우리가 어렵다고 생각하는 단어는 자주 접하지 않는 단어일 뿐입니다. 그렇지만 영어로 의사소통을 할 때는 필요한 때 필요한 단어를 적절히 모두 구사해야 합니다. 그러기 위해서는 우리가 알고 있는 단어를 통해서 단어를 확장시키는 것이 가장 좋은 방법입니다.

그럼 정리해볼까요.

동의어, 의미소, 의미연상법 등을 통해 단어를 체계적으로 무한히 확장할 수 있다.

3장
흥미롭게 접근하기

addition-addiction
담배를 자꾸 **추가**해서 피우면 **중독**된다

> From this year on, in **addition** to quitting smoking, I will not be indulged in alcohol **addiction**.
> **올해부터 금연은 물론이고 알코올 중독에도 빠지지 않을 것이다.**

addition은 '추가하다'라는 뜻을 가진 add의 명사형입니다. add는 address라는 단어와 연결해서 생각하면 쉽게 암기할 수 있습니다.

그럼 addition을 활용하여 좀더 난이도가 높은 단어를 알아둡시다. 담배는 cigarette이죠. 술 중에 꼬냑 cognac은 c로 시작합니다. 담배나 술을 계속 추가(addition)하면 중독이 되죠. '중독'은 영어로 뭔가요? addition에 c를 추가하면 addiction. 동사는 addict.

우리나라 사람들이 좋아하는 헐리우드 배우 중에 맥 라이언이 있습니다(그런데 Sexy Mild라는 샴푸 광고를 찍고 난 후 한 TV 토크쇼에서 한국을 비하하는 발언으로 주가가 많이 떨어지긴 했습니다). 그녀가 출연한 영화 중에 〈Addicted to Love〉가 있습니다. 우리말 제목으로 "어딕티드 러브"라고 붙여서 상연된 바 있습니다. '사랑에 중독된' 정도의 뜻이 되겠죠. 그런데 맥 라이언이 주연한 또다른 영화 중에 〈When a Man Loves a Woman〉이 있는데 여기에서는 재미있게도 알코올 중독에 걸린 가정주부로 출연합니다. 정말 배우들은 다양한 변신을 많이 합니다.

addition — addiction → addict

흥미롭게 접근하기

afraid-raid
갑작스런 습격을 두려워하다

During the surprise **raid** upon the country, the civilians were **afraid** because they had no weapons and they hoped the soldiers would come to their aid.
기습공격을 받는 동안에 시민들은 무기가 없어서 두려웠기 때문에 군인들이 와서 도와주기를 희망했다.

자취하는 남학생의 집에 여학생이 놀러갔다고 생각해봅시다. 남학생이라면을 끓여주겠다고 하자, 여학생은 방에서 기다리고 있었습니다. 그런데 방 한구석에서 바퀴벌레 한 마리가 기어나오는 것이었습니다. 평소 같으면 이 여학생은 발뒤꿈치로 밟아 죽였을지도 모르지만, 남학생을 의식하여 무서워서 소리지르는 시늉을 했습니다. 그 소리를 듣고 남학생이 쏜살같이 방안으로 들어오더니 RAID를 뿌립니다. RAID가 뭐냐고요? 바퀴벌레 잡는 약품 이름이잖아요. 그리고나자 여학생은 생긋 웃으면서 도움(AID)을 주어 고맙다고 남학생에게 한마디 합니다. 이 간단한 에피소드를 통해 afraid(두려워하여)에서 얻을 수 있는 두 단어를 소개하겠습니다.

우선 afraid 안에 있는 raid는 '습격'이라는 뜻을 가지고 있습니다. 바퀴벌레를 잡는 약품 이름이 왜 raid인지 알겠지요? air raid는 '공습'이라는 뜻입니다.

afraid 안에 있는 또다른 단어는 aid입니다. '도움'이라는 뜻입니다. first aid는 '응급조치'라는 뜻입니다.

```
afraid — raid
         |
        aid
```

ant-tenant
세입자가 사는 집에 개미가 많다

The **tenant** complained to the landlord that there were thousands of little **ants** in her apartment.
그 세입자는 집주인에게 그녀의 아파트에 수천 마리의 개미가 있다고 불평했다.

ant는 '개미'라는 뜻을 가진 거 다 알고 있죠? ant라는 단어는 수없이 많은 영어 단어 안에 들어 있습니다. 그 중에서도 아이들에게 이야기해주면 좋아하는 단어가 elephant입니다. elephant라는 단어 끝에 ant가 들어 있습니다. 코끼리 등 위로 개미가 기어간다고 하면 두 단어를 자동적으로 얻게 됩니다.

자, 그럼 '개미집'은 뭐라고 할까요? ant farm입니다. ant house가 아니라 ant farm이라고 한 것이 재미있지요? ant는 집단생활을 하고 있기 때문에 그렇게 표현하는 겁니다.

그러면 상상력을 발휘해서 10마리 개미가 남의 집에 세들어 산다고 생각해볼까요? 남의 집에 세들어 살면 세입자라고 하지요. 세입자는 영어로 뭐라고 할까요? 자, 앞에서 이야기한 대로 열 마리 개미가 세들어 살고 있다고 생각하면 됩니다. 열 마리 개미를 붙이면 tenant가 됩니다. tenant가 '세입자'라는 뜻입니다. 세입자가 있으면 항상 집주인이 있겠죠. '집주인'은 landlord. '집의 안주인'은 landlady. 모두 land가 들어 있지요. 개미가 '땅'에 세들어 산다고 생각하세요.

```
ant — tenant
        ↕
    landlord — landlady
```

appointment-ointment
연고를 바르고 약속 장소로 나갔다

I have an **appointment** with the doctor to obtain an **ointment** to apply to my skin rash.
나는 피부 발진에 바를 연고를 얻기 위해 의사와 만날 약속이 있다.

appointment는 '약속'이라는 뜻으로 많이 쓰이는 단어입니다. 미국 사람들은 병원에 갈 때 의사와 사전에 예약을 하고 가는 경우가 많습니다.

한 아이가 축구를 하다가 무릎을 다쳤다고 합시다. 아이의 어머니가 의사에게 전화를 걸어 사전에 예약을 합니다. 약속된 시간에 갔더니 의사가 상처난 부위에 연고를 발라줍니다. '연고'는 appointment에 들어 있는 ointment.

그럼 약을 상처난 부위에 발라주다라는 뜻을 알아야겠죠? 그 단어는 어떻게 건지는지 볼까요.

appointment에서 ointment를 빼면 app가 남습니다. '약을 발라주다'라는 뜻을 가진 단어는 app로 시작한다고 생각하세요. apply. 물론 apply는 '적용하다' '응용하다'라는 뜻으로 많이 사용됩니다. 이러한 뜻 외에도 '약을 발라주다'라는 뜻을 가지고 있으니 필요할 때 적절히 활용하세요.

```
appointment — ointment
   |
apply
```

Funny Story 8

While reviewing math symbols with the pupils, the teacher drew a greater-than (>) and a less-than (<) on the chalkboard and asked, "Does anybody remember what these means?" A few moments passed and then Nick confidently raised his hand and said, "＿＿?＿＿"

이번에는 아들 Nick의 학교 수업 시간에 있었던 일입니다. 학생들과 수학부호(math symbols)를 복습하고 있던 선생님이 칠판에 '<' '>'부호를 그렸습니다. 그리고는 그 부호들이 무엇을 의미하는지 아는 사람 있느냐고 물었답니다. 그런데 Nick이 자신 있게 손을 들더니 다음과 같이 말해 교실이 웃음바다가 되었답니다. 뭐라고 답했을까요?

정답 : The one means fast-forward and the other means rewind.(하나는 앞으로 빨리감기, 또 하나는 뒤로 되감기를 뜻합니다.) 카세트 녹음기에 보면 실제로 그렇게 써 있지요. 역시 엉뚱한 면이 있는 Ginger네 식구답습니다.

approach-roach
바퀴벌레가 다가오다

That crazy **roach** thought it could **approach** me without being stepped on.
그 정신나간 바퀴벌레는 밟히지 않고 내게 다가올 수 있다고 생각했다.

approach는 '다가가다'라는 뜻입니다. 바퀴벌레가 사람에게 다가가면 징그럽지요. '바퀴벌레'는 approach 안에 들어 있는 roach입니다. cockroach라고도 하지요.

바퀴벌레는 뭔가 부정적인 이미지를 말할 때 자주 사용합니다. 밀렵꾼들은 법을 어겨가며 밀렵 금지지역에 침입하여 보호동물들을 사냥합니다. '밀렵하기 위해 침입하다'라는 뜻을 가진 단어는 roach의 자음 한 자만 바꾸면 됩니다. poach. 어려운 단어라고 생각될지 모르지만, 이 단어를 말해야 할 상황이 되었는데 단어가 떠오르지 않을 경우가 많습니다. 평소에 approach - roach - poach라고 의미를 연결해서 생각하는 버릇을 들이면 아무리 어렵게 보이는 단어라도 필요할 때 적절하게 활용할 수 있습니다. 다음의 예를 볼까요.

head - dandruff(비듬)   face - freckle(주근깨)

갑자기 '비듬'이니 '주근깨'니 하는 단어를 사용해야 하는데 전혀 생각나지 않는 경우가 많이 있을 겁니다. 그럴 때 평소에 알고 있는 단어의 철자를 활용하여 단어를 연결시키면 필요할 때 얼마든지 활용할 수 있습니다. 어려운 단어란 없다고 했잖아요. 단지 자주 보지 않을 뿐입니다.

approach — roach — poach

attack-tack
얄미운 그 녀석을 압정으로 공격하고 싶다

That crazy man was **attacking** me, trying to hammering a **tack** into my body.
그 정신나간 남자는 압정을 내 몸에 두들겨 박으려고 하면서 나를 공격하고 있다.

〈나 홀로 집에〉(Home Alone)라는 영화의 주인공이 되었다고 생각해볼까요. 도둑들을 공격하려고 만들어낸 계책 중에 방바닥에 압정을 놓는다면 거기에 찔려 다치겠지요? attack은 '공격하다'라는 뜻을 가지고 있습니다. 그럼 '압정'은 attack 안에 있는 단어인 tack입니다.

'공격하다'에 해당되는 또다른 단어는 attack과 마찬가지로 a로 시작합니다.

    assail 공격하다(sail이란 단어가 들어 있습니다.)
    assault 공격하다(sault가 salt와 발음이 같습니다. 음식맛을 짜게 하는 것도 맘에 안드는 남편을 공격하는 좋은 방법이지요.)

at*tack* ― tack
  ‖
assail
  ‖
assault

흥미롭게 접근하기

attempt-tempt
멋진 여자를 유혹하려고 시도하다

Do not **attempt** to **tempt** me with such an offer.
그러한 제안을 가지고 나를 유혹하려고 시도하지 마라.

해수욕장에 갔는데 잘 빠진 미녀가 앞에 가고 있다고 생각해보세요. 그 여자를 유혹하려고 뭔가를 시도하고 싶은 마음이 들겠죠?

attempt는 '시도하다'. 그럼 '유혹하다'는? attempt에 들어 있는 tempt. 명사는 temptation. 화장품 이름 중에 있죠.

tempt를 활용하여 또다른 단어를 건져봅시다. enchant. '매혹시키다'라는 뜻을 가지고 있습니다.

```
at tempt — tempt → temptation
             |
          enchant
```

August-gust
장마 후 8월에는 질풍이 분다

Not long after the drought in July, there was a **gust** in **August**.
7월 가뭄이 있은 지 얼마되지 않아 8월에는 강풍이 불었다.

장마가 7월에 온다면 8월에는 태풍이 불어서 수마가 할퀴고 간 자리를 또 헤집어놓습니다. 그럼 '질풍'이라는 뜻을 가진 단어는? August에 있는 gust입니다. '질풍'이라는 뜻을 가진 또다른 단어 역시 g로 시작합니다. gale.

우리가 접하는 바람의 종류는 많지요. 그 중에서 '폭풍'은 뭘까요? gust의 st를 활용합시다. storm.

장마가 온 다음에 또 태풍이 와서 다 쓸어간다면 정말 너더리가 나겠죠? '너더리가 날 정도로 싫은' 것은 영어 단어로 뭘까요? gust를 이용하면 됩니다. disgust.

```
            disgust
               |
August — gust
           ‖  └ storm
          gale
```

홍미롭게 접근하기

black-lack
검은 색은 밝은 빛이 부족하다

The color **black lacks** any light reflecting qualities.
검은색은 빛을 반사하는 성질이 부족하다.

검은색은 밝은 빛이 없거나 밝은 빛이 부족한 것이죠? '부족'이란 뜻을 가진 단어는 black 안에 들어 있는 lack.

He's good at his job but he seems to lack confidence.
(그는 일은 잘하지만 자신감은 부족한 것 같다.)

잠이 너무 많으면 그 사람의 생활은 뭔가 느슨하거나 헤이해져 있다고 말할 수 있습니다. '느슨한' '규율이 해이된'이라는 뜻을 가진 단어는 sleep과 lack을 활용해 알아봅시다.

sleep의 s와 lack을 결합하면 '느슨한'이라는 뜻을 가진 단어 slack을 얻을 수 있습니다.

```
black — lack
         |
       slack
       ↑
       sleep
```

brown-brow
갈색으로 그을린 농부의 이마

The face of the bird is **brown** with white **brow**.
그 새는 갈색 얼굴에 흰 이마를 가지고 있다.

brown은 '갈색'을 말하죠. 일하는 사람들의 피부색을 생각해볼까요. 햇빛에 검게 그을려 정말 건강한 모습이지요. 주름살도 있고요. '이마'는 brow. row는 '줄'이지요. row는 crowd라는 단어를 할 때 다룰 겁니다. 자음순환법으로 단어를 건져봅시다.

crown 왕관
clown 광대(광대가 왕관을 쓰고 광대짓을 하는 모습을 생각하세요.)
drown 익사시키다(A drowning man will catch at a straw. 물에 빠진 사람은 지푸라기라도 잡는다.)
frown 얼굴을 찡그리다(He frowned with displeasure as he read his son's school report. 아들의 학교 성적표를 보자 그는 불편한 심기로 얼굴을 찌푸렸다.)

brown — brow
  |
crown — clown
  |
drown
  |
frown

홍미롭게 접근하기   183

car-carve
차에 회사 로고를 새기다

Before actually making a **car**, the designer sometimes **carves** a wooden model to test for aerodynamics.

차를 실제로 만들기 전에, 디자이너는 공기역학을 시험하기 위해 나무모형차를 파서 만들곤 한다.

car와 연결하여 할 수 있는 단어들을 생각해봅시다.

- cargo 화물 (차[car]에 화물을 싣고 가는[go]거죠.)
- caravan 대상(사막을 다니는 대상들이 물건들을 싣고 다니겠죠. 요새는 van에다 싣고 다닌다고 생각하세요.)
- carve 새기다(자동차에 v자를 새기고 다니는 사람이 많아졌습니다. '새기다'라는 뜻을 가진 단어는 engrave, inscribe 등도 있습니다. engrave는 grave가 무덤이니까 무덤에 있는 비석에 묘비명을 새긴다고 생각하세요. inscribe는 scribe가 쓰다[write]의 뜻이니까 안에 새겨넣는다고 생각하세요.)

```
car ─┬─ cargo
     ├─ caravan
     └─ carve = engrave = inscribe
```

care-scare
무서워하는 아이를 돌봐주다

Take **care** not to **scare** the baby animals when you feed them.
동물의 새끼들에게 먹이를 줄 때 무서워하지 않도록 조심하라.

무서워하거나 두려워하는 사람은 잘 돌봐주어야겠죠. care. '두려워하다' '무서워하다'는 scare.

　scare를 이용하여 '허수아비'를 건져봅시다. scarecrow. 까마귀(crow)를 놀라게 해주는 것이 허수아비인가 봅니다. 우리는 주로 참새에게 겁을 주기 위해 허수아비가 들판에 서 있는데…….

```
care — scare
          |
       scarecrow
```

carnival-cannibal
축제에 모인 사람들을 보고 식인종이 입맛을 다시다

The cannibal made a meal out of people who attended the carnival.

그 식인종은 축제에 참가한 사람들로 식사를 했다.

'식인종'이라는 영어 단어는 철자 변형을 활용해 건집시다.

　　carnival 축제   cannibal 식인종

　　철자수는 동일한데 중간에 철자 두 개만 차이가 있지요? 첫번째는 철자 r과 n의 차이입니다. 축제에는 car를 타고 간다고 생각하세요. carnival에 car가 들어 있잖아요. 식인종들도 요새는 통조림으로 먹는다고 생각해볼까요. can이 일반동사로 쓰이면 '통조림하다'라는 뜻이 있습니다. 그러면 두번째는 철자 v와 b의 차이입니다. 축제에 차를 타고 갈 때 손가락으로 V자를 그리면서 간다고 생각하면 됩니다. cannibal의 경우는 식인종이 '미트볼'(meat ball)을 만들어 통조림한다고 생각하세요. 그러면 cannibal의 끝에 있는 bal에 l자를 추가하여 ball이라고 생각하면 철자에 혼동이 없을 겁니다. carnival과 철자수를 맞추어야 하니까 cannibal은 반드시 n이 두 개 있어야 한다는 것도 알 수 있겠죠.
　　식인종들이 한꺼번에 많은 사람을 죽인다면 대학살을 자행한 것이죠. '대학살'은 cannibal의 ca나 carnival의 carn을 활용하여 carnage.

```
carnival — cannibal
   |
carnage
```

climb-limb
사지로 기어오르다

When you **climb** a cliff, you must use your **limb**.
당신이 절벽을 오를 때에는 당신의 사지를 사용해야 한다.

산에 올라갈 때, 처음에는 두 발로 걸어가지만 바위 틈새나 절벽 등 좀더 험한 곳을 지나려면 두 팔을 이용해야 할 것입니다. 두 발과 두 팔을 우리는 '사지'라고 하지요. climb 안에는 limb이라는 단어가 들어 있습니다.

이제 c만 남게 되지요. 험한 곳을 기어가듯 올라가야 하니까 '기어가다'라는 단어는 c자로 시작한다고 생각하세요. 그럼, crawl과 creep을 생각할 수 있습니다. 재미있게도 두 단어 모두 c로 시작합니다.

그리고 절벽을 기어올라간다고 한다면, '절벽'은 climb의 cli를 활용하여 cliff. 실버스타 스텔론의 〈Cliffhanger〉가 유명하지요.

```
cliff
 |
climb — limb
 |
crawl
 |
creep
```

cola-coal
석탄은 콜라와 같은 색이다

While digging in the **coal** mine, the workers took a break and drank a **cola**.

광산에서 석탄을 캐는 동안에, 광부들이 휴식을 취하면서 콜라를 마셨다.

콜라는 무슨 색이죠? 까만색입니다. 그럼 석탄은 무슨 색이죠? 역시 까만색입니다. '석탄'은 영어로 뭐죠? coal. cola에서 철자의 위치만 바꾸면 됩니다. 석탄에서는 이산화탄소가 많이 나오죠. '탄소'는 carbon이라고 하죠.

```
cola — coal
        |
      carbon
```

cold-scold
꾸중을 하니 아이 마음이 차가워진다

It is so **cold** outside that my mother **scolded** me for not closing the window.
밖이 너무 추워서 엄마는 내가 창문을 닫지 않은 것을 꾸중했다.

cold는 '추운'이라는 뜻을 가진 형용사이지만 명사로 사용되면, '감기'라는 뜻입니다.

I've got a bad cold.(나는 독감에 걸렸다.)

꾸지람을 들으면 마음이 차가워지겠죠? '꾸짖다'라는 뜻을 가진 단어는? cold 앞에 s를 붙이면 됩니다. scold.
그런데 심한 잘못을 하면 꾸지람을 받는 것뿐만 아니라 볼기짝을 얻어맞는 경우도 있습니다. 여러분의 어린 시절을 돌아보세요. 한두 번쯤 그런 경험은 다 있을 겁니다. '볼기짝을 찰싹 때리다'라는 뜻을 가진 단어는 scold앞에 있는 s를 활용하면 됩니다. spank.

```
cold — scold
         |
       spank
```

홍미롭게 접근하기

corner-corn
구석에서 몰래 옥수수 먹는 사람을 경멸하다

The **corn** field is just around the **corner**.
옥수수밭은 모퉁이를 돌면 바로 거기에 있다.

북한에서 축구경기를 중계한다고 생각해볼까요. corner kick을 '구석차기'라고 하죠. corner는 '구석'이라는 뜻입니다. 그러면 이것도 생각해볼까요. 구석에서 혼자 몰래 옥수수 먹으면 안되겠지요. 옥수수는 corn. 과자 중에 potato chip 말고 corn chip도 있잖아요. 옥수수만 혼자 먹는 것이 아니라 도토리도 혼자 먹는다고 생각해보세요. 도토리는 가을이 연상이 되죠. '가을'은 autumn. '도토리'는 autumn의 a를 이용하여 건집시다. acorn.

그런데 남의 눈에 띌까봐 구석에서 몰래 혼자서 옥수수를 먹는 사람을 우리는 어떻게 해야 할까요. 경멸합니다. '경멸하다'는 scorn. '경멸하다'라는 뜻으로 가장 많이 쓰이는 단어는 respect(존경하다)의 반의어인 despise죠. 의미연상법으로 한다면 despise 안에는 d와 s가 있습니다. scorn은 했고, 또 하나의 단어는 disdain. despise와 마찬가지로 d로 시작합니다.

```
corner — corn
           |
         acorn
           |
         scorn  =  despise
                    ‖
                  disdain
```

cream-scream
아이스크림을 달라고 소리치다

The ice **cream**, when she ate too fast, gave her a cold-headache and made her quietly **scream** in pain.
아이스크림을 너무 빨리 먹어서 순간적인 두통이 일어 조용히 고통스런 비명을 질러야 했다.

시내의 한 아이스크림점에 갔는데 일하는 직원이 친구와 전화통화를 하느라고 주문을 받지 않고 있어 화가 나서 한 손님이 아이스크림을 달라고 소리를 질렀습니다. '소리지르다'는 scream. cream 앞에 s만 붙이면 됩니다. 아이스크림을 퍼주어야 하니까 '퍼주다'라는 뜻을 가진 단어는 scream 앞에 있는 s로 시작한다고 생각하세요. scoop.

그 직원이 멋쩍은 듯 주문을 받자 노란색(yellow) 바닐라를 달라고 주문했습니다. '소리지르다'는 뜻을 가진 또다른 단어는 yell입니다. yellow 안에 들어 있지요. '소리지르다'라는 또다른 단어를 생각해 볼까요. 어떤 단어가 생각나지요? shout. 이 단어 안에는 out이라는 단어가 들어 있습니다. 소리를 지를 때는 밖으로 지르는 거지요.

또다른 단어를 생각해봅시다. exclaim이라는 단어가 있습니다. ex는 '밖으로'라는 뜻을 가지고 있고 claim은 '요구하다'라는 뜻입니다. 그러므로 밖으로 요구하니까 '소리지르다'가 됩니다.

마지막으로 '소리지르다'는 뜻으로 아주 쉬운 단어에는 cry가 있지요.

```
                shout  ─ yell
                 │ ┌── cry
cream ── scream
                 │  └── exclaim
                scoop
```

흥미롭게 접근하기

Funny Story 9

Ginger finished eating at a fancy restaurant, then explained to the owner that she had left her wallet home and was unable to pay the bill immediately.
"That's okay," the owner said calmly.
"I trust you. But in order for me to remember, I must write your name on this blackboard, along with the amount you owe."
"But everyone will see my name," Ginger protested, "and I'll be so embarrassed."
"Don't worry," the owner replied.
"___?___"

Ginger가 어느날 남편 몰래 혼자 외식을 하러 나갔을 때의 일입니다. 고급식당(fancy restaurant)에서 식사를 마친 Ginger는 계산을 하기 위해 주머니를 뒤져보았습니다. 그런데 이게 웬일입니까. 지갑을 집에다 두고 온 것입니다. 혼자 맛있는 음식을 먹으니 이런 벌을 받는구나라고 속으로 반성을 하고서는 주인에게 사정이야기를 했습니다. 그런데 뜻밖에도 주인은 괜찮다고 하는게 아니겠습니까. 하지만 단서를 달았습니다. Ginger의 이름과 외상값을 칠판에 적어 놓겠다는 것이었습니다. 그래서 Ginger는 한마디 안할 수가 없었습니다. 그렇게 하면 사람들이 자신의 이름을 다 보게 될 것이니 당황스런 일이 아니겠느냐고. 그랬더니 주인은 걱정말라고 하며 한마디 덧붙였습니다. 그러자 주변에 있던 사람들이 모두 깔깔거리고 웃었습니다. 주인이 뭐라고 했을까요?

정답 : Your fur coat will be covering the blackboard.(당신의 모피 코트로 칠판을 덮으면 되잖소.)

결국 옷벗어놓고 가라는 얘기 아닙니까? 외상값 받으려는 식당 주인이라면 이 정도 고단수는 되어야겠죠. 외상 먹지 맙시다!

crowd-crow
까마귀가 빨랫줄에 무리지어 한 줄로 앉아 있다

The **crow** flew right through the **crowd** of farmers.
까마귀가 농부들을 바로 뚫고 날아갔다.

crowd는 '군중' '사람들로 붐비다'라는 뜻을 가지고 있지요.

The theater aisle was crowded with people.
(극장 복도는 사람들로 붐볐다)

자, 그럼 crowd를 이용하여 다른 단어들을 건져봅시다. 빨랫줄에 꼭 참새(sparrow)만 앉으란 법 있나요? 까마귀도 앉을 수 있겠죠? '까마귀' 는 뭘까요? crowd에 있는 crow. 이소룡(Bruce Lee)의 아들 브랜든 리 (Brandon Lee)가 주연한 영화가 〈크로우〉(The Crow)잖아요. 이 단어가 동사로 쓰이면 '수탉이 울다'라는 뜻을 가집니다.

까마귀들이 어디에 앉아 있다구요? '줄'에 앉아 있다고 했습니다. '줄' '열'이란 뜻을 가진 단어는? crow 안에 있는 row. 이 단어가 동사로 쓰이면 '노를 젓다'라는 뜻이 됩니다.

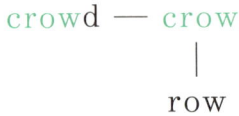

cruise-bruise
여객선이 순항하다 빙산에 부딪쳐 승객들이 멍드는 부상을 당했다

A group of people who boarded the luxurious **cruise** ship started a fight that resulted in one passenger being seriouly **bruised**.

그 호화유람선에 승선했던 몇몇 승객이 싸움을 했는데, 그 중 한 승객이 심하게 멍들었다.

영화를 별로 보지 않는 사람이라도 Tom Cruise라는 이름 정도는 들어보았을 겁니다. 〈탑건〉, 〈레인맨〉, 〈제리 맥과이어〉, 〈칼라 오브 머니〉 등 우리에게도 잘 알려진 영화에서 주연을 맡은 배우입니다.

cruise는 '순항하다'라는 뜻을 가진 단어입니다. cruise missile도 많이 들어본 말이죠.

그의 영화 중 지금의 부인인 니콜 키드먼(Nicole Kidman)과 함께 출연했던 영화 〈Far and Away〉에서 주인집 딸과 신대륙 미국으로 건너간 그는 권투선수가 됩니다. 처음에는 잘 나가지만 얼굴이 완전히 일그러질 정도로 두들겨 맞는 장면이 나옵니다. 얼굴에 잔뜩 멍이 든 채로……

'타박상' '멍'이라는 뜻을 가진 영어 단어는? bruise. b는 어떻게 유추하냐구요? Tom Cruise가 극중에서 boxer잖아요. b로 시작합니다.

어떻게 두들겨 패야 얼굴에 멍이 들까요? 잔인하게 두들겨 패야 그렇게 되겠죠. '잔인한'이라는 뜻을 가진 단어는 bruise에 있는 bru를 활용합시다. brutal. 같은 뜻을 가진 단어는 cruise를 활용합니다. cruel.

```
cruise  —  bruise
  |          |
cruel   =  brutal
```

흥미롭게 접근하기

danger-anger
위험에 빠뜨리게 해서 화가 나다

If you are an old man prone to **anger**, you put yourself in **danger** of having a heart attack.
만일에 당신이 쉽게 화를 내는 사람이라면, 심장마비에 걸릴 위험에 놓여 있는 것이다.

누군가 자신을 위험에 빠뜨리면 화가 나겠죠?
　　danger는 '위험'. anger는 '노여움'. '위험'이라는 뜻을 가진 또다른 단어는 danger의 제일 끝에 있는 r자를 활용하면 됩니다. risk. 한 단어 더하면 hazard. hazard와 danger라는 단어 사이에 공통적으로 들어 있는 d자를 잘 활용하세요.

```
    danger — anger
      ‖        ‖
   hazard  =  risk
```

deliver-liver
배달하러 갔다가 간이 콩알만해지다

The helicopter was used to **deliver** a new **liver** to the transplant patient.
간 이식환자를 위해 새로운 간을 수송하기 위해 헬리콥터가 사용되었다.

영화 〈나홀로 집에〉를 다시 한번 생각해봅시다. 집에 혼자 남은 Kevin은 저녁에 도둑들이 들어올 것에 대비해 사전에 TV를 이용해서 대비책을 강구합니다. 그래서 시험삼아 Pizza를 배달시키죠. 배달원은 TV에서 나오는 말 그대로 집 뒤로 갔다가 콩알볶는 듯한 총소리에 혼비백산하여 도망가죠. Pizza 배달하러 왔다 간이 콩알만해졌을 겁니다.

'배달하다'는 deliver. 그럼 '간'은 liver. liver는 장기의 일부입니다. 간이나 폐와 같은 장기를 이식하는 것을 장기이식이라고 합니다. '장기이식'은 organ transplant. transplant가 '이식'이라는 뜻을 가지게 된 것을 생각해볼까요. trans는 '옮기다'라는 뜻을 가지고 있으므로 移자를 쓴 것이고 plant는 '심다'라는 뜻을 가지고 있으므로 種자를 쓴 것입니다. 원래 우리말인 줄 알았는데 영어가 그 뿌리인 것은 무수히 많습니다. airport도 이런 예 중 하나입니다. 즉 '공기'라는 뜻을 가진 air에서 '공'자를 따고 '항구'라는 뜻을 가진 'port'에서 '항'자를 따서, '공항'이 된 것입니다.

그럼 기왕에 l자로 시작하는 장기를 하나 더 할까요. lung. '폐'를 뜻합니다.

```
deliver — liver — transplant
            |
           lung
```

devil-evil
악마는 악하다

The **devil** is not the only source of **evil**. Sometimes man is.

악마만이 악의 유일한 원천인 것은 아니다. 때로는 인간도 그렇다.

devil이란 단어는 한국 축구팀 응원단인 '붉은 악마들'(Red Devils)로 널리 알려진 단어죠. 해리슨 포드가 주연한 영화 〈데블스 오운〉(Devil's Own)에도 들어 있는 단어입니다.

'악마'라는 뜻을 가진 또다른 단어도 de로 시작한다고 생각하세요. 악마끼리는 통하나 봅니다. demon.

자, 그럼 단어를 하나 더 건져봅시다. 악마는 선한가요, 악한가요? 당연히 악하겠죠. '악한'이라는 뜻을 가진 영어 단어는 devil에서 찾으면 됩니다. 바로 evil입니다. '사악한'이라는 뜻을 가진 또다른 단어는 철자는 전혀 다르지만 동의어로 꼭 알아두어야 할 단어입니다. wicked.

```
devil — evil = wicked
  |
demon
```

dry-laundry
세탁소에서 드라이도 한다

It took a few minutes for the **laundry** to **dry** when I hung it outside.

세탁물을 밖에 널었을 때 마르는 데 몇 분밖에 걸리지 않았다.

세탁소에 드라이(dry) 맡긴다고 하지요? '세탁소'는 영어로? laundry. laundry속에 dry가 있지요. 동사는 launder.

그러면 '돈세탁하다'는 영어로 뭘까요? launder money.

세탁소에서는 양복, 블라우스 등 잡다한 빨래를 세탁합니다. 옛날에는 햇빛으로 말렸겠지요. 그래서 '잡다한'은 sundry.

dry — laun**dry** — sun**dry**

홍미롭게 접근하기

dynasty-nasty
다이너스티를 타고 뽐내면 속이 메스껍다

He got a **nasty** mind to take the **dynasty** by force.
그는 왕조를 찬탈하려는 음흉한 마음을 품었다.

dynasty라는 단어는 현대에서 만드는 고급 승용차 이름으로 우리에게 익숙한 단어입니다. '왕조'라는 뜻을 가지고 있죠.

지금 세상에 와서 왕조란 있을 리 없고 아무래도 왕조에 속하는 사람이 타고 다닐 정도의 고급 승용차라는 뜻으로 dynasty라는 브랜드를 붙였을 걸로 짐작이 됩니다. dynasty라는 단어를 볼 때마다 꼭 생각해야 할 단어가 '왕좌' '왕위'라는 뜻을 가진 단어입니다. dynasty 안에 있는 t자를 활용하면 됩니다. throne(throw의 과거분사인 thrown과 발음이 동일합니다). 왕위를 과감하게 던져버린 싯다르타나 양녕대군을 생각해도 좋습니다.

갑자기 졸부가 된 아버지가 아들에게 dynasty를 선물로 사주었다고 합시다. 이 친구 오렌지족 행세를 하며 룰루랄라 신나게 차를 몰고 다니다가 잘 빠진 여자가 지나가는 것을 보고 "야, 타!"하고 그 여자를 차에 태웁니다. 밤새 같이 놀다가 출출해져서 새벽녘에 편의점에 들어가 컵라면을 하나씩 삽니다. 10만 원짜리 수표를 꺼내서 라면값을 줍니다. 종업원이 인상을 쓰면서 거스름돈을 주려고 하니까 "야, 너 가져!"라고 폼 잡으며 말을 합니다. 자, 이런 정신나간 친구의 말을 옆에서 듣고 있으면 어떨까요? 속이 좀 메스꺼워지죠? '메스꺼운'은 dynasty 안에 들어 있는 nasty.

```
dynasty — nasty
  |
  throne
```

eastern-stern
동양 사람들은 서양 사람들보다 윤리관이 엄격하다

Eastern people are pictured by the west as a **stern** and strict people.
동양인들은 서양 사람들에게 엄격한 사람들로 비춰지고 있다.

예수님이 태어날 때 동방박사들이 탄생을 축하하기 위해 예루살렘으로 가죠. Easter는 '부활절'. east를 이용하면 됩니다.

east의 형용사는 eastern. 미국의 경우 캘리포니아를 포함한 서부지역은 경쾌하고 발랄한 반면 동부지역은 훨씬 청교도적이고 엄격한 생활을 합니다.

'엄격한'이라는 단어는 eastern 안에 있는 stern. 비슷한 뜻으로 많이 쓰이는 단어를 몇 개 더 해봅시다. 그냥 참고로 하기 바랍니다. 다만 stern과 strict는 같은 철자로 시작하니까 암기 목록에 올려 놓으시기 바랍니다.

austere 엄격한(e자로 끝나는 형용사이므로 명사는 austerity)
rigid 엄격한('혹독하게 추운'이란 뜻을 가진 단어는 frigid. 규율을 엄격히 적용하면 마음이 얼어붙을 정도로 춥겠죠.)
strict 엄격한(미국 동부지역은 서부보다는 엄격한 생활을 한다고 했죠. '지역'이라는 단어는 district. 그 안에 있는 strict가 '엄격한'의 뜻.)

```
eastern  —  stern
   |          ||
Easter      strict
```

흥미롭게 접근하기

eight-height
조카의 키가 8센티미터 자랐다

The **eight** men were of different **height** and weight but I thought they could move a freight train.
그 여덟명의 사내는 키와 체중이 서로 달랐지만, 화물열차라도 움직일 수 있을 것 같았다.

어렸을 때 본 조카를 어느 정도 시간이 흘러서 다시 보면 키가 많이 커 있겠죠. 또한 몸무게도 많이 늘었을 겁니다.

   height 키(그 녀석 키가 8센티 자랐네!)
   weight 체중(체중도 8킬로그램 늘었네!)

eight가 들어가는 다른 단어를 하나만 더 추가해봅시다.

   freight 화물(화물 8킬로그램)

```
eight — height
          |
        weight
          |
        freight
```

excite-cite
그 말을 듣고 흥분해서 친구에게 들은 말을 인용했다

Whenever you **cite** the love letters, it will **excite** my heart.

당신이 연애편지를 인용할 때마다 내 마음을 흥분시킨다.

한 여학생이 오랫동안 따라다녔던 남학생의 정성에 감동해서 정식으로 사귀자는 제안을 받아들였을 때, 그 남학생은 흥분을 감추지 못하고 자기 친구에게 그 여학생의 이야기를 인용하면서 해주겠죠.

'인용하다'는 excite 안에 있는 cite. 명사는 citation.

'인용하다'라는 뜻을 가진 또다른 단어는 quote. 명사는 quotation. 쿼테이션 마크(quotation mark)라는 말로 많이 들어보았을 겁니다. '인용부호'라는 뜻이죠.

```
excite — cite
         ‖
       quote
```

홍미롭게 접근하기

feel-eel
뱀장어는 만지면 미끈미끈한 느낌이 든다

The eel will make you feel electric.
그 뱀장어는 당신으로 하여금 감전된 것 같은 느낌을 가지게 한다.

feel은 '느끼다'라는 뜻을 가지고 있습니다. "아, 뭔가 feel이 와!"라고 하며 아예 우리말에 섞어서 장난스럽게 쓰는 사람도 많이 있습니다. 지금까지 영어 단어 공부하면서 뭔가 영어에 대한 feel이 오고 있나요?

    feel은 '만져보다'라는 뜻도 있습니다. 뱀장어를 만지면 느낌이 어떨까요? 우선 미끌미끌하겠죠? '뱀장어'는 영어 단어로 뭘까요? feel 안에 있는 eel.

    뱀장어를 구워먹는다고 상상해봅시다. 그러면 껍질을 벗겨야겠죠? '껍질을 벗기다'라는 영어 단어도 feel을 이용하면 됩니다. peel. '껍질을 벗기다'라는 뜻을 가진 또다른 단어 역시 p로 시작한다고 생각하세요. pare.

```
feel — eel
  |
 peel
  ‖
 pare
```

fire-fir
전나무에 불이 붙었다

Accidently I saw the **fir** trees in the woods catch **fire** and called the **fire** station to extinguist it.
우연히 나는 숲 속의 전나무에 불이 붙은 것을 보고서 소방서에 불을 꺼 달라고 전화했다.

fire라는 단어 안에는 '전나무'라는 뜻을 가진 fir라는 단어가 있습니다. 산에 있는 전나무에 불이 붙었다고 생각해볼까요? fire에서 fir를 빼면 e만 남습니다. '불을 끄다'는 e로 시작합니다. extinguish. fire extinguisher는 '소화기'를 말합니다.

   extinguish를 알았으니까 공통 접미어법을 활용하여 distinguish를 건져봅시다. 철자는 길지만 공통적으로 -tinguish로 끝나니까 구별하기 쉽지요. distinguish는 '구별하다'의 뜻을 가지고 있어요. 어형 변화도 같아요.

   extinguish(동사) – extinction(명사) – extinct(형용사)
   distinguish(동사) – distinction(명사) – distinct(형용사)

   의미연상법을 이용하면 fire와 관련된 flame(불꽃), ignite(점화), ruins(폐허) 등을 얻을 수 있습니다.

```
fir — fire ┌ f — flame
           │ i — ignite
           │ r — ruins
           └ e — extinguish — distinguish
```

fresh-flesh
정육점 안에 있는 육류의 신선한 살

The **flesh** of the meat was **fresh**.
고기의 살은 신선하다.

fresh는 '신선한'이라는 뜻이죠? 그럼 철자변형의 방법을 활용하여 '살'의 뜻을 가진 단어를 알아봅시다. flesh. 정육점의 고기가 신선해야겠죠?
 〈Alive〉라는 영화에서 보면 안데스 고원지대에 비행기가 추락하여, 죽은 사람의 살까지 뜯어먹으며 목숨을 연명하는 생존자들의 모습이 나옵니다. 그 내용을 영어로 정리해보았습니다. flesh의 예문으로 활용하세요.

After their plane crashed high in the mountains on a flight to Chile, they survived for most of a winter in the shell of their wrecked aircraft, living on wine, chocolate, and the flesh of their dead comrades.

'살'하면 자동으로 '뼈'가 연결되겠죠? '뼈와 살이 타는 밤'처럼. '뼈'는 bone.
신선한 마음으로 뭔가를 새롭게 해야겠지요? '새롭게 하다'는 refresh.

```
fresh — flesh ⋯ bone
  |
refresh
```

Funny Story 10

In the taxi going to his house, the drunk, Michael, takes off his jacket and tie, and begins to unbutton his shirt. The driver yells back, "Please, stop undressing, sir, we're not at your house yet."
"We're not?" muses Michael. "You might have told me sooner," he continues. "___?___"

식당주인에게 화가 난 Ginger. 그날 따라 남편이 늦게 들어옵니다. 남편 마이클이 뭘하고 있는지 볼까요. 집으로 가던 택시에서 꼭지가 돌아버린 남편이 차 안에서 상의와 넥타이를 막 벗기 시작했습니다. 그리고는 와이셔츠까지 벗기 시작하는 것이었습니다. 이 광경을 본 운전사는 소리를 고래고래 질렀습니다. "그만 벗으세요, 손님. 아직 집에 도착 안했습니다." 그러자 마이클이 대답했습니다. "아직 도착 안했다고? 그럼 진작 말해주었어야지." 라고 하며 한마디 더 덧붙였습니다. 술취한 마이클이 뭐라고 했을까요?

정답 : I've already put my shoes outside the door.(이미 신발도 밖으로 던져 버렸는데.)
술이 많이 취한 모양입니다. 차 안을 집으로 생각하고 신발을 밖으로 던져버렸으니 집에 가려면 큰일이군요.

gas-gasp
연탄가스를 마셔 헐떡거리다

The chemical **gas** in the wind made them **gasp** for fresh air.
바람 속에 날아온 화학가스는 그들로 하여금 신선한 공기를 마시기 위해 헐떡이게 했다.

지금은 온돌 시설에 주로 보일러를 쓰고 있지만 6, 70년대는 연탄을 많이 썼지요. 그 당시 연탄가스를 마시고 정신을 잃어서 김칫국물 한번씩 안 마셔본 사람 없을 겁니다.

군대에서 신병훈련을 받을 때 가스실(gas chamber)에서 가스 마스크를 벗고 숨이 막혀 헐떡거렸던 기억도 있을 겁니다. 그리고 버스 안에서 사람이 너무 많으면 어때요. 숨도 제대로 못 쉬겠죠. '숨이 막히다' '헐떡거리다'는 gas에 p를 붙여서 gasp. '헐떡거리다'는 뜻을 가진 또다른 단어는 gasp의 끝에 있는 p로 시작한다고 생각하세요. pant.

gas — gasp
‖
pant

generation-gene
유전자는 다음 세대에 유전된다

Dominant genes will be handed down from generation to generation.
우성 유전자가 자손 대대로 전달될 것이다.

'세대 차이'라는 말을 많이 쓰죠. 영어로는 generation gap이라고 합니다. 전후 세대는 post-generation.

요즘은 모든 게 너무 급변해서 쌍둥이간에도 세대차가 있다는 농담이 생길 정도입니다. 그러니 자식과 부모간에는 '세대'차가 아니라 '네대'차 아니면 '열대'차쯤 벌어져 있을지도 모르죠.

세대 차이를 줄이거나 없애는 방법은 아마 대화를 많이 하는 것일 겁니다. 대화가 잘 안되는 것은 시간이 없거나 마음이 없거나 둘 중에 하나일 텐데 마음이 없어서 그렇다면 정말 심각한 상황이 벌어지겠죠? 세대가 바뀌면 사람들의 유전자도 바뀌는 건지…….

'유전자'는 영어로? generation 안에 있는 gene입니다. '유전적인'이라는 형용사는 genetic. 그래서 '유전공학'을 genetic engineering이라고 합니다.

1997년의 돌리 양 복제에 이어 소, 쥐 등 다양한 복제가 이루어지고 있습니다. 이제는 인간의 복제까지 이루어지지 않을까 하여 우려하는 목소리가 많습니다. '복제하다'는 duplicate입니다. cat라는 단어가 끝에 들어가 있으니 고양이를 유전공학의 힘으로 복제한다고 생각하세요.

```
generation — gene
                |
            genetic — duplicate
```

Germany-germ
독일같은 선진국은 병균이 적다

In world war II, **Germany** developed and used a **germ** warfare against their enemies.
제2차 세계대전 때 독일은 적군에 대해 세균전을 개발하여 사용했다.

독일은 선진국이라 위생시설이 잘 되어 있겠죠. 그래서 전염병을 옮기는 병균도 그리 많지 않을 겁니다. '병균'은 Germany에 있는 germ. 전염병은 병균을 옮긴다고 했죠? '전염병'이란 뜻을 가진 영어 단어는 germ이라는 단어 안에 있는 e를 활용하면 됩니다. epidemic.

Germany — germ
  |
 epidemic

gossip-sip
잡담하며 차를 홀짝마시다

To **sip** of the words of **gossip** can harm a good reputation.
잡담거리의 말들을 주어담는 것은 명성을 손상시킬 수도 있다.

신문에는 가십난이 있지요. 이런저런 잡담을 늘어놓는 곳입니다. gossip 은 '잡담'이란 뜻으로 일상에서 자주 쓰이는 단어입니다.

   가정주부들이 아이들과 남편을 학교와 직장에 보내놓고, 한가한 틈을 내어 한 집에 모여 이런저런 gossip을 늘어놓지요. 자녀교육문제, 물가문제에서부터 남편들 밤일 얘기까지. 뭐 마시면서? 커피나 둥글레차 마시면서. 그런데 커피는 벌컥벌컥 들이마시기보다는 향기를 음미하면서 홀짝홀짝 마셔야겠죠.

   '조금씩 음미하며 마시다'란 뜻을 가진 영어 단어는? 잡담(gossip)하며 마시니까 sip. 조금씩 음미하면서 마시려면 입술을 적셔야겠죠. 입술은 lip. '입술연지'가 lipstick이잖아요.

```
gossip — sip
     |
    lip — lipstick
```

here-adhere
여기에 광고를 붙이지 마세요

Adhere the tape **here** so the package wrapping won't open.
그 테이프를 여기에 붙여서 포장이 열리지 않도록 해라.

자기 집 벽에 자꾸 광고를 붙이면 좋아할 사람 없겠죠? 그리고 '광고부착 금지'라고 큼지막하게 써놓고 '걸리면 책임못짐'이라고 덧붙이는 것도 잊지 않겠죠.

'부착하다'는 뭘까요? ad는 광고라는 말이죠. '부착하다'는 adhere. '부착하다'는 뜻을 가진 또다른 단어는 같은 a로 시작하는 attach.

'응집하다'라는 단어는 cohere. 콧물이 오래되면 응고되잖아요.

```
here — adhere = attach
  |
cohere
```

hip-whip
채찍으로 엉덩이를 때리다

The **whip** wrapped around the slave's **hip** as he was beaten by his master.
노예가 주인에게 맞을 때 채찍이 그의 엉덩이를 휘감았다.

미스코리아 몸매를 이야기할 때 위에서 아래로 순서대로 하면 바스트(bust), 웨이스트(waist) 그리고 뭐죠? hip. '엉덩이'죠. 유식한 말로는 '둔부'. 거기에 해당하는 단어가 buttock. 줄여서 그냥 butt라고도 합니다.

여학생들이 학교에서 체벌을 받을 때 종아리는 표시가 나니까 엉덩이를 많이 때리죠. 〈여고괴담〉이라는 영화를 보면 여학생들이 선생님에게 맞는 장면이 적나라하게 나오죠. 그 영화를 보고 나온 학생들에게 방송국의 한 기자가 마이크를 들이대자 상당수의 여학생들이 "너무 똑같아요," "정말 리얼해요"라고 했습니다. 다 그런 건 아니지만 사랑의 매가 아닌 감정을 앞세운 매는 경계해야 하지 않을까요?

때릴 때 매의 종류에는 여러 가지가 있겠지만 채찍으로 때린다고 상상해봅시다. '채찍'은 whip. 말 엉덩이를 "이랴" 하고 세게 때려야 말이 죽어라고 달리겠죠. 경마장에 가면 쉽게 볼 수 있는 장면입니다.

'채찍'이란 뜻을 가진 또다른 영어 단어는 lash. 일본 사람들 때문에 발음이 '후라시'가 되어 버린 flash에서 쉽게 발견할 수 있는 단어죠.

```
  hip  —  whip
   ‖        ‖
buttock   lash  ←  flash
```

흥미롭게 접근하기

hospital-spit
병원에서 침 뱉으면 안된다

Spit was driveling from the mouth of a patient at the **hospital**.
병원에 있는 환자의 입에서 침이 흘러나오고 있었다.

병원에서 '침'을 뱉으면 안되겠죠? 영화 〈타이타닉〉을 보면 주인공 레오나르도 디카프리오가 케이트 윈슬렛에게 배 밖으로 가래침을 뱉어보라고 하죠. 그때 나왔던 단어 spit. 바로 hospital에 들어 있습니다.

    spit은 동사변화에 조심해야 합니다. spit - spat - spat으로 불규칙 변화합니다. spit이 '고기굽는 꼬챙이'라는 뜻으로도 간혹 쓰이니까 알아두세요. spit 안에 있는 pit은 '구덩이'라는 뜻입니다. '구덩이를 파서 침을 뱉는다'라고 연상해서 기억하면 좋겠네요.

    병원과 연관된 것을 hospital에서 의미연상법으로 찾아볼까요?

    우선, '환자'는? p부터 시작하면 됩니다. patient. 1997년도 아카데미 9개 부문을 휩쓴 〈English Patient〉를 생각합시다. 사랑하는 여인을 부르기 위해 그 여인이 있는 곳에서 자신의 숙소까지 오는 길을 촛불로 채워놓았던 인상적인 장면이 떠오르나요.

    환자에게 '주사'를 놓아야겠죠? i로 시작하면 됩니다. inject. 명사는 injection. 뇌염모기에 감염된 사람에게는 주사를 놓아야겠죠? '감염되다'는 infect. 명사는 infection.

    그리고 입원을 해야겠죠? '입원'은 admission.

    '수술'은 hospital 안에 있는 o를 활용하면 됩니다. operation.

```
hospital — spit
             |
            pit
```

ill-illusion
아파서 헛것이 보인다

The pill of an unknown source created a fearful **illusion** which made him feel **ill**.
출처를 알 수 없는 알약이 무서운 환각을 일으켜 그를 아프게 만들었다.

몸이 아프면 헛것이 보이고 자꾸 환각에 빠지겠죠? '아프다'는 ill이고, 여기서 단어를 확장하면, '환상'은 illusion.

  ill의 명사는 illness. '질병'이라는 또다른 단어는 disease.

  몸이 아프면 알약을 먹어야겠죠. '알약'은 pill. 그럼 ill 앞에 있는 p는 prescription과 연관지어 생각하세요. 감기에 먹을 알약을 약사가 '조제'해야 하잖아요. 먹다가 흘리면 spill(흘리다). 알약을 먹고 베개 베고 자겠죠. '베개'는 pillow.

```
disease = illness ← ill — illusion
                    |
            spill — pill — pillow
                    |
                prescription
```

important-import
중요한 물건을 수입하다

The **import** and export of goods can be an **important** factor in national relations.
상품의 수입과 수출은 국가간의 관계에 있어서 중요한 요소이다.

우리나라에서 생산되지 않는 중요한 물건은 수입해야겠죠? '수입하다'는 important 안에 있는 import. 그럼 반대말인 '수출하다'는 port에 im 대신 ex를 붙여 export. 수출은 무역의 전문가가 해야겠죠. '전문가'는 expert.

important — import — export
                        |
                     expert

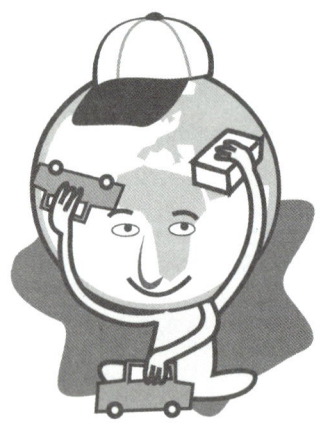

issue-sue
그것이 문제가 되어 소송을 걸다

The **issue** at hand is whether or not I should pursue to **sue** him.
지금 당장의 문제는 그를 고소하느냐 마느냐에 있다.

사회적으로 큰 문제가 되는 사건들은 법정으로 옮겨지죠. issue는 '사건' '발행하다'의 뜻을 가지고 있습니다. 미군을 통상 G.I.라고 합니다. 데미 무어가 주연한 영화 〈G.I. Jane〉을 생각하면 되겠죠. G.I.는 Government Issue의 줄임말입니다.

그럼 '소송을 걸다'는 영어로 뭘까요? issue 안에 있는 sue입니다. 명사형은 suit.

sue를 활용하여 한 단어를 더 건져볼까요? '추구하다' '추적하다'의 뜻을 가진 단어는 pursue입니다. 명사형은 당연히 pursuit가 되겠지요.

---

issue — sue → suit
          |
     pursue → pursuit

kill-skill
기술 참 죽이네!

It took the warrior great skill to kill the dragon.
그 전사가 용을 죽이는 데는 대단한 기술이 필요했다.

kill은 '죽이다'라는 단어입니다. 칵테일 쇼라든지 마술 묘기를 볼 때 환상적인 그 기술에 놀라 사람들은 "기술 죽이네!"라고 라고 감탄하곤 하죠. skill은 '기술'이라는 뜻입니다. kill에 s가 붙었다는 것을 알 수 있을 겁니다. '죽이다'라는 뜻을 가진 또다른 단어는 s로 시작한다고 생각하세요. slay. 죽여서 눕혀야(lay) 되잖아요. '죽이다'라는 뜻을 가진 또다른 단어는 murder.

```
skill — kill
         ‖
  slay = murder
```

machine-chin
성형수술하기 위해 긴 턱을 기계로 깎다

His **chin** was so square cut that it looked as if it had been sharpened by a precision **machine**.
그의 턱이 사각으로 각져 있어 마치 정밀한 기계로 예리하게 깎은 것처럼 보였다.

성형수술하는 여성들이 많이 늘어났죠? '성형수술'은 plastic surgery라고 합니다. 병원은 영어공부하기에 정말 좋은 곳이죠. 병원 입구의 응급실(emergency room)에서부터 중환자실(intensive care unit)에 이르기까지.

영화 〈당신이 잠든 사이에〉(While You Are Sleeping)를 보면 Sandra Bullock이 열차에 치일 뻔한 짝사랑하던 남자를 구해서 병원에 입원시킵니다. 이때 병원 유리창에 intensive care unit이란 글자가 선명하게 써 있는 장면이 나옵니다. 확인해보세요.

성형수술할 때는 기계로 신체의 특정 부위를 깎아야겠죠. 그런 고통을 감내하고도 성형수술하는 열성을 높이 사줘야 하나……. 턱이 너무 길어 성형수술하려면 기계로 턱을 깎아야 합니다. '턱'은 machine 안에 들어 있는 chin. jaw도 '턱'이라는 뜻이죠. 영화 〈Jaws〉를 생각하면 되겠죠.

```
ma chine — chin
         ‖
         jaw
```

manicure-cure
매니큐어로 다친 얼굴을 치료하다

To **cure** an infection on your nail, try to use the **manicure**.
손톱 감염을 치료하기 위해 매니큐어를 한 번 사용해보라.

매니큐어(manicure)를 바른 예쁜 손톱도 잘못하면 무기로 돌변할 수 있죠. 매니큐어 바른 긴 손톱을 가진 여자와 잘못싸우면 얼굴을 긁히는 상처를 입을 수도 있습니다. 상처를 '치료하다'는? cure. '치료하다'라는 뜻을 가진 단어를 하나 더 건지려면 cure를 활용하면 됩니다. cure 안에 있는 re로 시작합니다. remedy.

---

manicure — cure
‖
remedy

Funny Story 11

Michael was trying to fit his door key into a street lamp as the policeman approached.

"I don't think there is anyone at home, sir," the policeman remarked.

"Must be," Michael slurred.

"_____?"

여차여차해서 집 근처까지 온 Michael. 여전히 술에 만취한 상태입니다. 얼마나 취했는지 가로등을 붙잡고 현관 열쇠를 넣었다 뺐다하는 동작을 계속 반복하고 있었습니다. 지나가던 경찰이 이 광경을 목격했습니다. 얼마나 가관이라고 생각했겠습니까? 그래도 술취한 사람의 기분을 상하게 하지 않으려고 정중하게 마이클에게 한마디 했습니다. "선생님 집에 아무도 안 계신 것 같은데요." 그러자 술취한 마이클이 답합니다. "무슨 소리야. 틀림없이 사람이 있다구." 그러면서 사람이 있다는 근거로 한마디 덧붙였습니다. 뭐라고 했을까요?

정답 : The light is on upstairs.(이층에 불이 켜 있잖아!)
이층에 불이 켜진 게 아니라 가로등 불빛을 보고 Michael이 착각해서 하는 말이죠. 이 정도로 술을 마셔서는 곤란하겠죠!

misery-miser
너무 구두쇠 노릇을 하면 불행해진다

A sudden fortune can sometimes bring great **misery** and misfortune on a person—especially if he is a **miser**.

갑작스런 재산은 때론 엄청난 불행을 가져다 줄 수도 있다. 그가 만일 수전노라면 더더욱 그렇다.

misery는 '불행'이라는 뜻입니다. 어려운 단어일 수도 있지만, 케시 베이츠(Kathy Bates)에게 아카데미 여우주연상을 안겨준 영화 〈미저리〉(Misery)의 제목으로도 잘 알려진 단어입니다.

일단 misery의 첫 철자를 이용하여 '불행'이라는 뜻을 가진 단어를 하나 더 건져볼까요? misery와 마찬가지로 같은 mis로 시작하는 misfortune.

Misfortunes never come single.(엎친 데 덮치기)

misfortune 앞에 있는 mis는 접두사니까 fortune은 '행운'이란 뜻이 됩니다.

다시 misery를 이용하여 다른 단어를 얻어봅시다. 너무 지나치게 인색하게 구두쇠 노릇을 하면 찰스 디킨스의 〈크리스마스 캐롤〉에 나오는 스크루지(Scrooge) 영감처럼 불행해질 수도 있습니다. '구두쇠'는 영어로 뭘까요? misery 안에 있는 miser입니다.

misery — miser
 ||
misfortune ↔ fortune

morning-mourning
아침에 관이 상여에 실리자 모두 애도했다

I am in **mourning** this **morning** because I just received the notice that my uncle has passed away.
삼촌이 돌아가셨다는 통지를 받고 나는 오늘 아침 비탄에 빠졌다.

초상을 치를 때 3일째 되는 날 아침에 고인의 관(coffin)이 상여에 실리죠. 지금은 영구차의 화물칸에 실려 후손들 발 밑에 놓이지만……. 관이 상여에 실릴 때 유족들이 소리높여 웁니다. 애도하는 사람이 많이 있겠죠.

'애도'는 morning에 u를 첨가하면 mourning. u는 '우는 사람'의 첫 글자 '우'라고 생각하세요. mourning의 동사는 mourn.

유족들의 장례를 책임지는 사람이 바로 장의사입니다. '장의사'라는 뜻을 가진 단어는 morning에 첨가한 u를 활용하면 됩니다. undertaker.

---

morning —— mourning
           |
        undertaker

홍미롭게 접근하기

movie-vie
영화를 서로 보려고 경쟁하다

I will **vie** with another for the role I want to play in that **movie**.
나는 그 영화에서 내가 하고 싶은 역할을 맡기 위해 경쟁할 것이다.

〈Terminator 2〉, 〈True Lies〉, 〈Abyss〉 등의 영화를 만든 제임스 카메론(James Cameron)감독의 또다른 영화 〈Titanic〉이 우리나라에 개봉되었을 때, 어려운 경제에도 불구하고 많은 사람들이 경쟁하듯이 이 영화를 보러가서 많은 논란이 있었지요. '경쟁하다'는 vie.

외국의 영화사들이 한국시장에 경쟁적으로 외화를 공급하려는 모습을 보면서 movie와 vie의 연관성을 쉽게 찾을 수 있을 겁니다.

탐 크루즈가 주연한 〈Top Gun〉은 최고의 파일럿에게 붙여주는 Top Gun이 되기 위해 '경쟁하는' 젊은이들의 야망과 사랑을 그린 영화입니다.

Young students vie for the glory of Top Gun, on the ground and in the air at elite naval aviation school.(젊은 생도들이 해군항공학교에 입교하여 땅과 하늘에서 탑건의 영예를 위해 경쟁한다.)

'경쟁하다'라는 뜻으로 일반적으로 많이 쓰이는 단어는 compete입니다.

mo**vie** — **vie** = compete

number-numb
너무 많은 액수를 받으니 온 몸이 마비된다(복권)

My fingers seemed to be **numb** by the time I typed all the phone **numbers** of my clients.
내 고객의 모든 전화번호를 타이핑했을 즈음해서 내 손가락이 마비되는 것 같았다.

엄청난 액수(a large number of money)의 돈이 갑자기 생기면 순간 온 정신이 마비가 되겠죠. 고액복권에 당첨이 되었다고 생각해보세요. '마비된'은 number에 들어 있는 numb. 마비가 돼서 갑자기 말을 못하게 된다고 생각해보세요. '말문이 막힌', '말을 못하는'의 뜻을 가진 단어는? dumb.

박중훈이 주연한 영화 〈돈을 갖고 튀어라〉를 보면 갑자기 생긴 엄청난 액수의 돈 때문에 전신이 마비된 것 같은 모습이 나옵니다.

dumb은 '벙어리의'라는 뜻으로 주로 쓰이지만 '멍청한'이란 뜻도 있습니다. numb에서 n이 d로 바꿨죠. 짐 캐리가 주연한 영화 〈덤 앤 더머〉(Dumb and Dumber) 기억나세요? 멍청한 친구와 그보다 더 멍청한 또 한 친구가 벌이는 해프닝을 그린 영화 있잖아요.

```
number — numb
          |
         dumb
```

order-border
주문한 제품이 국경을 넘어가다

On line I can **order** anything I want, and it will take several weeks to cross the **border**.
유선상으로 내가 원하는 모든 것을 주문할 수 있다. 그리고 국경을 넘는 데 여러 주 걸린다.

외국에서 물건을 주문받으면 제품을 만들어서 보내야 합니다. 제품을 보낼 때는 국경을 넘어가겠죠.
　order는 '명령하다' '주문하다' '질서'의 뜻으로 쓰이는 단어입니다. 일상생활에서는 식당에서 음식을 주문할 때 많이 쓰입니다. '국경선' '경계선'은 border. '경계선'이란 뜻을 가진 또다른 단어 역시 bo로 시작한다고 생각하세요. boundary.

order — border
　　　　 ‖
　　　boundary

other-bother
다른 사람을 괴롭히다

Don't **bother** your **other** brother with the same question.

자꾸 똑같은 질문으로 너의 또다른 동생을 괴롭히지 마라.

다른 사람을 괴롭히면 안되겠죠? other를 이용하여 '괴롭히다'라는 뜻을 가진 단어를 건져볼까요? other라는 단어에 b만 붙이면 됩니다. bother.

'괴롭히다'라는 뜻을 가진 또다른 두 단어를 other 안에 있는 두 철자 t와 h를 이용하여 얻어봅시다. tease와 harass. harass의 명사는 harassment입니다. '성희롱'을 sexual harassment라고 합니다.

```
other ── bother
          ├ harass
          └ tease
```

paint-faint
벽을 희미하게 페인트로 칠하다

I painted the wall faint.
나는 벽을 희미하게 칠했다.

paint라는 단어와 연결하여 반드시 건져야 할 단어에 대해 생각해봅시다. 우선 벽에 페인트를 칠한다고 생각하세요. 그런데 처음부터 진하게 칠하지는 않죠? 처음에는 희미하게 칠을 합니다. 자, 우리가 얻어야 할 단어가 바로 '희미한'이라는 뜻을 가진 단어입니다. paint의 철자를 변형하면 faint. faint는 동사로 쓰이면 '기절하다'의 뜻이 됩니다. 기절하기 직전에는 기억이 희미해지겠죠? '기절하다'라는 뜻을 가진 또다른 단어는 swoon.

〈파리넬리〉(Farinelli)라는 영화에서 주인공 파리넬리의 오페라 아리아가 울려퍼지자 여성관객들이 그만 기절하는 인상적인 장면이 나옵니다. 그 장면을 영어로 옮겨볼까요.

Farinelli caused women to swoon as he sang operatic arias.

```
paint — faint
          ‖
        swoon
```

parasole-sole
양산을 혼자 쓰다

He insisted that he should be the **sole** owner of the **parasole**.
그는 자기가 그 양산의 유일한 주인이라고 주장했다.

'우산'은 umbrella고 '양산'은 parasole이죠. 우산은 비올 때 둘이 쓰기도 하지만, 양산은 주로 혼자 쓰고 다니죠. '단 하나의' '단독의'라는 뜻을 가진 단어는 parasole 안에 있는 sole.

sole은 '발바닥'이란 뜻도 있으니 조심하세요. 혼자 있으면 고독하죠? '고독한'은 solitary. 혼자 외롭게 있는 사람은 위로해 주어야겠죠. '위로하다'는 console. 명사는 consolation. '위로하다'라는 뜻으로 가장 많이 쓰이는 단어는 같은 co로 시작하는 comfort.

우리 주변에는 혼자서 고상한 척하는 사람들도 많죠. '숭고한' '근엄한'의 뜻을 가지고 있는 단어는? solemn. 명사는 solemnity.

```
                solemn
                  |
parasole — sole — solitary
                  |
                console
                  ‖
                comfort
```

홍미롭게 접근하기

peace-pea
콩 한 쪽도 나눠먹어야 평화가 깨지지 않는다

To keep **peace** we have to have the mind to even share a piece of **pea** each other.
평화를 유지하려면 콩 한 쪽이라도 나누려는 마음을 가져야 한다.

콩 한 조각이라도 나누어 먹지 않으면 평화(peace)가 깨진다? 그렇죠. 서로 사이좋게 나누어 먹어야 싸움이 없죠. 누군가 욕심을 내면 반드시 분쟁이 있기 마련이죠.

'콩'은 pea. 그 중에서도 '완두콩'이죠. '강낭콩'은 bean. 콩을 재배하는 것은 농부죠.

농부와 관련된 얘기가 있습니다. 지나가는 나그네가 농부에게 저 고개를 넘으려면 얼마나 걸리냐고 물었습니다. 그런데 농부는 묵묵부답이었습니다. 화가 난 나그네는 발길을 재촉했습니다. 그런데 나그네가 몇 발자국을 떼자 농부가 헐레벌떡 나그네를 불러세웠습니다. 고개를 넘는 데 두 시간은 족히 걸릴 거라고. 그래서 나그네가 아까는 왜 대답하지 않고 이제와서 얘기를 해주냐고 물었습니다. 아까는 당신의 보폭을 몰라 답을 못했던 거고, 당신이 몇 발자국을 떼는 걸 보니까 보폭을 대강 알 수 있을 것 같아 이제야 말해줄 수 있었다고. 농부의 대답이었습니다.

'농부'는? farmer. 농부를 가리키는 다른 말이 또 있습니다. 콩은 누가 재배하지요? '농부'는 pea로 시작합니다. peasant. pleasant에서 l자를 빼면 됩니다. 콩 농사가 잘 되면 농부의 마음이 유쾌하잖아요.

농부가 꿩도 기른다면? '꿩'은 pheasant.

peace — pea — bean
          |
       peasant — pheasant

plane-lane
비행기가 도로를 활주로로 사용하다

The **plane** made an emergency landing in the car **lane**.
그 비행기는 차로에 비상착륙했다.

전시에 고속도로는 비행기의 활주로 사용됩니다. 도로의 '차로'는 lane. plane 안에 들어 있습니다. '차로를 바꾸다'라는 표현은 change lanes(상호복수형을 쓴다는 것에 유의하세요). 그러면 앞에 p가 남지요. 고속도로는 포장도로잖아요. '포장도로'는 pavement.

비행기가 사고가 나서 평지에 불시착할 수도 있겠죠. '평지'는 plain. plane과 발음이 같죠. plain은 explain(설명하다), complain(불평하다)이라는 단어 안에 들어 있습니다.

행성에 가려면 우주선을 타고 가야겠죠. 우주선도 일종의 비행기입니다. '행성'은 plane에 t자만 붙이면 됩니다. planet.

```
                plain — explain — complain
                  |
planet — plane — lane
                  |
               pavement
```

흥미롭게 접근하기

player-layer
선수 층이 두껍다

We gave the **player** of the year a chocolate **layer** cake.

우리는 올해의 선수상을 받은 그 선수에게 초콜릿이 층층이 둘러쳐진 케이크를 선물했다.

98년 프랑스 월드컵에 출전한 브라질은 주최국 프랑스에 져서 준우승에 머물렀지만 호나우도, 히바우도, 베베토 등의 화려한 개인기를 보기 위해 새벽잠을 설치고 TV 앞에 앉았던 사람들이 많았을 겁니다.

이처럼 선수층이 두터운 팀이 좋은 성적을 내겠죠? 우리 대표팀도 탄탄한 수비와 골 결정력이 있는 두터운 선수층을 많이 확보해야 2002년 월드컵에서 좋은 성적을 올릴 수 있을 겁니다(내친 김에 우승까지!).

'선수'는 player. '층'은 layer. 그러니 '오존층'이란 표현은 ozone layer. 여러벌의 옷을 위에 걸쳐 입는 패션의 한 경향을 layered look이라 부릅니다.

선수층이 두텁다는 것은 선수가 풍부하게 많다는 말이 되겠죠. '풍부한'이라는 뜻을 가진 단어는 player에 있는 p를 활용하면 됩니다. profuse. 명사형은 profusion.

'풍부한'이라는 뜻을 가진 쉬운 단어로는 plenty가 있습니다.

---

player — layer
|
profuse
|
plenty

please-lease
제발 임대해 달라고 간청하다

Please listen to my plea and **lease** me the car.
내 간청에 귀를 기울여 차 좀 빌려줘.

please라는 단어는 '기쁘게 하다'라는 동사로 쓰이지만 타인에게 어떤 청을 할 때 '제발'의 뜻으로 더 많이 쓰입니다.

   남의 집에 세를 들어 살아야 하는데, 어린아이들이 많으면 주인이 싫어하죠. 그러면 어떻게 해야 하죠? 제발 임대해 달라고 간청해야 할 겁니다. please!

   '임대하다'라는 단어는 please에서 앞의 p만 빼고 lease. 요즘 사무기기들을 임대해주는 '리스 회사'들을 우리 주변에서 많이 볼 수 있죠.

   그럼 '간청' '탄원'이라는 뜻을 가진 단어는? 역시 please 안에 있는 plea. 동사는 plead. '간청하다'라는 뜻도 있지만 주로 '변론하다'라는 뜻으로 많이 쓰입니다.

   '간청' '탄원'이라는 뜻을 가진 또다른 단어 역시 plea와 마찬가지로 p로 시작합니다. petition(repetition이란 단어 안에 있습니다).

```
please — lease
  |
plea → plead
  ‖
petition
```

police-lice
경찰이 할 일 없으면 이 잡고 있다

The police officer found lice in his hair after searching through that old shack.
그 낡은 오두막집을 수색한 후 경찰관은 머리에 이가 있음을 알았다.

도심의 경찰은 눈코 뜰 새 없이 바쁘겠지만 지방의 한적한 파출소에 있는 홀아비 경찰은 할 일이 없으면 뭘할까요? 하품을 하기도 하고 창 밖으로 지나가는 행인을 물끄러미 바라보기도 하겠죠. 그래도 할 일이 없으면? 옷을 벗어서 '이'나 잡고 있을 겁니다. '이'도 여러 마리를 잡겠죠.

'이'는 louse지만 복수형은 lice. 홀아비 경찰이 이를 여러 마리 잡는다고 했잖아요. 몸에 이가 기어다니면서 괴롭히면 '악의'가 뻗치겠죠. '악의'는 malice(이가 스멀스멀……) 그래서 손톱 끝으로 눌러서 죽인 다음 두 동강내는 잔인함까지…….

'자르다'는 slice. 치즈 제품을 잘 보면 sliced cheese라고 쓰여 있는 것을 볼 수 있을 겁니다. cheese 썰어놓은 것처럼 얇게 일정하게 써는 것이 slice입니다.

police를 하면서 꼭 해야 할 단어가 하나 더 있습니다. '공범'이란 뜻을 가진 영어 단어입니다. 경찰은 이 공범을 잡아야 공을 성취하는 계기가 되겠죠. '성취하다'는 accomplish. '공범'은 accomplice. accomplice에 있는 plice에 주목하세요. police라고 생각하면서 보면 이 단어가 전혀 어렵게 느껴지지 않을 겁니다. 어렵다고 느끼는 단어들은 이렇게 다 해결됩니다.

```
po lice — lice — ma lice
   |        |
accomplice slice
```

present-resent
결혼기념일에 매번 선물을 못 받으면 아내가 분개한다

She began to **resent** the **present** when she realized that he expected something in return.
그 남자가 선물을 주고 뭔가 보답을 바란다는 것을 깨달았을 때 그녀는 분개하기 시작했다.

결혼기념일을 남편이 선물도 없이 그냥 지나가면 어떨까요? 화가 난다구요? 그런데 한두 번도 아니고 자꾸 그러면 분개할 겁니다. '분개하다'는 resent. 명사는 resentment, 형용사는 resentful입니다.

결혼기념일을 남편이 지키지 않고 넘어가면, 심하게 이야기해서 그날을 남편에게 강탈당했다는 생각이 들겁니다. '강탈하다'라는 뜻을 가진 단어는 present에서 resent를 빼면 남는 철자 p를 활용하면 됩니다. plunder.

```
present — resent
  |
plunder
```

Funny Story 12

Ginger decided to have her portrait painted. She told the artist, "Paint me with diamond earrings, a diamond necklace, emerald bracelets."
"But you're not wearing any of those things."
"I know," said Ginger. "It's in case I should die before my husband. I'm sure he'd remarry right away," she continued. "____?____"

술먹고 들어온 남편 때문에 화가 난 Ginger는 남편을 골탕먹이려고 뭔가 궁리를 해냈습니다. 우선 화가를 시켜 자신의 초상화(portrait)를 그리도록 했습니다. 화가에게 다이아몬드 귀걸이, 다이아몬드 목걸이, 에메랄드 팔찌가 있는 것처럼 그려달라고 부탁했습니다. 그러자 화가는 물었습니다. "말씀하신 것 중 아무것도 지금 걸치고 있지 않잖아요?" 그러자 Ginger는 다음과 같이 대답했습니다. "물론 나도 잘 압니다. 이건 단지 내가 남편보다 먼저 죽었을 경우를 가정하고 남겨두려는 겁니다. 내가 죽으면 남편은 틀림없이 재혼할 겁니다."라고 말하더니 한마디 더 덧붙였습니다. 그 말을 듣자 화가의 얼굴에는 알만하다는 웃음이 번졌습니다. Ginger가 뭐라고 했기에 그랬을까요? 상상해보세요.

정답 : I want her to look for the jewelry.(재혼한 그 여자가 그 보석들을 찾도록 하고 싶어요.)
남편에게 복수하는 방법도 가지가지네요. 재혼한 여자가 나중에 그 그림을 보고는 그녀가 걸치고 있는 실제로 없는 보석을 내놓으라고 남편을 들볶을 테니 영문을 모르고 당하는 그 시달림이

어떻겠어요. 그것을 상상하면서 Ginger는 회심의 미소를 짓는지 모릅니다.

president-resident
대통령이 임기가 끝나면 평범한 주민이 된다

The **president** must be a **resident** of the country.
대통령은 그 나라의 주민이어야 한다.

서울에 '프레지던트 호텔'이 있지요. VIP 손님들만 드나드는 호텔이란 의미로 그런 이름을 붙였겠죠.

대통령도 임기가 끝나면 평범한 '주민'으로 돌아가겠죠. 그런데 우리 현대사의 대통령은 그리 평범하게 주민으로 돌아간 것 같지 않네요. 이제 우리도 퇴임 후 더 열심히 일하는 대통령을 가질 수 있는 나라가 되지 않았나요?

대통령은 임기가 끝나면 주민이 됩니다. 김영삼 전대통령은 지금 상도동 주민이잖아요. '주민'은 president 안에 있는 resident. 그러면 p가 없어졌지요. 대통령이 주민이 되었다면 재직시의 면책특권 등 모든 특권이 없어진 것이지요. 그래서 p는 특권을 뜻합니다.

'특권'은 privilege. 또한 대통령 때만큼 '위세'도 없겠죠. '위신' '위세'는 prestige. '국위'는 national prestige.

---

president — resident
|
privilege
|
prestige

problem-rob
강도 행위는 사회적 문제다

If you **rob** someone, it creates a great **problem**.
남에게서 돈을 강도질하는 것은 커다란 문제를 일으킨다.

강도질이 많아지면 커다란 문제죠. 살기가 어려워지면 강도가 많아져서 사회적인 문제로 대두됩니다. '강도질하다'라는 단어는 problem 안에 있는 rob입니다. '강도'는 robber. 그럼 '고무'는 rubber.

　'강도'라는 또다른 단어를 건지기 위해서 rob으로 돌아갑시다. rob에 들어 있는 마지막 철자를 활용하면 됩니다. burglar.

problem — rob — robber — rubber
　　　　　　｜
　　　　　burglar

홍미롭게 접근하기

promise-compromise
약속을 지키기로 타협하다

You must **promise** to **compromise** when there is a disagreement.
의견의 차이가 있을 때는 타협하겠다고 약속해라.

타협하기로 약속을 해놓고 그것을 어기는 경우를 많이 보았을 겁니다. '타협하다'는 promise를 활용하면 됩니다. compromise.

타협하려면 사전에 여러 전제 조건들이 충족되어야겠지요. '전제'는 premise.

```
promise — compromise
   |
premise
```

rain-brain
산성비를 자꾸 맞으면 뇌가 손상된다

The worries in his **brain** were soothed by the sound of the dropping **rain**.
떨어지는 빗소리에 머릿속의 걱정거리가 덜어졌다.

이번에는 rain이 들어 있는 관련된 단어를 해봅시다(잊지마세요, 알파벳 순서).

- brain 두뇌(산성비를 많이 맞으면 뇌가 손상되겠죠.)
- drain 배수시키다(rain앞에 있는 d를 dam이라 생각하고 dam에 물이 차면 물을 빼야 한다고 생각하세요.)
- grain 곡식(비가 많이 오면 곡식이 잘 자라잖아요. 곡식을 발음나는 대로 표기하면 goksik. g로 시작하잖아요.)
- refrain 억제하다(비가 많이 오면 REF의 공연이 있어도 억제하고 집에 있어야겠죠.)
- restrain 방해하다(그래서 집에서 쉬라고[rest] 엄마가 방해를 하는군요.)
- sprain 발목을 삐다(엄마의 만류에도 불구하고 밖에 나갔다가 결국 발을 삐는군요.)
- strain 긴장(비가 많이 오면 차사고 날까봐 긴장하죠.)
- terrain 지형(비가 많이 오면 지형이 험한 곳에서 차사고가 나니까 조심해야겠죠. 그리고 rain을 빼면 ter만 남죠. '터'도 지형과 관련이 있죠.)
- train 기차, 훈련시키다(빗속을 뚫고 지나가는 기차)

rain — brain — drain — grain — refrain — restrain — sprain — strain — terrain — train

reach-preach
목사님이 설교하러 도착하다

To **preach** to the people, you must **reach** their hearts.

사람들에게 설교하기 위해서는 그들 마음에 다가가야 한다.

시골의 한 교회에 목사님이 설교하러 오기로 되어 있는데 늦게 도착했다고 생각하세요. '설교하다'는 preach. 목사님이 늦게 온다고 했지요. p는 목사님이라고 생각하세요. pastor가 '목사'입니다. priest도 목사지만 천주교에서의 '신부'라는 뜻으로 많이 쓰입니다. 물론 preacher도 '목사'지요.

```
reach — preach — preacher
           |
        pastor — priest
```

rest-arrest
범인을 체포하여 감옥에서 편히 쉬게 하다

After the big **arrest**, the officer sat down for a **rest**.
대규모 체포작전이 있은 후, 경찰관은 휴식을 취하기 위해 자리에 앉았다.

범인이 체포되면 감옥에 가서 쉬게 됩니다. 도망다니면서 마음 고생했던 것을 달래면서 말입니다. '체포하다' '구속하다'는 rest를 활용하여 arrest.

 '체포하다'라는 뜻을 가진 또다른 단어도 같은 a로 시작한다고 생각하세요. apprehend.

 범인이 체포되기 전에는 사회적인 불안을 만들어내기도 합니다. '불안'은 unrest.

unrest ↔ rest — arrest
            ‖
          apprehend

room-broom
방을 쓰는 비

The children kept tracking dirt into the **room** so I had to find the **broom** and sweep the floor.
아이들이 흙먼지를 계속 방으로 이고 들어와서 빗자루를 찾아 바닥을 청소해야만 했다.

room은 '방'이란 뜻 이외에 '여지'라는 뜻도 있으니 주의하세요. room을 활용하여 중요한 단어들을 건져봅시다.

  broom 비(방을 쓰는 비. room 앞에 있는 b를 '비'로 생각하세요.)
  groom 신랑(결혼하는 날 신랑 기분은 구름 위에서 자는 것 같겠죠. bridegroom이라고도 하지요. 신랑이 방에서 첫날밤을 보내야죠. 그럴려면 일단 신부의 손을 잡아야죠. '잡다'는 groom앞에 있는 g를 활용하여 grip, grasp, grab.)
  mushroom 버섯(핵무기가 터지는 장면을 보통 버섯으로 많이 묘사하죠. 건강을 위해서 방에서 버섯을 키우는 사람들이 많이 있습니다.)

```
room ─┬─ broom
      ├─ groom
      └─ mushroom
```

scandal-scan
스캔들 기사를 훑어보다

Scan through the newspaper and find the article that has to do with the latest **scandal**.
신문을 훑어보고 최근의 스캔들과 관계 있는 기사를 찾아라.

신문에 스캔들 기사가 나면 제목만 훑어보는 경우가 많습니다. '대충 훑어보다'라는 뜻은 scandal을 활용하면 됩니다. scan. 요즘은 scanner라는 말로 많이 익숙해진 단어입니다. 비슷한 뜻을 가진 단어 역시 s로 시작합니다. skim.

```
scandal — scan
           ‖
          skim
```

scarf-scar
스카프로 상처를 가리다

He used the **scarf** to cover the **scar** on his neck.
그는 목에 난 상처를 가리기 위해 스카프를 사용했다.

목에 상처가 나면 보기 싫죠? 스카프(scarf)를 목에 매고 다니면 상처가 보이지 않을 겁니다. '상처'는 scar.

   알 카포네의 별명이 scarface였죠. 얼굴에 칼자국이 나 있어서 붙인 이름이라고 합니다. 영화 〈스카페이스〉에서 알 파치노가 실감나는 연기를 해주었죠.

   얼굴에 상처를 내려고 하면 놀라겠죠? '놀라게 하다'라는 뜻을 가진 단어는 scarf에서 scar를 빼고 남는 철자 f를 활용하면 됩니다. frighten.

```
scarf ― scar
       └ frighten
```

scene-obscene
오! 벗은 음란한 장면이여

The movie **scene** was too **obscene** for little children.
그 영화 장면은 어린 아이에게 너무 외설적이다.

영화에서 키스신을 찍는다는 말을 하죠. '장면'이라는 뜻을 가진 이 단어 scene은 '현장'이라는 뜻도 있습니다.

정사 장면은 '러브신'(love scene)이라고 하지요. 그러면 '외설적인' '음란한'이라는 뜻을 가진 단어는?

- obscene 음란한(scene이 '장면'이라는 뜻이니까 o와 b를 살려 '오! 벗은 장면'이라고 해보세요. 명사형은 e자로 끝나니까 obscenity)
- vulgar 저속한('벌거벗은 저속한 나체 사진' 하고 암기해 보세요.)

```
scene — obscene
          |
        vulgar
```

[?]

홍미롭게 접근하기

self-elf
자신을 요정처럼 생각하다

I was so proud of **myself** as I finished my son's Christmas **elf** costume.
나는 내 아들의 크리스마스 요정 복장을 다 만들고나서 아주 자랑스러웠다.

요즘 공주병, 왕자병에 걸린 사람들이 많다고 그러죠. 자아도취에 빠진 사람들이죠. 자신을 요정이라고 생각하는 것, 이게 공주병 아닌가요? '요정'은 영어로? self 안에 들어있는 elf. '요정'이라는 뜻을 가진 또 하나의 단어는 elf라는 단어가 f로 끝나니까 f로 시작한다고 생각하세요. fairy. 요정이 공중을 훨훨 날아다니죠. fairy 안에 air가 있으니 연상하세요.

```
self — elf
        ‖
      fairy
```

service-sermon
예배시간에 악을 없애자고 설교하다

The minister preached a **sermon** on the importance of eliminating vice in the **service**.
목사는 예배중에 악을 없애는 것의 중요성에 대해 설교했다.

service라는 단어도 일상 생활에서 많이 쓰이는 단어입니다. '봉사' '복무' '예배'라는 뜻으로 주로 쓰입니다.

   교회 예배시간에 악에 대해 설교한다고 합시다. '악'은 service 안에 들어 있는 vice. vice는 advice할 때 한 단어죠?

   그럼 설교는? service에서 vice를 빼면 ser이 남습니다. '설교'는 ser로 시작합니다. sermon. 설교는 신도들에게 하죠. '신도'는 service 안에 있는 c를 활용하면 됩니다. congregation.

```
service ─ vice
   │      └ congregation
sermon
```

홍미롭게 접근하기

ship-worship
배에 탄 장군을 숭배하다

I am sailing on a **ship** to go to my favorite temple to **worship** there.
내가 좋아하는 절에 가서 경배하기 위해 배를 타고 가는 중이다.

국난 극복의 위대한 위인으로 이순신 장군을 꼽죠? 거북선으로 일본 수군을 해전에서 크게 물리쳤잖아요. 그래서 우리는 전함 거북선과 이순신 장군을 존경하죠. 거북선은 전함이죠. '전함'은 warship(war+ship). 그럼 '숭배하다' '존경하다'의 뜻을 가진 단어는? worship.

'숭배하다'의 뜻을 가진 단어를 건져볼까요.

adore (ore는 '광석'입니다. 주로 금광석을 말하죠.)
revere (자음순환법으로 하면 severe라는 단어가 가장 가까운 단어입니다.)
venerate (역시 자음순환법으로 하면 제일 가까운 단어가 generate. '~이 생기게 하다'라는 뜻이죠. 숭배하는 마음은 강요에 의한 것이 아니라 마음 속에서 자연스럽게 생겨나는 것이죠.)

```
ship — warship
        |
    worship = adore
       ‖         ‖
    revere = venerate
```

sight-sigh
그 광경을 보고 탄식을 터뜨렸다

At the **sight** of the people who were desperately waiting for the rescuers to save, I had to **sigh**.
구조대의 구조를 필사적으로 기다리는 사람을 보고서 나는 한숨을 쉴 수 밖에 없었다.

얼마 전 엄청난 수해로 많은 사람이 고통을 겪었습니다. 물이 지붕까지 차오른 광경을 보고 한숨을 내쉰 사람이 많았을 겁니다. 참담한 광경을 보면 한숨이 절로 나옵니다.

 sight는 '광경' '시력'의 뜻을 가지고 있습니다. 그래서 '관광하다'라는 뜻을 가진 단어는 sightsee라고 합니다.

 그럼 '한숨쉬다'는? sight 안에 있는 sigh입니다.

---

sight — sightsee
 |
 sigh

홍미롭게 접근하기

simply-imply
간단하게 약속을 암시하다

The naughty child **simply implied** that we should sneak into the store and take all of the candies.
그 못된 아이는 우리가 가게에 몰래 들어가서 캔디를 모두 가져오라고 간단하게 암시했다.

장선우 감독의 영화 〈우묵배미의 사랑〉을 보면 서울 변두리의 한 봉제공장의 남녀 미싱사가 동료들 몰래 서로 만날 시간 약속을 정하는 장면이 나옵니다. 남자가 재봉틀 위에 8과 2분의 1을 쓰자 여자도 재봉틀 위에 쓰더니 쓱쓱 지웁니다. 그리고는 여자가 원단 위에 9와 2분의 1이라고 씁니다. 남자가 고개를 끄덕입니다.

요즘 사내 연애가 더욱 늘었다고 합니다. 상대에 대해 충분히 파악하고 결혼할 수 있다는 장점이 한몫 한 것 같군요. 사내에서 남의 눈을 피해 저녁에 만날 약속을 하려면 아주 간단하게 서로만 알 수 있는 신호를 만들어야 할 것입니다. 아주 단순하게 암시할 수 있는 걸로 말이죠.

simply는 '단순하게'라는 뜻입니다. 그럼 '암시하다'는? imply. '암시하다'라는 뜻을 가진 또다른 단어는 simply에서 imply를 빼면 남는 철자 s로 시작한다고 생각하세요. suggest. suggest는 '제안하다'라는 뜻으로 많이 쓰이지만 '암시하다'라는 뜻으로도 쓰입니다.

```
simply — imply
   |
suggest
```

Funny Story 13

"Cash or check?" The clerk asked after folding the items Ginger wished to purchase. As Ginger fumbled for her wallet, the clerk noticed a remote control for a television set in Ginger's purse.
"Do you always carry your TV remote?" she asked.
"No," Ginger replied. "But my husband returned home drunk last night," she added. "___?___"

"현금으로 하실래요, 수표로 하실래요?"라고 Ginger가 구입하고자 하는 물건을 포장하며 점원이 물었습니다. Ginger가 지갑을 뒤적이는 것을 보다가 점원은 Ginger의 지갑 안에 TV 리모콘이 있는 것을 얼핏 보게 되었습니다. "항상 이렇게 리모콘을 가지고 다니세요?"라고 점원이 물었습니다. "아니에요. 지난 밤에 남편이 술을 많이 마시고 들어왔거든요." 하고 말하면서 Ginger가 한마디 덧붙였습니다. 그 말을 듣고 점원은 피식피식 웃기 시작했습니다. Ginger가 뭐라고 했을까요?

정답 : So I figured this was the most evil thing I could do to him.(그래서 리모콘을 가지고 나오는 것이 남편에게 할 수 있는 가장 심한 짓이라고 생각했지요.)
Ginger가 생각해낸, 술취해 들어온 남편에 대한 또다른 복수네요. 리모콘에 익숙한 사람은 리모콘이 없으면 일일이 손으로 채널을 돌려야 하기 때문에 정말 불편합니다. 요새 술먹고 집에 늦게 들어오면 매맞는 남편들이 많다는데 그런 것에 비하면 정말 인간적인 복수 아닌가요?

skirt-outskirt
스커트를 입고 교외로 놀러가다

I wore my favorite blouse and **skirt** for the tour of the **outskirts** of the city.

나는 도시 외곽으로 여행하기 위해 내가 좋아하는 블라우스와 스커트를 입었다.

주말에 여성들이 멋있는 스커트(skirt)를 입고 야외로 놀러다닌다고 생각해보세요. '교외'라는 뜻을 가진 영어 단어는?

밖으로 나가니까 out이란 단어가 붙는다고 생각하면 아주 쉽게 생각해낼 수 있습니다. outskirt. out은 '집 밖의' '야외의'라는 뜻을 가진 outdoor라고 생각하세요. '야외음악회'는 outdoor concert.

'야외'라는 뜻을 가진 또다른 단어는 skirt가 s로 시작한다는 것을 생각해서 확장하면 됩니다. suburb.

skirt — outskirt = outdoor
‖
suburb

sparrow-arrow
참새를 화살로 잡다

The indian shot an **arrow** and it hit the **sparrow** that was flying through the air.
그 인디안은 화살을 쏘아 공중을 날고 있는 참새를 맞췄다.

빨랫줄에 앉아 있는 참새를 화살로 맞힌다고 생각하세요. '줄' '열'은 row. '화살'은 arrow. 그럼 '참새'는? sparrow.

   row의 철자를 변형시키면 low. arrow와 대칭시킬 수 있는 단어는 allow(허락하다). sparrow와 대칭시킬 수 있는 단어는? 이것도 새의 한 종류 '제비'를 뜻하는 swallow입니다. 동사로 쓰이면 '삼키다'의 뜻이죠. 카바레의 제비족들이 노리는 것이 뭐겠습니까? 돈 있는 사모님들 삼키는 것 아니겠어요?

```
sparrow  —  arrow  —  row
  |            |        |
swallow  —  allow  —  low
```

speak-peak
산 정상에서 야호하고 말하다

The man climbed the mountain **peak** to **speak** with the wise man.

그 남자는 지혜로운 사람과 대화하기 위하여 산 정상에 올랐다.

자, speak라는 단어를 가지고 뜻밖의 단어를 얻으셨나요?

speak 안에는 peak가 들어 있지요. '정상'이라는 뜻입니다. 그러면 상상력을 발휘해서 두 단어를 연결해볼까요?

산 정상(mountain peak)에 올라가면 "야호" 하고 소리를 지릅니다. 소리지르는 것도 말하는(speak) 거지요. 누구에게? 산에게.

자, 내친김에 또 한 단어를 건져볼까요. speak에서 peak를 빼면 s가 남습니다. '정상'이라는 뜻을 가진 또다른 영어 단어는 바로 s로 시작합니다. 뭘까요? summit. 국가 원수간에 이루어지는 회담을 summit meeting(정상회담)이라고 하지요.

speak — peak
‖
summit

spray-pray
좋은 사람을 만나게 해달라고 스프레이를 뿌리며 기도하다

I **pray** that God would **spray** the hearts of men with love.
나는 신이 사람들의 마음에 사랑을 뿌려달라고 기도했다.

노처녀가 101번째 선을 보러 나간다고 생각해볼까요? 우선 화장을 예쁘게 하고 머리에 스프레이를 뿌리겠죠. 그리고 나서 이번에는 제발 좋은 남자를 만나게 해달라고 거울을 보면서 기도를 할 겁니다. 그러면 얼굴에 밝은 빛이 스쳐 지나갑니다.

spray는 '뿌리다'의 뜻. 그럼 '기도하다'는? pray. '빛' '광선'은 ray.

pray를 볼 때마다 생각해야 할 단어는 prey입니다. 두 단어는 a와 e의 차이입니다.

a는 altar, e는 eat라고 생각하세요. altar는 '제단'이라는 뜻입니다. 제단 앞에서 기도한다고 생각하면 됩니다. 그러면 prey의 뜻은? '먹이'라는 뜻입니다.

```
                altar
                  ↓
spray  ―  pray  ―  ray
                  |
                prey
                  ↑
                 eat
```

star-stare
배가 고파 하늘의 별을 보다

At the star I stare making hopeful wishes.
나는 소원을 빌면서 별을 바라보았다.

한밤중에 배가 고프면 밤하늘의 별을 보며 배고픔을 달래던 시절도 있었습니다. '굶주리다'라는 뜻을 가진 영어 단어는? star+ve(배). starve. 명사형은 starvation.

별을 본다고 했으니까 '보다' '노려보다'는 star+e(eye). 따라서 stare.

배고프면 밀가루 파전이라도 부쳐 먹어야겠죠. 그럴려면 전분이 있어야겠죠. '전분'은 starch.

```
star — starve
    |
    stare — starch
```

stunt-stun
스턴트맨의 묘기에 사람들이 놀라다

The surprise **stunt** they did for that movie was to **stun** the audience.
영화를 위해 그들이 한 깜짝 묘기는 관객을 놀라게 하였다.

stunt는 '묘기'라는 뜻입니다. 액션 영화를 보면 stuntman이 많이 나오죠. 성룡(Jackie Chan)은 스턴트맨을 쓰지 않기로 유명하죠.

스턴트맨의 묘기를 보면 사람들이 놀라죠. 고질라가 헤드폰을 끼고 음악을 들으며 차 안에서 일하던 인부를 하늘 높이 들어올렸을 때 차 문에 대롱대롱 매달리던 역할도 스턴트맨이 해낸 것입니다. 또 고층에서 뛰어내리는 모습을 사람들이 보면 놀라겠죠.

'놀라다'라는 단어는 stun. 일반적으로 많이 쓰이는 '놀라다'라는 단어는 같은 s로 시작하는 surprise. s로 시작하면서 '놀라다'의 뜻을 가지고 있는 단어가 하나 더 있습니다. 그런데 이 단어를 생각할 때는 항상 start를 생각해야 합니다. startle(놀라기 시작하다로 생각하세요).

```
stunt — stun
         ‖
         surprise
         ‖
         startle
```

summer-sum
여름 휴가비 총액

To **sum** up, my **summer** was very rewarding.
한마디로 말해 이번 여름은 아주 큰 보답이 되었다.

여름(summer)에 휴가를 다녀와서 비용의 총합계를 내보고 알뜰 피서였는지 따져봐야겠죠? '총액'은 sum.
　더운 여름날은 시냇물도 부글부글 끓겠죠. '부글부글 끓다'는 철자변형법을 활용하여 simmer.

---

summer — sum
　　|
simmer

taxi-tax
택시 운전사도 소득을 세금으로 내야 한다

I am glad the **taxi** driver doesn't charge **tax** along with his bill.
나는 택시 운전사가 요금계산서에 덧붙여서 세금을 청구하지 않은 것이 기뻤다.

택시운전사도 세금을 내야겠죠? '세금'은 tax. 세금을 내려면 소득이 있어야겠죠. '소득'은? taxi의 i를 활용하여 income. 따라서 '소득세'는 income tax.

'택시'는 다른 말로 cab이라고도 하죠. cab을 활용한 단어를 몇 개 더 건져봅시다.

cabbage 양배추 (택시에 양배추 싣고 간다고 생각하세요.)
vocabulary 어휘 (택시 운전사도 기본적인 영어 어휘 정도는 알아야 외국인을 안내하겠죠.)

---

taxi — tax — income
‖
cab — cabbage — vocabulary

test-detest
시험을 싫어하다

I **detest** taking that very difficult **test**.
나는 그 어려운 시험을 치르는 것을 싫어한다.

시험치는 것 좋아하는 사람은 아무도 없겠죠? 벗어나고 싶을 겁니다. '싫어하다'는 detest. 같은 뜻을 가진 단어 중에 d로 시작하는 단어는 dislike.

시험을 너무 어렵게 내거나 출제범위 밖에서 내면 사람들 반응이 어떨까요? 막 항의할 겁니다. '항의하다'라는 뜻을 가진 단어는 test를 활용하면 됩니다. protest.

test를 활용하여 중요한 단어를 또 하나 건집시다. 시험이 정말 어려웠다는 것을 증언한다고 생각해보면 됩니다. '증언하다'는 test를 활용하여 testify. '증언'이라는 뜻의 명사는 testimony

```
testify
   |
test — detest — protest
         ||
       dislike
```

Funny Story 14

Ginger was sick of her husband's drinking, so she decided to teach him a lesson. She dressed up like Satan, when her husband returned home from another bender, she jumped out from behind the sofa and screamed.
"You don't scare me," Michael said, looking over her calmly. "＿＿?＿＿"

Ginger가 남편의 음주에 질려서 하루는 남편에게 본때를 보여주기로 결심했습니다. 악마의 화신인 사탄처럼 옷을 차려입고 남편이 오기만을 기다렸습니다. 남편이 술이 취해 집에 돌아왔을 때 소파 뒤에서 뛰어나와서는 악마처럼 소리를 질렀습니다. 그런데 놀랄 줄 알았던 남편이 아무렇지도 않은 듯이 Ginger를 찬찬히 쳐다보며 이렇게 말했습니다. "나, 하나도 안 무섭지롱!" 그리고 한마디 더 덧붙였는데, Michael이 뭐라고 말했을까요?

정답 : I married your sister.(난, 네 여동생과 결혼했거든.)
결혼한 남자들은 부인을 악마라고 생각하는 모양입니다. 이미 악마하고 결혼했는데 뭐가 무섭겠냐는거죠. 바가지 긁어대고 사사건건 참견하는 부인에 대한 생각이 술취한 김에 무의식적으로 튀어나왔던 것입니다. 그래도 술이 깨면 일상으로 돌아가겠죠.

their-heir
그들의 돈만 아는 상속인

They all want **their** money because they all believe they are the **heir** to the fortune.
그들 모두는 자신들이 그 재산의 상속인이라고 믿기 때문에 그들의 돈을 원했다.

부모가 갑자기 교통사고로 급사했다면 자녀들이 부모의 상속인이 되겠죠? '상속인'이라는 단어는 their 안에 있는 heir. heir는 air와 발음이 같습니다. 여성형은 언제나 그렇듯이 남성+ess죠. 따라서 여자 상속인은 heiress. '유산'이라는 단어도 heir처럼 he로 시작합니다. heritage.

그럼 '상속하다' '물려받다'라는 뜻의 동사는? heritage에 있는 herit와 가족과 친족 내에서 상속이 이루어지니까 in을 연결시킨다고 생각하세요. inherit. 그럼 '상속'이라는 뜻을 가진 명사는? inheritance.

their — heir — heiress
　　　　|
　　heritage — inherit

tiny-destiny
자그마한 인연이 커다란 운명이 되다

He felt his **destiny** was no **tiny** thing.
그는 자신의 운명이 결코 작은 것이 아니라는 것을 느꼈다.

사람이 만나서 결혼에 이르기까지를 보면 사실 시작은 작은 일에서 출발하지요. 그 작은 일이 운명을 바꿔놓습니다.

tiny는 '작다'는 뜻을 가진 단어입니다. 그러면 '운명'이라는 뜻을 가진 단어는? destiny. '운명'이라는 뜻을 가진 또다른 단어는 fate입니다. fate 안에 fat이 들어 있지요. '나는 뚱뚱해질 운명인가봐!'

반란이 일어나는 것도 자그마한 일이 계기가 되어 일어납니다. '폭동' '반란'은 mutiny.

```
tiny — destiny = fate
  |
mutiny
```

홍미롭게 접근하기

toilet-toil
화장실에서 수고를 하다

I hate to **toil** in the bathroom scrubbing out the **toilet**.
나는 화장실에서 변기 닦는 수고를 하는 것을 싫어한다.

요즘 공중화장실에 가면 toilet이라는 푯말이 붙어 있는 것을 많이 보게 됩니다. 화장실에 가서 큰 거 볼 때는 어때요? 아랫배에 힘을 주는 수고를 많이 해야겠지요. '노고' '수고'에 해당하는 영어 단어는? toilet에 들어 있는 toil.

지금이야 화장실에 가서 볼일을 보면 끝이지만, 농경사회에서는 화장실의 인분이 땅을 기름지게 하는 중요한 거름이었습니다. 수고(toil)를 많이 하면 땅(soil)은 거짓없이 풍성한 수확을 가져다 줍니다. 뿌린 만큼 거둔다는 말이 있잖아요.

As a man sows, so he shall reap.(뿌린 만큼 거둔다.)

toilet — toil
          |
         soil

Troy-destroy
트로이 목마를 타고 적을 파괴시키다

Troy is said to be the place where Trojan war was fought to **destroy** it.
트로이라는 도시는 그 곳을 파괴하기 위해 트로이 전쟁이 벌어졌던 장소라고들 한다.

호메로스의 서사시로 유명한 '트로이 전설'을 알고 있죠? 그리스인들이 트로이(Troy)를 함락시키기 위해 목마 안에 숨은 뒤 저녁에 성문을 열어 트로이를 파괴했다는 유명한 이야기말입니다. '파괴하다'는 destroy. 명사는 destruction. 그럼 '건설하다'는? construct. 명사형은 construction.

'파괴하다'라는 뜻으로 많이 쓰이는 단어는 d로 시작하는 단어 2개가 있습니다. demolish와 devastate. 명사형은 각각 demolition과 devastation.

이 중 demolition은 실베스타 스탤론의 영화 〈데몰리션맨〉(Demolition Man)의 제목에 들어 있던 단어입니다.

```
Troy — destroy ↔ construct
         ||
         demolish
         ||
         devastate
```

홍미롭게 접근하기

word-sword
부부의 말 싸움은 칼로 물베기다

The **word** of God is more powerful than any two edged **sword**.
신의 말은 양날을 가진 그 어떤 칼보다 강하다.

   부부싸움은 칼로 물베기라는 말이 있지요. word는 '단어'. 그럼 '칼'은? sword입니다. '칼'이란 뜻을 가진 또다른 단어 중에 s자로 시작하는 단어를 건져봅시다. sabre. '사브르'라고 부르는 '기병도'를 말하죠. 발음은 '세이버'.

   칼 중에 '단검' '단도'의 뜻을 가진 단어를 건집시다. sword 안에 있는 d를 활용하면 됩니다. dagger.

   부부싸움은 칼로 물베기라고 했으니 '자르다' '쪼개다'라는 단어를 건집니다. word에 s를 붙여 sword가 됐으니 '쪼개다'는 s로 시작한다고 생각합니다. split.

```
word ── sword
         │   └ dagger
        sabre
         │
        split
```

wrestling-wrest
레슬링 선수가 상대의 손목을 비틀다

I must **wrest** that purse away from the mugger before we have to **wrestle** for it.
강도와 엎치락 뒤치락하기 전에 강도의 손을 비틀어 지갑을 떼내야 했다.

프로 레슬링(wrestling)의 전설적인 김일 선수. 말년을 병마와 싸우며 쓸쓸하게 보내고 있다는 보도를 접한 적이 있을 겁니다. 김일과 프로 레슬링으로 인해 우리의 고단한 6, 70년대는 쓸쓸하지 않았는데…….

올림픽에서 양정모 선수가 레슬링 금메달을 따면서 화려했던 프로 레슬링은 아마추어 레슬링에 자리를 내주었는지……. 미국 애틀란타 올림픽 이후로 '바떼루'가 한때 유행한 적도 있었죠.

김일 선수가 머리에 피를 철철 흘리면서도 통쾌하게 박치기를 날리고 상대방 선수의 손목을 비틀어 360도 회전시켜 바닥에 눕힌 후 육중한 몸집을 가볍게 포개면 경기 끝.

'비틀다'는 wrest. 손목은 역시 wr로 시작하여 wrist.

```
wrestling — wrest
              |
            wrist
```

단어암기법을 활용하여 기억하기 좋은 예문을 만들어낸다

사전이나 단어책을 보면 해당 단어에 대한 예문이 있습니다. 그런데 이 예문들이 단어를 암기하는 데 참고만 될 뿐 예문을 통해 어휘를 무한히 확장시켜 나가거나 표현과 문법까지 해결할 수 있는지 의문입니다.

단어를 효과적으로 머릿속에 저장하는 방법 중에 하나는 상상력을 발휘하여 좋은 예문을 스스로 많이 만들어내는 것입니다. 아무리 좋은 도자기도 자신이 '도예촌'에서 서툴게라도 만든 도자기보다 가치로울 수는 없을 것입니다. 한 단어만의 예문을 가지고는 두뇌에 강렬한 흥미를 주지 못합니다. 그래서 단어암기법에 의한 예문 만들기를 제시하고자 합니다. 몇 가지 예를 들겠습니다.

mother라는 단어 안에는 moth(나방)라는 단어가 들어 있습니다. 따라서 엄마와 나방을 자신만의 독특한 상상력을 발휘하여 연결시킨다면 moth라는 단어를 어렵지 않게 외울 수 있을 뿐만 아니라 시간이 지나더라도 쉽게 생각을 떠올릴 수 있을 것입니다.

가령, '나방이 엄마 머리 위에 앉았다'라고 할 수 있을 것입니다. 장면이 떠오르지요. 두 단어를 활용하여 영어로 된 예문을 만들 때에는 되도록 인상이 강렬하게 남을 수 있는 것으로 해야 합니다. 두뇌에 강한 자극을 주어야 오랫동안 기억에 남기 때문입니다.

그러면 위에 있는 우리말 문장을 영어로 옮겨볼까요.

The moth 앉았다 on my mother's hair.

왜 '앉았다'만 우리말로 써 놓았냐구요? 한 단어 안에 있는 두세 단어로 영어 예문을 만드는 과정에서 영어식 표현과 문법도 동시에 건질 수 있기 때문입니다. 이렇게 예문을 만들어가는 과정에서 학생들의 창의력과 작문, 문법 실력을 체계적으로 점검할 수 있기 때문에 영어수업에도 효과적으로 활용할 수 있습니다. '앉았다'를 영어로 표현해보라고 하면 대부분 sat down으로 씁니다. 그러나 날개달린 곤충이 앉는 것이니까 sat down 대신에 landed를 써야 합니다. land는 기계적으로 '착륙하다'라고만 알고 있으니까 유연한 표현을 못하게 되는 것입니다. 그러면 완전한 문장을 볼까요.

The moth landed on my mother's hair.

mother와 moth가 동시에 들어 있는 문장을 만들어보면 두 단어를 논리적 상상력을 이용하여 연결시켰을 뿐만 아니라 mother, moth 이외의 단어인 land나 hair도 얻게 됨을 알 수 있습니다. 이렇게 강렬한 인상을 주는 문장을 머릿속에 담으면 인접 단어까지 덤으로 얻게 되는 장점이 있습니다. 영어 단어의 예문은 실제로 사용할 수 있어야 합니다. 그러므로 위와 같은 문장을 머릿속에 담아두면 다음과 같이 여러 문장을 만들어낼 수 있고 실제 생활에서도 사용할 수 있습니다.

The fly landed on my brother's back.
(파리가 동생 등에 앉았다.)
The butterfly landed on the windowsill.
(나비가 창문틀에 앉았다.)

또한 mother와 moth를 연결하여 아주 다양한 문장을 만들어낼 수 있습니다. 각자의 체험과 상상력에 기초하여 예문을 만들어본다면 자기 스스로 만들어낸 예문이므로 오랫동안 머릿속에 남아 있을 것입니다. 이 과정에서 영어에 대한 흥미도 붙고 자신도 직접 문장을 만들어낼 수 있다는 강한 자신감도 가질 수 있습니다.

The moth flew into my mother's room.
(나방이 엄마 방으로 날아들어왔다.)
My mother tried to catch lots of moths last summer.
(지난 여름에 엄마는 많은 나방을 잡으려고 애썼다.)

이번에는 mother와 smother를 연결해서 문장을 만들어볼까요.

My mother hugged hard enough to smother me.
(엄마는 숨이 막힐 정도로 세게 나를 껴안았다)

군대갔다 휴가 나온 아들을 엄마가 너무 반가워서 세게 껴안는 장면이 쉽게 그려지지요? '헉소리나게 껴안다'라고 생각하면 '껴안다'라는 뜻을 가진 hug이라는 단어를 건질 수 있고, 형용사나 부사 뒤에 쓰는 enough의 용법에 대해서도 알 수 있습니다.

한 단어 속에 있는 여러 단어를 활용해서 스스로 예문을 만들려고 노력하면 믿어지지 않을 정도로 강력한 어휘력과 표현력을 가지게 됩니다.

자, 그럼 정리해 볼까요.

단어암기법으로 얻은 단어들을 활용한 예문을 통해 관련 단어를 확장하거나 영어다운 표현, 문법 등을 익힐 수 있다.

통째로 단어를 암기한다

보통은 단어책을 구입해서 30일 작전, 100일 작전이니 해서 오랜 기간동안 단어책을 보게 됩니다. 그러면서 시간이 경과하면 앞에서 외운 단어를 많이 잊어먹게 되고…….

이러한 문제를 해결하기 위해서는 대상이 되는 단어를 통째로 암기해야 합니다. 그러면 기존에 해왔던 방법대로 사전을 통째로 외우라는 말이냐고 반문을 할지 모르겠네요. 물론 그렇지 않습니다. 그렇게 하면 따분하고 지겨울 테니까요.

단어를 통째로 암기해야 하는 이유는 간단합니다. 자신의 수준에 맞는 단어수(생활영어, 입시영어, 토익영어 등)를 정하고 나서는 해당 단어를 모두 알아야 영어 문장을 말하거나 읽는 것이 가능하기 때문입니다. 그리고 그렇게 할 수 있다면 자신감도 배로 늘어날 것입니다.

단어를 통째로 암기하기 위해서는 우선 쉬운 단어로 다양하게 확장할 수 있어야 합니다. 10000단어를 다 암기하기보다는 쉬운 단어 500개를 통해서 10000단어를 암기하는 것이 훨씬 쉬울 겁니다. 그것도 단어책을 보지 않고서……. 그러면 500단어만 암기하면 됩니다. 이것이 통째로 암기하는 방법입니다. 이 정도의 단어는 알파벳순서로 체계적으로 전개시키면 통째로 원하는 단어 전체를 암기할 수 있습니다. 매일 일정한 시간을 정해놓고 전체를 암기하세요. 그리고는 틈나는 대로, 해당 단어를 볼 때마다 해보세요. 어느 정도 이렇게 하고 나면 특별히 반복하지 않더라도 단어가 머릿속에 오래 남아 있다는 것을 알게 될 겁니다.

자, 그럼 정리해볼까요.

쉬운 단어 500개를 통하여 원하는 단어 전체를 통째로 암기한다.

4장
다양하게 접근하기

again-gain
다시 새로운 삶을 얻다

He came **again** hoping to **gain** more than his share of goods.
그는 그 물건에 대한 자기 몫을 더 얻으려고 다시 왔다.

again 안에는 gain이 있습니다. '얻다'라는 뜻입니다. 장기 이식으로 다시 세상을 얻은 사람들이 많죠. 그런 육체적인 것이 아니더라도 정신적 자극을 크게 받는 사건을 통해 삶을 새로이 얻는 사람들도 많이 있을 겁니다.

'얻다'라는 뜻을 가진 다른 단어 하나는 gain을 빼고 남은 a로 시작합니다. acquire. 하나만 더 추가합시다. obtain.

```
again — gain
          ‖
       acquire = obtain
```

amaze-maze
미궁에 갇혀 놀라다

They were **amazed** at the difficulty of the **maze**.
그들은 미로를 빠져 나가는 것이 너무 어려워서 놀랬다.

드라마 〈애인〉의 주제곡으로 유명했던 "IOU"의 가사 일부를 볼까요.

I'm amazed when you say it's me you live for.(인생을 살아가는 목적이 바로 나 때문이라는 말을 당신이 했을 때 나는 놀랐습니다.)

이런 애인 여러분은 있나요?
amaze는 '놀라다'라는 뜻을 가진 단어입니다. 이 단어 안에 있는 maze라는 단어는 '미로'라는 뜻입니다. 이집트 피라미드 안에 들어가면 그 미로 때문에 놀라겠지요. '미로'라는 뜻을 가진 또다른 단어는 labyrinth입니다.

labyrith는 건축기술자의 대명사로 알려져 있는 아테네 출신의 다이알로스(Didalos)가 설계한 라비린토스(Labyrinthos) 궁에서 나온 말입니다. 이 곳에 한번 들어가면 누구라도 빠져나올 수 없어 미궁의 대명사로 불렸던 것입니다.

```
amaze — maze
          ‖
       labyrinth
```

attitude-aptitude
적성을 무시하는 태도

The **attitude** to choose the major which does not match his **aptitude** disappointed me.
적성과 어울리지 않는 전공을 선택하는 그 태도는 나를 실망시켰다.

attitude는 '태도' '자세'라는 뜻을 가진 단어입니다. 이 단어의 철자를 변형해서 다른 두 단어를 더 건져볼까요?

altitude는 '고도'라는 뜻입니다. 비행기가 아주 높은 고도까지 올라가면 지구의 위도가 보일지도 모릅니다. '위도'라는 뜻을 가진 단어는 altitude를 이용하면 됩니다. latitude. 어떻게 된거죠? altitude의 제일 앞 철자 두 개의 위치만 바꾼 것입니다.

'위도'를 했으니까 기왕이면 '경도'도 알아두면 좋겠죠? 경도는 상하로 되어 있으니까 길다라고 생각하세요. long을 이용하면 됩니다. longitude.

다음은 aptitude. '적성'이라는 뜻을 가지고 있습니다. aptitude test는 '적성 검사'. 자신의 적성을 무시하고 점수에 맞추어서 대학에 진학하는 경향이 있습니다. '~하는 경향이 있다'라는 뜻을 가진 단어는 aptitude 안에 있습니다. apt.

```
attitude — altitude — latitude
    |                    |
aptitude             longitude
    |
   apt
```

balance-lance
균형을 잡고 창을 던지다

The young knight tried hard to **balance** the **lance** before he threw it.

그 젊은 기사는 창을 던지기 전에 균형을 잡으려고 대단히 애를 썼다.

balance는 '균형'이라는 뜻이죠. balance sheet는 '대차대조표'. 줄을 타는 광대가 떨어지지 않기 위해서 긴 창으로 균형을 잡는다고 상상해보세요.

'창'은 balance 안에 있는 lance. ambulance 안에도 lance가 들어 있습니다. 한 번은 "ambulance 안에 뭐가 들어 있나요?"라고 물었더니 한 학생이 환자가 들어 있다고 해서 웃은 적이 있습니다.

lance가 들어 있는 단어를 2개만 더 해볼까요. 우선 glance. '흘긋 보다'라는 뜻이죠. 다음은 surveilance. '감시'라는 뜻의 명사입니다. veil로 얼굴을 가린 채 창을 들고 감시한다고 생각하면 됩니다. 동사는 surveil.

```
balance — lance — glance
              |
          surveilance → surveil
```

because-cause
원인이 있기 때문에 결과도 있다

You have to examine the case thoroughly **because** all the accident has **cause** and effect.
모든 사건은 원인과 결과가 있기 때문에 당신은 그 사건을 철저히 조사해야 한다.

원인이 있기 때문에 결과도 있는 것이죠. '원인'은 because 안에 있는 cause. cause and effect는 '원인과 결과'라는 뜻입니다 cause와 effect를 연결시키는 방법을 생각해 볼까요. cause가 e로 끝나니까 '결과' '효과'라는 뜻을 가진 effect는 e로 시작한다고 생각하면 됩니다. cause가 동사로 쓰이면 '일으키다'의 뜻이죠.

   because는 팝송가사에서 흔히 'cause라고 표기하는 경우가 많습니다. 이를테면 Boyzone의 대표적인 곡 "Words"의 앞부분을 보면, "Don't ever let me find you 'cause that would bring a tear to me."라고 되어 있습니다.

because — cause ↔ effect

bought-bough
나뭇가지를 샀다

When the trees I **bought** and planted long ago grew high, I cut useless **boughs**.

오래전에 사서 심었던 나무들이 높이 자랐을 때, 나는 필요없는 가지들을 잘라냈다.

bought는 buy의 과거형이죠. bought의 t를 뺀 bough는 나무의 '큰 가지'를 말합니다. 크리스마스에 쓰려고 가지가 많은 트리를 샀다고 생각하면 쉽게 연관되어 이해하기 좋겠지요.

그리고 bought에서 bough를 빼고 남은 철자 t도 역시 나무가지를 뜻하는 단어의 첫자라고 생각하세요. twig. '작은 가지'를 뜻합니다. twig 안에 있는 wig는 '가발'이라는 뜻입니다. 작은 나뭇가지를 엮어서 가발을 만든다고 생각하세요.

branch도 '가지'입니다. 같은 b로 시작합니다. 목장 주변에 있는 나무에 가지가 많이 있겠죠? '목장'은 branch 안에 있는 ranch. '목장'의 뜻을 가진 다른 단어는 meadow.

How gentle is the rain that falls softly on the meadow.
(목장에 부드럽게 떨어지는 그 비는 얼마나 감미로운가!)

```
bought — bough — twig — wig
           ‖
         branch — ranch
                    ‖
                  meadow
```

Funny Story 15

During a commercial airline flight, a flight attendant passed out gum, telling passengers that it would relieve the pressure into their ears during descent. After landing, it took Ginger an hour ___?___ .

계속되는 남편의 음주에 화가 난 Ginger는 홧김에 Las Vegas에 가서 도박이나 하면서 기분을 풀려고 비행기에 올라탔습니다. 착륙하기 전에 비행승무원(flight attendant)이 껌을 나누어 주었습니다. 하강할 때 귀에 느끼는 압력을 덜어줄거라고 말하면서 말이지요. 그런데 착륙한 후에 이게 웬일입니까! Ginger는 그 껌 때문에 한 시간 동안 곤욕을 치렀습니다. 왜 그랬을까요?

정답 : To get the gum out of her ears.(귀에서 껌을 떼내느라고.)
글쎄 Ginger는 씹으라고 준 껌을 씹고 난 후 귀에다 틀어막은 것입니다. 비행승무원은 Ginger가 비행기 탈 때도 자그마한 말썽을 피워 그녀를 이미 알고 있는 터였습니다. 비행기 탑승수속을 밟는 과정 중 인적사항을 적는 카드에 신상명세를 적을 때의 일이었습니다. 주소(ADDRESS), 이름(NAME), 목적지(DESTINATION) 등을 순서대로 제대로 적고 제일 끝에 성별(SEX)을 묻는 난에 이르러 그만 실수를 하고 말았습니다. 원래는 Female(여성)이라고 적어야 옳지만 내용을 잘 이해하지 못하고 그만 3~4 times a month(한 달에 서너번)이라고 썼지 뭡니까.

다양하게 접근하기

burn-urn
유골을 태워서 납골단지에 담다

I asked him to **burn** the incenses and then bring me the **urn**.

나는 그에게 향을 피우고 난 후에 납골단지를 나에게 가져오라고 요청했다.

유골을 화장터에서 화장하고 나서 납골단지에 넣겠지요. burn은 '태우다'라는 뜻이고 burn 안에 있는 urn은 '납골단지'. 불에 타면 불꽃이 일겠지요. '불꽃' '섬광'이란 단어는 burn과 마찬가지로 b로 시작하는 blaze.

```
burn — urn
  |
blaze
```

call-callous
애인을 부르자 냉담한 반응을 보였다

I recall the **callous** phone **call** you made to me.
나는 당신이 내게 했던 그 냉담한 전화를 떠올린다.

상대방을 부를(call) 때 차갑고 냉담하게 부르면 정떨어지겠죠. '냉담한'에 해당하는 단어는 callous. 옛날 일을 회상하는 것은 기억을 불러 오는 것이죠. 따라서 '회상하다'는 recall.

드라마 〈첫사랑〉의 주제곡이었던 "Forever"의 가사 중에 recall이 나옵니다.

I stand alone in the darkness.
The winter of my life came so fast.
Memories go back to childhood, to days I still recall.
(어둠 속에 홀로 서 있습니다.
내 인생의 겨울은 이렇듯 빨리 찾아왔군요.
기억들은 내가 지금도 회상하는 날들, 어린 시절로 되돌아갑니다.)

```
call — callous
  |
recall
```

cent-scent
50센트로 향기 만발한 장미꽃 한 송이를 사다

He did not have a **cent** to purchase her favorite **scent**.
그녀가 좋아하는 향기를 살 수 있는 1센트도 그의 수중에는 없다.

집에서 고생하는 아내에게 장미꽃 한 송이를 사서 준다면 얼마나 기뻐할까요? 단돈 50센트(cent)를 투자해서 향기를 주는 것이죠. 그러면 남편이라는 사람에게서도 향기가 나겠죠. '향기'는 scent.

알 파치노에게 아카데미 남우주연상을 안겨주었던 영화는 〈대부〉가 아니라 〈여인의 향기〉입니다. 원래 제목은 〈Scent of a Woman〉이죠.

새벽에 산에 올라가다 보면 들꽃 향기에 기분이 좋아졌던 경험을 많이 했을 겁니다. '상승'이란 단어는 ascent. 동사는 ascend. 내려오다가도 향기를 맡겠죠. '하강'은 descent. 동사는 descend. 여기에서 파생된 중요한 어휘는 descendant. '후손'이란 뜻이죠. 족보는 선조에서부터 자손으로 계속 내려오잖아요.

추억의 향기를 떠올리면서 과거를 '회상한다'면? 다시 떠올리는 거니까 re로 시작해볼까요? reminiscent. 그럼 '추억'이라는 명사는 reminiscence.

청춘기는 두말할 필요없이 잊을 수 없는 추억의 향기를 머금은 시절이죠. '청춘의'라는 뜻을 가진 단어는 adolescent.

```
        adolescent
            |
cent — scent — ascent ↔ descent
            |
        reminiscent
```

clever-lever
영리한 소년이 지레로 무거운 돌을 빼내다

It was very **clever** of the little boy to lift the heavy rock using the **lever**.
작은 소년이 지레를 사용하여 무거운 돌을 드는 것은 매우 현명했다.

무거운 돌을 빼낼 때 영리하게 지레를 이용하면 훨씬 수월하겠죠? clever 는 '영리한'의 뜻입니다. '지레'는 clever 안에 있는 lever.

더운 여름에 지레로 무거운 돌을 옮기고 나면 땀도 많이 흘리고 열도 많이 올라갔을 겁니다. '열'이라는 뜻을 가진 단어는 lever의 첫 철자를 바꾸면 됩니다. fever.

지금은 살이 많이 붙었지만 젊은 시절의 존 트래블타의 대표적인 영화를 꼽으라면 모두 〈토요일밤의 열기〉(Saturday Night's Fever)를 들 겁니다. 우리나라에도 대학가요제에 나와서 〈그대로 그렇게〉라는 노래를 불렀던 Fevers(열기들)란 록그룹이 있었습니다.

c lever — lever — fever

close-closet
벽장 문을 닫다

Please **close** the **closet** door so as to enclose its contents from view.
내용물을 다른 사람들이 보지 못하도록 벽장문을 닫아라.

꿀단지를 숨겨놓은 벽장은 아이들이 접근하지 못하도록 문을 닫아 놓아 (close)야겠죠. '벽장'은 closet.

'에워싸다'는 enclose. enclose에는 '동봉하다'라는 뜻도 있습니다. 명사는 enclosure.

'폭로하다'라는 뜻을 가진 단어는 close를 활용하면 됩니다. disclose. 명사형은 disclosure. 〈Disclosure〉라는 제목을 가진 영화가 있었죠? 직장내 여성상사가 남성직원에게 가한 성폭력이 문제가 되어 법정까지 갔던 이야기를 다룬 영화 〈폭로〉의 원제목입니다.

enclose
  |
close — closet
  |
disclose

coin-coincidence
동전이 동시에 앞면이 나온 것은 우연의 일치였다

It was a **coincidence** that the **coin** landed on the same side three times.
동전이 같은 면만 세 번 나온 것은 우연의 일치였다.

coin은 '동전'이죠. 어디서 많이 보았던 단어죠? 오락실. 게임을 시작할 때 Insert Coin이라는 말이 화면에 뜨죠. 공중전화기에도 같은 표현이 쓰여 있는 것을 본 적이 있을 겁니다. insert는 '삽입하다'라는 단어입니다. 또 컴퓨터 자판에서도 insert는 많이 보지 않았나요? 글자를 중간에 삽입할 때 Insert키를 누르고 치죠. 그럼 글자를 삭제할 때는? Delete키를 누르잖아요. 영어 단어를 자주 접할 수 있는 소품들을 잘 눈여겨보는 것도 단어를 암기하는 좋은 방법입니다. 그렇게 하면 어려운 단어도 자주 보는 단어로 바뀌어 그 단어의 기능과 함께 그 뜻을 쉽게 알 수 있습니다.

'동시발생'이라는 뜻을 가진 단어는 coin을 활용하세요. coincidence.

What a coincidence!(이 무슨 우연의 일치야!)

이 단어 안에 있는 incidence는 '사건의 발생'이라는 뜻을 가진 단어입니다(원래 접두사 co는 '공동의' '상호의'라는 뜻입니다). 여기에서 나온 단어가 incident. '사건'이라는 뜻입니다. coincidence의 동사는 coincide입니다.

```
coin — coincidence
            |
       incidence — incident
```

credit-edit
신문은 신뢰를 줄 수 있는 내용으로 편집돼야 한다

She received credit by being careful to edit the magazine.
그녀는 잡지를 잘 편집해서 신용을 얻었다.

신문이나 잡지는 독자들에게 신뢰를 줄 수 있는 내용으로 편집이 되어야 겠지요? credit는 '신용'. 이 단어 안에 있는 edit가 '편집하다'라는 뜻을 가진 동사입니다. 명사는 edition.

'편집'이라는 뜻을 가지고 있는 edition을 가지고 중요한 단어 하나 더 건집시다. 영화 〈메디슨 카운티의 다리〉(The Bridges of Medison County)의 주인공은 전세계를 여행다니면서 〈National Geographic〉에 기고할 사진을 찍습니다. 그러면 잡지사에서는 이 사진을 편집해야겠죠. '원정' '여행'이라는 뜻을 가지고 있는 단어는 edition 앞에 exp를 붙입니다. expedition. ex는 '밖으로'라는 뜻을, p는 picnic이라고 생각하세요.

```
credit — edit — edition
                  |
              expedition
```

crime-rim
사회의 가장자리에 있는 사람들이 범죄를 저지르기 쉽다

A **crime** was committed when someone cracked the **rim** of an ancient vase at the museum.
누군가가 박물관에 있는 오래된 꽃병의 가장자리에 금이 가게 한 것을 보니 범죄가 저질러졌다는 것을 알 수 있다.

crime은 '범죄'라는 뜻이죠. '범인'은 criminal. 범죄는 삶의 중심에서 밀려난 변두리 인생을 사는 사람들이 많이 저지른다고 합니다.

'가장자리' '변두리'라는 뜻을 가진 단어는 crime 안에 있는 rim. '가장자리'라는 뜻을 가진 또다른 단어는 rim을 활용하면 됩니다. brim. 손톱을 깎고 나면 손톱 가장자리를 다듬죠. '다듬다'는 trim. 세계적인 손톱깎기 회사의 제품명이 trim 아닌가요(지금은 한국업체의 '777'이란 제품이 전세계 시장의 50퍼센트를 장악하고 있기는 하지만). '가장자리'라는 뜻을 가진 단어 하나 더 추가하면 같은 bri로 시작하는 brink.

```
                    trim
                     |
crime — rim  =  brim
                     ||
                   brink
```

cue-rescue
대장의 큐 사인이 나자 구조를 시작했다

The director of the movie gave the **cue** for the **rescue** scene to begin.
그 영화감독은 구조 장면을 찍기 위해 큐 사인을 보냈다.

cue라는 단어는 영화감독이 많이 쓰는 말입니다. "Ready, cue!" 하면 "준비, 시~작"을 뜻합니다.

　자, 건물이 무너지는 재난사고가 발생했다고 상상해볼까요. 부상자들을 구조하려고 할 때 구조대의 큐 사인에 맞추어 일사불란하게 움직여야 구조가 효율적으로 진행될 것입니다.

　'구조하다'라는 뜻을 가진 영어 단어는 cue를 이용해서 암기하세요. rescue. 사람을 구조하고 나면 인공호흡 등으로 소생시켜야겠죠? '소생시키다'라는 뜻을 가진 단어는 resuscitate. 어렵게 보이지만 rescue 앞에 있는 res를 이용하여 연결하면 쉽게 암기할 수 있습니다.

```
cue — rescue
        |
     resuscitate
```

culture-agriculture
농업을 중시하는 문화

Their **culture** is centered around **agriculture**.
그들의 문화는 농업에 집중되었다.

현대는 산업사회이지만 여전히 농경문화의 기반 위에 있습니다. 도시 생활에서 지친 사람들이 고향을 찾는 것은 포근한 농경적인 삶이 있기 때문입니다.

culture는 '문화'. 형용사는 cultural입니다. 그럼 '농업'은? culture 앞에 agri를 붙여 agriculture. 역시 형용사는 agricultural입니다.

요즘 cult movie라는 말을 필두로 하여 '컬트'라는 말이 많이 쓰이고 있습니다. culture 안에 있는 cult는 '의식' '숭배'라는 뜻을 가진 단어입니다(cult는 difficult라는 단어 안에도 있습니다. 컬트 무비는 내용이 좀 어렵잖아요).

occult는 '신비스런' '초자연적인'이라는 뜻을 가진 단어입니다.

---

culture — agriculture
　　|
　cult
　　|
　occult

Funny Story 16

Ginger in Las Vegas was losing at the roulette wheel. When she was down to her last ten dollars, she asked the fellow next to her for a good number. "Why don't play your age?" he suggested.
Ginger agreed, and then put her money on the table. The next thing the fellow with the advice knew, Ginger had fainted and fallen to the floor. He rushed right over. "Did she win?" he asked. "No," replied the attendant. "____?____"

드디어 라스베가스에 가서 도박을 하는데 유감스럽게도 Ginger는 계속 잃고 있었습니다. 이제 마지막 남은 10달러를 걸려고 할 때 옆에 있는 남자에게 혹시 걸기에 좋은 숫자가 있으면 말해달라고 했습니다. 그러자 그 남자는 Ginger의 나이에 걸라고 말했습니다.
Ginger는 흔쾌히 그에 동의하고 탁자 위에 돈을 놓았습니다. 그 다음에 Ginger 옆에 있던 남자가 발견한 사실은 Ginger가 기절해서 마루에 쓰러졌다는 것이었습니다. 남자가 물었습니다. "이 여자가 땄나요?" 그러자 "아니오"라고 딜러가 답했습니다. 그리고는 한마디 덧붙였습니다. 뭐라고 했을까요? 왜 Ginger가 기절했는지 상상해보세요.

정답 : She put ten dollars on 27 and 35 came in.(이 여자분은 10달러를 27에 걸었거든요. 그런데 그만 35가 나오고 말았어요.)
이 남자의 말이 무슨 뜻인지 아시겠어요? Ginger도 여자인지라 젊게 보이고 싶어서 27에 걸었는데 그만 진짜 나이인 35가 나오

고 만 것입니다. 기절에서 깨어난 Ginger가 거의 딸 뻔한 돈을 생각하며 얼마나 애석해할지 상상해보면 재미있지 않으세요?

defeat-feat
적을 패배시키고 업적을 쌓다

The **defeat** of poverty would be the greatest **feat** of mankind.
가난 퇴치는 인류의 가장 위대한 업적이 될 것이다.

적을 패배시키면 커다란 위업을 성취하는 것이죠. defeat는 '패배시키다'라는 뜻입니다.

1971년에 만들어진 영화 〈Waterloo〉는 '워털루에서의 나폴레옹의 패배'(Napoleon's defeat at Waterloo)를 주로 다룬 영화입니다. 이와같이 defeat는 주로 전쟁과 관련해서 많이 쓰이는 어휘입니다.

그럼 '위업' '업적'은? feat. '업적'이라는 또다른 단어는 feat 안에 있는 a와 t를 활용하면 됩니다. achievement. a로 시작해서 t로 끝나잖아요.

```
defeat  —  feat
              ‖
         achievement
```

design-designate
디자인할 회사를 지정하다

I want him to **designate** the person who will **design** the computer program.
나는 그가 컴퓨터 프로그램을 디자인할 수 있는 사람을 지정해주기 바란다.

design은 '설계' '디자인'이라는 뜻으로 우리에게 친근한 단어입니다. 한 회사의 직원이 회사 사옥신축에 대한 책임을 맡고 디자인 회사를 지정했습니다. '지정하다'는 designate. 명사는 designation.

그런데 그 사옥이 부실건축임이 드러나 결국 담당직원은 사표를 낼 수밖에 없었습니다. 여기서 '사임하다'라는 뜻의 단어를 건지면? resign. 사임을 해야 새로운 회사에서 다시(re) 계약서에 서명(sign)을 하겠죠. 명사형 '사임'은 resignation.

그럼 '퇴직하다'는? retire.

```
design — designate
   |
 resign
   |
 retire
```

determine-deter
단념하지 않기로 결심하다

I need you to **determine** what method would be best to **deter** man's thoughts from being selfish.
나는 어떤 방법이 사람들의 생각이 이기적으로 되지 않도록 하는 최선의 방법인지를 당신이 결정해주길 바란다.

사람은 누구나 결심을 합니다. 그런데 그 결심이 지켜지지 못하도록 하는 것이 많이 있습니다. 게으름, 우유부단함, 외부의 유혹……. 결심한 기간을 못넘기는 것이죠. 작심삼일이란 말도 있잖아요.

determine은 '결심하다'의 뜻을 가지고 있습니다. determine 안에 들어 있는 term은 '기간'이라는 뜻입니다. 작심삼일이 되지 않도록 단단히 결심해야겠죠.

그럼 '단념시키다' '못하게 하다'는? determine에 들어 있는 deter. '단념시키다'라는 뜻으로 쓰이는 또다른 단어는 같은 d로 시작하는 discourage. courage의 상대어입니다.

```
determine — deter
    |         ||
   term    discourage ↔ courage
```

ease-cease
편안한 삶을 그만두다

The moral thing to do for the rich would be to **cease** to live in **ease** till no human mouth goes hungry.
부자들이 해야 할 도덕적인 일은 굶주리는 입이 없어질 때까지 편안한 삶을 살지 않으려고 하는 것이다.

너무나 편안한(ease) 삶만을 추구하는 것도 좀 생각해볼 문제입니다. 싯다르타는 왕자라는 편안함 삶을 버리고 고행 끝에 해탈을 하잖아요. 편안한 삶을 그만두고 인간으로서 참다운 삶을 사는 것도 뜻있는 일일 겁니다. ease는 '편안한'이라는 뜻을 가지고 있습니다. 그럼 cease는? '그만두다'입니다. cease fire는 '사격 중지' '정전'의 뜻을 가지고 있습니다.

'죽다'를 뜻하는 단어에는 die도 있지만 같은 d로 시작하는 decease도 있습니다. cease의 앞에 de가 붙었잖아요.

```
ease — cease
         │
    decease = die
```

even-revenge
복수한다고 균등해지지 않는다

To get **even** is the motivation of **revenge**, but there is no such a thing as truly getting even.
보복한다는 것이 복수의 동기지만 진정으로 보복한다는 것은 없다.

상대에게 내가 받은 만큼 복수를 하면 동등해진거죠?

　　even은 '균등한' '짝수의' '심지어' 등의 뜻을 가지고 있습니다. 그러면 '복수'는? 다시 갚으니까 re로 시작된다고 생각하세요. revenge. '복수'라는 또다른 단어도 r자로 시작합니다. retaliation. 하나 더 할까요? revenge 안에 있는 venge를 활용합시다. vengeance.

even — revenge = vengeance
　　　　　　‖
　　　retaliation

expensive-pensive
비싼 물건을 살 때 곰곰이 생각한다

She was **pensive** about buying such an **expensive** gift.
그녀는 그런 비싼 선물을 사는 것에 대해 곰곰이 생각해보았다.

비싼 물건을 살 때는 사기 전에 깊이 생각해보아야 할 것입니다. 충동구매를 막기 위해서 꼭 필요한 마음가짐입니다. '생각에 잠기는'이라는 단어는 expensive에 들어 있는 pensive. expensive의 반대말은 접두사 in을 붙여서 표현합니다. inexpensive. cheap와 유사한 의미로 생각하면 되겠지요. 자, 그럼 expensive에서 pensive를 빼면 ex가 남지요. ex는, expensive와 유사한 뜻으로서 '사치스런'이란 뜻을 가진 단어를 생각할 때 시작하는 철자로 생각하세요. extravagant.

```
expensive — pensive
  |
extravagant
```

fall-fallacy
오류에 떨어지다

A **fallacy** in logic will **fall** under its own weight, but correctness will prove true.

논리의 오류는 자가당착에 빠지겠지만, 교정에 의하여 사실이 입증될 것이다.

누구든지 오류에 떨어질 수 있겠죠? fall은 '떨어지다'. '오류'는 fallacy(fall+acy). 오류도 하나의 결점이라고 할 수 있습니다. '결점' '흠'이라는 뜻을 가진 단어는 같은 f로 시작한다고 생각하세요. 바로 flaw. 이 단어 안에는 '법'이라는 뜻을 가진 law가 들어 있습니다. 완벽한 법은 없습니다. 오래된 법 안에 들어 있는 독소조항은 새 시대에 맞게 계속 개정해야겠죠. 세월이 흐르면 법에도 흠이 생기게 마련입니다.

```
fall — fallacy
        |
        flaw
```

fiction-friction
소설 속에서 인물들이 갈등하다

There are a lot of **frictions** between the characters in this **fiction** novel.
이 소설에는 인물들 간의 갈등이 많다.

fiction은 '소설' 또는 '허구'라는 뜻을 가진 단어입니다. 소설 속에는 많은 등장인물이 자신의 삶을 펼쳐나갑니다. 때로는 좌절하고 때로는 인물들간에 갈등을 유발시키면서…….

인물들간에 갈등을 한다는 것은 뭔가 마찰을 일으킨다는 것이죠? '마찰' '충돌'이라는 뜻을 가진 영어 단어는 fiction에 철자를 하나 추가하면 됩니다. friction. 그럼 friction에 있는 c를 활용하여 '충돌' '갈등'이라는 뜻의 단어를 하나 더 건져봅시다. conflict.

```
fiction — friction
              ‖
          conflict
```

다양하게 접근하기

fill-fulfill
할당량을 다 채워서 완수하다

I must **fill** out all of this paper work to **fulfill** the requirement of my job.

내 직장에서의 요구사항을 수행하기 위해 이 서류의 내용을 전부 채워 넣어야 한다.

fill은 '채우다'라는 뜻이 있습니다. 작업을 차곡차곡 해나가다 보면 목표를 달성하게 되겠죠. '달성하다' '완수하다'는 fulfill. 그럼, 명사형은? fulfillment.

　fill을 이용하면 '보충하다' '다시 채우다'라는 뜻을 건질 수 있습니다. 바로 refill. 환경분야와 관련된 글을 읽을 때 항상 나오는 단어입니다. 그럼 '재활용하다'라는 뜻을 가진 단어는? recycle.

```
 fill — fulfill
  |
refill — recycle
```

first-fist
처음으로 주먹을 날린 사람을 처벌하다

The referee penalized the player who threw his **fist first**.

심판은 주먹을 먼저 날린 선수에게 벌칙을 부과했다.

상대방과 싸울 때 먼저 주먹을 날려 기선을 잡아야 싸움에서 이기겠죠. 즉, first blow를 상대방에게 보기좋게 먹이면 상대가 주눅이 들 겁니다. '주먹'은 first에서 r자를 뺀 fist. 권투시합에서 한방에 쓰러진 선수가 일어서자 심판이 계속 경기할 의사가 있는지 물어보겠죠? 심판은 first에서 빠진 r자를 활용하면 됩니다. referee.

---

first — fist
  |
  referee

flower-flow
꽃잎이 강물에 흘러가다

Flowers in the field **flow** in the wind like water.
들판의 꽃들이 바람이 불자 물처럼 흘렀다.

flower는 '꽃'. 그럼 '꽃가게 주인'은? florist. 한 해에 꽃이 가장 많이 팔리는 때는 연말, 그리고 졸업과 입학 시즌이라고 합니다. 그 외의 시기에는 꽃값이 내리겠죠. '낮추다' '떨어뜨리다'는 flower에서 f를 뺀 lower.

송강 정철의 "장진주사"를 보면 술 한 잔 먹고 꽃가지 하나 강물에 흘려보내는 부분이 나오죠. 술먹는 사람의 여유를 느낄 수 있지 않나요? 꽃이 강물 위로 흘러가는 모습을 상상해보세요. 아름답지 않나요? '흐르다'는 flow.

flower를 이용하여 단어 하나를 더 건져봅시다. 바로 flour(밀가루)입니다. flour(our가 들어 있습니다)는 flower와 발음이 똑같습니다.

---

flour
⋮ 발음
flower — lower
　　|
flow

free-freeze
자유가 얼어붙은 동토의 땅

I may be **free** to flee the prison, but I would **freeze** out there.

감옥을 도망치면 자유로워지겠지만, 밖에 나가면 추위에 떨 것이다.

물분자의 운동이 자유(free)롭지 못하면 어떤 현상이 일어날까요? 얼겠죠? '얼다'는 freeze.

영화에서 형사가 범인을 체포할 때 "Freeze!"라고 외치면 '꼼짝마!'라는 뜻이죠. 도망을 가면 자유로워지겠죠. '도망가다'는 flee.

이순신 장군의 거북선 추격을 받고 일본 함대가 도망간다고 생각해볼까요. '함대'는 fleet. 스페인의 '무적함대'를 invincible fleet라고 합니다. 도망가는 함대 위로 진눈깨비가 내린다고 상상해볼까요. 진눈깨비는 sleet(s는 snow를 생각하기 바랍니다).

---

free — freeze
  |
flee — fleet — sleet

give-forgive
용서하는 마음을 주다

When you **forgive**, you **give** a gift of grace which blesses you and the other forgiven.

당신이 용서할 때, 당신 자신과 용서받은 상대방을 축복하는 은총의 선물을 주는 것이다.

상대가 저지른 잘못에 대해 너그러운 마음으로 용서한다면 정말 따뜻한 마음을 주는(give) 것이 되겠죠. 진정으로 상대를 위하는(for) 마음이었을 때 말입니다. 따라서 '용서하다'는 forgive.

진정으로 오래가는 즐거움 중에 하나는 상대가 알든 모르든 간에 그를 순수하게 용서했을 때 당신에게 다가오는 감정입니다. 용서는 진정한 기쁨을 가져다주는 것입니다.

One of the lasting pleasures you can experience is the feeling that comes over you genuinely forgive an enemy—whether he knows it or not.

give의 명사형은 gift. '선물' '재능'이란 뜻을 가지고 있죠.

---

give — forgive
 |
gift

go-negotiate
협상하러 적진으로 가다

His job is to **go** and **negotiate** with the enemy for friendship and peace.
그의 일은 우정과 평화를 위해 적과 협상하는 것이다.

적과 협상을 하러 결연한 마음을 가지고 간다고 합시다. '협상하다'는 negotiate. 무역업에 종사하는 사람들이 '네고'한다는 말을 많이 쓰는데 negotiate의 앞머리만 따서 하는 말입니다.

영화 〈네고시에이터〉(The Negotiator)는 범인들과의 협상을 능숙하게 해내는 일급 협상가가 동료 경찰관을 살해했다는 누명을 쓴 후 자신의 무고함을 입증하기 위해 이번에는 자신이 인질을 잡아가두고 협상을 벌이는 흥미진진한 내용을 담고 있습니다.

인디언들이 아름다운 쪽빛 바다를 보러 간다고 합시다. '쪽빛' '남색'에 해당하는 단어는? 역시 go가 들어 있습니다. indigo.

---

go — negotiate
  |
indigo

grant-fragrant
향기로운 마음을 주다

I just received a **grant** to grow very **fragrant** flowers.
나는 향기로운 꽃을 키우라는 은전을 받았다.

grant는 '인정하다' '부여하다'의 뜻입니다. grant를 활용하여 다음의 단어들을 건져봅시다.

emigrant 외국으로 나가는 이민자
immigrant 입국 이주자(emigrant와 혼동이 되는 경우가 많은데 im은 in의 변형이니까 이민 들어온다고 생각하세요.)
fragrant 향기로운(향기는 남에게 주는 것이죠. 명사형은 fragrance. 철자가 전혀 다른데도 pregnant와 혼동하는 경우가 많습니다. pregnant는 '임신한'의 뜻입니다. 명사는 pregnancy. 두 단어의 혼동을 막기 위해서는 grant에 유의하면 됩니다.)
migrant 이주하는(철새들이 이주한다고 생각하세요. emigrant에 들어 있는 단어입니다.)

```
grant ┬ emigrant ↔ immigrant
      ├ fragrant
      └ migrant
```

grow-glow
곡식이 자라 가을 들판이 황금물결로 빛나다

Your garden will **glow** with sunshine if you **grow** these yellow daffodiles.
노란 수선화를 키우면 당신의 정원은 햇빛을 받아 찬란하게 빛날 것이다.

벼가 잘 자라면(grow) 논에 황금물결이 넘실거리겠죠. 단풍이 다 자라면 온 산에 불이 붙는 것 같을 겁니다. '백열' '작열' '번뜩이다'란 뜻을 가진 단어는? glow.

고양이가 어둠 속에서 눈을 번득인다고 할까요?

The cat's eyes glowed in the darkness.

고양이와 개는 서로 사이가 안좋죠? 고양이가 눈을 번득이면 개가 가만히 있지 않을 겁니다. 으르렁거리고 짖을 겁니다. '으르렁거리다'는 growl.

growl은 사람이 '으르렁대면서 불평하다'라는 뜻입니다. 이와 비슷한 뜻을 가진 단어는 growl처럼 gr로 시작합니다. grunt와 grumble.

```
grow  ─  growl
 |        ‖
glow    grunt
         ‖
        grumble
```

Funny Story 17

One day Michael was doing his some yardwork when his extremely talkative next door neighbor called him over to the fence for a chat. When Ginger looked out the window and saw the predicament her husband was in, she decided to save him from a lengthy conversation. Immediately she went out on the porch and told Michael that his mother was on the phone. He excused himself, turned, and took a step forward his house. At that moment, ___?___.

Ginger가 집에 돌아와 일상으로 돌아간 어느날의 일입니다. Ginger가 이웃들하고는 어떻게 지내는지 볼까요?
Michael이 마당에서 일을 하고 있을 때 한 번 말을 붙이면 그칠 줄 모르는 말많은 이웃이 담소를 나누기 위하여 담장 가까이로 Michael을 불러냈습니다. 창문을 통해 이 광경을 지켜본 Ginger가 가만히 있겠습니까? 남편을 곤경(predicament)에서 구해야겠다는 생각에서 한 가지 꾀를 냅니다. Ginger는 즉시 현관(porch)으로 나가 Michael의 어머니에게서 전화가 왔다고 알려줍니다. 사실은 거짓말이지만. Michael은 잘됐구나 생각하고 이웃에게 양해를 구하고는 몸을 돌려 집을 향해 발걸음을 막 떼려는 순간이었습니다. 바로 그때 뭔가 웃지 않으면 안될 상황이 벌어졌습니다. 어떤 일이 일어났을까요?

정답 : the phone began to ring.(전화가 울리기 시작했다.)
어머니에게서 전화가 왔다고 거짓말을 했는데 전화벨이 울렸으니 Ginger 부부가 얼마나 당황했을까요. 그리고 그 말많은 이웃

의 표정을 생각해보세요. 재미있지 않으세요? 오랜만에 Ginger 부부의 합작품인데 이렇게 망치고 마는군요. Funny Story는 머릿속에서 상황을 상상할 때 가장 재미있습니다.

harbor-arbor
항구에 나무를 심다

We will plant a tree to celebrate **Arbor** Day near the **harbor** park.
우리는 식목일을 기념하기 위하여 항구 공원 근처에서 나무 한 그루를 심을 것이다.

harbor는 '항구'라는 뜻이죠. 동사로 쓰이면 '어떤 생각을 품다'라는 뜻을 가지고 있습니다. 세계 3대 미항이라는 나폴리, 상 파울로, 시드니를 보면 항구에 가로수들이 시원시원하게 자라 있는 것을 볼 수 있습니다. harbor라는 단어에는 '나무'가 들어 있습니다. 바로 arbor. 미국의 식목일은 National Arbor Day.

    나무를 심으려면 괭이가 필요합니다. '괭이'는 harbor에서 arbor를 빼면 남는 h를 활용하면 됩니다. hoe(shoes 안에 있습니다).

harbor — arbor
|
hoe

hide-chide
꾸지람을 들을 것 같아 숨다

Do not **chide** the child for trying to **hide** the candy from you.
캔디를 숨기려고 하는 아이를 꾸짖지 마시오.

hide는 '숨다'라는 뜻입니다. '큰 짐승의 생가죽'이라는 뜻도 있으니 조심하세요. '숨다'라는 뜻을 가진 또다른 단어는 conceal입니다.

귀가시간이 열시로 정해져 있는 딸이 늦게 들어와 호랑이처럼 무서운 아버지의 꾸짖음이 무서워 방에 몰래 숨어들어간다고 생각해보세요. '꾸짖다'는 hide에 c를 붙여 chide. 꾸짖으면 숨는다고 했지요. c는 앞에서 했던 conceal이라고 생각하세요.

아버지에게 걸렸다면 끔찍하고 소름끼치겠죠? '끔찍한' '소름끼치는'은 hideous.

---

hideous — hide — chide
　　　　　　 ‖
　　　　　conceal

다양하게 접근하기

knowledge-edge
삶의 가장자리에 대한 지식도 늘려야 한다

The more **knowledge** you have, the sharper **edge** you will have on the competition.
당신이 지식을 많이 가지면 가질수록 경쟁에서 이길 수 있는 더욱 날카로운 면을 가지게 될 것이다.

know의 명사형 knowledge에는 여러 단어가 들어 있습니다.

  know, now, owl, ledge, edge

이 중에서 ledge와 edge를 논리적 상상력을 활용하여 건져 봅시다.

지식을 얻기 위한 공부를 하다가도 막다른 길에 부딪히는 경우가 있습니다. ledge는 '암초' '돌출부'라는 뜻입니다.

edge는 '가장자리'라는 뜻입니다. 지식을 쌓아 삶의 가장자리에 있는 소외된 사람들을 위해 산다면 정말 뜻있는 공부가 될 수 있습니다.

그럼 '인정하다'라는 뜻을 가진 단어는? knowledge를 활용하면 됩니다. acknowledge.

knowledge — ledge — edge
    |
acknowledge

lake-flake
호수에 눈송이가 내리다

The snow**flake** fell softly over the **lake**.
눈송이가 호수 위로 부드럽게 떨어졌다.

호수(lake)에 눈송이가 떨어지는(fall) 아름다운 장면을 생각하세요.
   그럼 '눈송이'는? flake. 정확하게는 snowflake. flake는 '얇은 조각'이라는 뜻입니다. 아침 식사로 많이 쓰이는 cornflake라는 단어를 생각해보면 낯설지 않다는 것을 알 수 있겠죠.

---

lake — flake — snowflake
         ↑
       fall

listen-glisten
그 얘기를 들으니 귀가 번쩍 뜨인다

While I **listened** to him explain the difficult concept, I saw his forehead **glisten** with sweat.
나는 그가 어려운 개념을 설명하는 것을 듣고 있는 동안에 그의 이마가 땀으로 번쩍이는 것을 보았다.

화장실 안에 있는데 그것도 모르고 친구들이 밖에서 자신의 이야기를 하고 있으면 귀가 번쩍 뜨이겠죠? '번쩍이다'는 뜻을 가진 단어는 glisten. '반짝이다'라는 뜻을 가진 또다른 단어도 glisten처럼 gli로 시작한다고 생각하세요. glitter. 하나 더 할까요. '반짝이다'라는 뜻을 가진 또다른 단어도 gl로 시작합니다. gleam. gleam은 어두운 곳에서 순간적으로 번득이는 것을 표현할 때 쓰입니다.

listen — glisten = glitter
‖
gleam

luck-pluck
벼랑에서 운좋게 꽃잎을 따다

If you want **luck**, you had better find and **pluck** a four leaf clover.
당신이 행운을 원한다면 네잎 클로버를 찾아서 따는 게 좋다.

사랑하는 사람이 절벽에 피어 있는 꽃을 따 달라면 따주어야겠지요. 그정도로 사랑하는 마음이 있어야 진짜 사랑하는 사이라고 할 수 있을 겁니다.

 꽃이나 과일, 풀 등을 뽑는 것을 pluck이라고 합니다. 그 중에서 꽃잎을 딴다고 합시다. '꽃잎'은 pluck 앞에 있는 p를 활용하면 됩니다. petal. 장선우 감독의 〈꽃잎〉의 비디오 테이프를 보세요. 겉면에 Petal이라고 쓰여 있을 겁니다.

```
luck — pluck
         |
       petal
```

mad-nomad
미친 듯이 유목민들이 날뛰다

The **nomad** went **mad** from the many years of dwelling in the desert.
그 유목민은 오랜 세월 사막에서 사는 것에 대해 화가 났다.

서양 역사학자들에게 역사상 가장 위대한 인물이 누구냐는 질문을 했을 때 가장 많은 대답을 받은 사람이 누군지 아세요? 바로 칭기즈칸이었습니다. 몽고족은 원래 유목민입니다. 그들은 말을 타고 미친듯이(mad) 세계 방방곡곡을 정복했습니다.

 '유목민'이란 뜻을 가진 단어는? nomad. 유목민은 여기저기 떠돌아다닙니다. 마치 물 위에 떠 있는 풀잎들처럼. '표류하다'라는 뜻을 가진 단어는 nomad의 제일 끝에 있는 d를 활용하면 됩니다. drift.

```
mad — nomad
        |
      drift
```

Funny Story 18

One day Ginger noticed that someone had inscribed the word "Wash me" in the layer of dirt covering her red car parked outside the house. Passing the car the following day, Ginger responded to the plea in an appropriate fashion. The car was just as dirty as it had been the day before, but the note had been modified to read,
"＿＿?＿＿"

어느날 Ginger는 집밖에 주차해둔, 먼지가 덕지덕지 내려앉은 그녀의 빨간색 승용차에 '나좀 닦아줘'라는 문구를 누군가 새겨 놓은 것을 발견했습니다. 보나마나 며칠 전의 그 말많은 이웃의 소행이라고 Ginger는 생각했습니다. 다음날 차 앞을 지나가면서 Ginger는 적절한 방식으로 이웃의 요구에 응답했습니다. 물론 차는 전처럼 전혀 세차가 되지 않았고, 다만 문구만 다음과 같이 수정되어 있었습니다. 뭐라고 Ginger가 썼을까요?

정답 : You wash me.(당신이 좀 닦지 그래.)
얼마전 전화가 왔다고 거짓말을 해서 말많은 자신을 따돌리려고 했던 Ginger에 대한 이웃의 보복의 방법도 그렇지만 Ginger의 대응 방식도 대단히 재미있습니다. 이웃끼리 사이좋게 지냅시다!

May-mayor
5월에 시장에 당선되다

With dismay, in upcoming **May**, we may say goodbye to our **mayor** who served us loyally for many years.
당황스럽게도, 다가올 5월에 우리는 여러해 동안 충실하게 근무해온 시장에게 작별을 고해야 할지도 모른다.

5월(May)에 지방선거가 실시되어 시장을 선출했다고 생각해볼까요? '시장'은 May에 or를 붙이면 mayor. 시장이라는 말이 나왔으니 한마디 하겠습니다. 영어 단어만 한 단어가 여러 가지 뜻이 있는 것이 아니라 우리말도 한자로 쓰지 않고 한글로만 쓰면 여러 가지 뜻을 가지고 있다는 것을 알 수 있을 것입니다. 그러니 외국어만 탓할 게 못 되는 것 같습니다. 한 단어에 여러 가지 뜻이 있는 건 여러 단어를 새로 만들어서 표현하기보다는 한 단어로 여러 가지를 표현하는 것이 훨씬 경제적으로 생각되어서 그런 것 같다는 생각이 듭니다.

우리말의 '시장'을 예로 들어도 그렇습니다. 한 도시의 행정을 책임지는 사람도 '시장'이지만, 배가 고픈 것도 '시장'이고 물건을 사고파는 곳도 '시장'입니다. 그러니 '그 시장은 한참을 시장을 돌아다녀서 시장했다'라고 하면 한국말을 배우는 외국인이 쉽게 알아듣겠습니까?

5월은 대학가에 축제가 많은 달이죠. 그런데 축제에 같이 갈 파트너가 약속한 시간에 나타나지 않으면 당황스럽겠죠? '당황하다'는 dismay.

```
May — mayor
 |
dismay
```

meter-cemetery
그 묘지는 수만 미터가 넘는다

I want my grave to be one **meter** away from my husband's in the **cemetery**.
나는 내 무덤이 공동묘지에 있는 내 남편의 무덤에서 1미터만 떨어져 있기를 바란다.

유성이 수천 미터까지 지구 가까이 접근하면 대단히 위험하겠죠? 이러한 상황을 설정해서 만든 영화가 〈아마겟돈〉(Armageddon)과 〈딥 임팩트〉(Deep Impact)죠. '유성'은 meter에 o를 첨가한 meteor.

요즘은 호화분묘가 허용이 되지 않죠. 크기가 제한되어 있습니다. '묘지'는 meter가 들어 있는 cemetery.

수령이 오래된 나무는 나이테의 지름이 몇 미터나 되겠죠? '지름'이라는 뜻을 가진 단어도 meter를 활용하면 됩니다. diameter.

```
diameter
   |
meter — meteor
   |
cemetery
```

mine-famine
광산이 폐쇄되어 광부들이 기아에 허덕인다

Because the **mine** is closed and everyone is out of work, we are experiencing widespread **famine**.
광산이 패쇄되어 모든 사람이 실직해서 우리는 광범위한 기아를 겪고 있다.

mine이 들어간 영어 단어는 무수히 많지만 눈에 확 띄는 것만 몇 개 정리하고 넘어갑시다.

famine '기아'라는 뜻. 그런데 잘 안 외워질 것 같다구요? 그러면 mine 앞에 있는 fa를 활용해볼까요. 제일 쉬운 단어와 연결시켜 face와 함께 생각해 보세요. 배고프면 안면몰수하고 구걸을 해야 겠지요.

imminent '임박한'이라는 뜻이지요. 이건 mine이 가지고 있는 뜻 중에서 '지뢰'와 결합시켜 봅시다. 그러면 '지뢰가 터지기 임박한' 상황을 떠올리면 됩니다. 게다가 잘 보세요. im- 즉, '임-'으로 시작하잖아요. 그러니까 '임박한'이죠(그럼 '모기'는? '모'자로 시작하니까 mosquito, '지리'(地理)는 '지'자로 시작하니까 geography).

mineral '광물'이란 뜻이죠. 광산(mine)에서 나는 광물이 mineral입니다. mineral water하면 '광천수'를 말합니다.

mine — famine — imminent — mineral

mountain-fountain
산에 오르면 시원한 분수대가 있다

There is a natural **fountain** up that **mountain**.
산 위에 천연의 분수가 있다.

mountain이란 단어 안에는 mount가 들어 있는 것을 쉽게 알 수 있습니다. mount는 '오르다'라는 뜻을 가지고 있습니다. 총액이나 금액이 자꾸 오른다고 생각해봅시다. '총액' '금액'은 amount. amount를 동사로 쓰면 '총계가 …에 이르다'의 뜻을 가집니다.

산에 자연스럽게 만들어진 분수가 있다면 정말 아름답겠죠? '분수'는 fountain. 분수처럼 계속 뿜어져 나와서 그런지 만년필을 fountain pen이라 합니다.

```
mountain — mount — amount
   |
fountain
```

nail-snail
달팽이가 벽을 오르다가 못에 걸리다

I am trying to **nail** in these boards, but I am working like a **snail** because it is so hot.
판자에 못을 박으려고 했지만, 날씨가 너무 더워 달팽이처럼 느릿느릿 일을 했다.

한번은 학생들이 단어시험을 보고 있는데 nail이란 단어의 뜻을 못쓰고 있는 것을 발견하고는 넌지시 이렇게 말한 적이 있습니다.

"내일(nail)은 집에 못이나 박아야겠구만." 그 소리를 듣고 재빨리 시험지에 '못'이라고 쓰는 것을 본 적이 있습니다. 단어 뜻을 두 개 쓰라고 시험지에 써 있어서 그런지 또 무슨 말이 나올까 기다리고 있는 눈치였습니다. 그래서 "내일(nail)은 손톱이나 깎을까!" 하고 길지도 않은 손톱을 들여다보자 또 일제히 시험지에 '손톱'이라고 쓰는 것이었습니다.

nail은 '못'이라는 뜻도 있고 '손톱'이라는 뜻도 있습니다. 못을 박다 잘못하면 손을 다치겠죠. 손톱을 잘못 깎다보면 너무 깊숙히 깎아 아프겠죠. '앓다'라는 단어는 ail.

그럼 '달팽이'는? snail. 죽은 듯이 누워 있는 달팽이를 손톱 끝으로 톡 건드려 볼래요?

```
nail — snail
  |
 ail
```

naturally-rally
자연스럽게 집회가 열리다

The **rally** was fun and **naturally** I joined it.
그 집회가 재미있어서 나는 자연스럽게 거기에 참가했다.

3·1 운동 때 일제의 억압에 대해 너나할것없이 거리로 뛰쳐나와 자연스럽게(naturally) 집회(rally)가 이루어졌던 일을 생각하면 두 단어를 쉽게 연결할 수 있을 겁니다.

　대규모 집회에서 연설하는 장면을 담은 영화를 떠올려보라면 여러분은 어떤 영화를 선택하겠습니까? 〈간디〉 등 다양한 영화 장면이 여러분 뇌리를 스쳐지나갈 것입니다. 1994년도 아카데미 작품상을 받은 〈포레스트 검프〉(Forrest Gump)를 택해볼까요. 베트남전에 참가했던 사람들 앞에서 검프가 연설하던 장면을 기억하는 사람들이 많을 겁니다. 그 곳에서 그는 옛 여자친구를 극적으로 만나지요.

　Forrest Gump addresses a Vietnam-era peace rally on the mall in the Washington.(포레스트 검프는 워싱턴의 산책로에서 개최된 베트남전 참전용사들의 평화집회에서 연설을 한다.)

natu**rally** — **rally**

not-knot
매듭을 묶지 않다

The **knot** he tied in the rope was **not** efficient enough so the rope came loose, and down he fell.
그가 로프에 매듭을 꽉 매지 않아서 로프가 풀렸고, 그는 아래로 떨어졌다.

사람과 사람 사이의 좋은 인연이 잘 엮이면 좋은 매듭이 되겠죠. 그 매듭이 풀어지면 안(not)될 겁니다.

   '매듭'은 knot. 매듭이 풀어지지 않으려면 꽉 죄어야 합니다. '죄다'라는 단어는 knot의 끝에 있는 t를 활용하여 연결해봅시다. tighten. tight라는 형용사에 동사형어미 en이 붙었습니다.

```
not — knot
         |
       tighten → tight
```

pass-passion
뜨거운 열정의 시대가 지나가다

I have a passion to pass along a good story.
나는 훌륭한 이야기를 퍼뜨릴 열정을 가지고 있다.

'열정적인 20대는 지나가고(pass)…….'
  20대 후반이나 30대가 되면 이렇게 한탄하는 사람이 많을 겁니다. 그러나 나이가 아무리 들어도 마음의 열정을 식히지 않고 살아가는 사람은 많습니다. 괴테는 70이 넘어서도 10대 소녀와 사랑을 하는 열정을 가졌잖아요. '열정'은? passion.
  산에서 험한 계곡을 지나 목적지에 도착하려면 나침반을 잘 사용해야겠죠? '나침반'은 compass.
  남의 땅을 침입해서 지나가면 안되겠죠? '침입하다'는 trespass.

```
trespass
   |
pass — passion
   |
compass
```

다양하게 접근하기

pat-patriot
애국자의 어깨를 두드리다

The president **patted** the **patriot** who cracked down the riot on the shoulder.

대통령은 폭동을 진압한 애국자의 어깨를 두드렸다.

pat은 '톡톡 가볍게 치다'라는 뜻입니다. '가볍게 치다'라는 뜻을 가진 또 다른 단어는 pat의 마지막 철자 t를 활용해봅시다. tap. tap이란 단어는 tap dance라는 말로 많이 들어보았을 겁니다.

아프리카의 조그만 나라에서 폭동이 일어났다고 합시다. 군인들이 즉시 출동하여 진압하자 대통령이 진압군의 지휘자들을 불러 어깨를 가볍게 치며 "당신들이 진정한 애국자들이야"라고 말을 한다고 합시다.

'애국자'는 patriot. 그럼 '폭동'은? patriot에 들어 있는 riot. '전투경찰'을 riot police라고 하죠.

```
pat — patriot — riot
 ‖
tap
```

plus-surplus
배에 빵을 자꾸 플러스하면 여분으로 배가 나온다

I have enough vegetables **plus** a **surplus** of fruit for the winter.
나는 겨울을 날 수 있는 충분한 야채와 과일이 있다.

뭔가 플러스(plus)할 것이 있다면 그만큼 여분이나 잉여가 있다는 말이죠. '잉여' '여분'에 해당하는 단어는? surplus. 한국전쟁 후 우리가 미국으로부터 받았던 '잉여농산물'이 바로 surplus입니다. 경제학에서 자주 쓰이는 surplus value는 '잉여가치'라는 뜻입니다.

잉여가 있으면 적자도 있겠죠? '적자'는 deficit. 정해져 있는 반대말입니다. deficit financing은 '적자 재정'이라는 뜻입니다.

plus — surplus
↕
deficit

pond-respond
연못에 돌을 던지니 고요한 수면이 반응했다

The fish in the **pond respond** rather quickly to the dropping of food in the water.
연못 속에 물고기들은 물에 떨어뜨리는 먹이에 재빨리 반응한다.

pond는 '연못'이란 뜻입니다. 조용한 연못에 조약돌을 던져 물수제비를 뜨면 연못물은 파문을 일으키며 반응을 해오죠.

'반응하다'라는 뜻을 가진 단어는 pond를 활용하면 됩니다. respond. 명사는 response.

이번에는 안개가 자욱하게 낀 새벽 연못가에서 깊은 생각에 잠겨 있다고 생각해보세요. '깊이 생각하다'라는 뜻을 가진 단어도 pond를 활용하면 됩니다. ponder.

```
pond — respond
   |
ponder
```

question-quest
질문에 대한 답을 추구하다

Every **quest** begins with a **question** searching for some particular answer to sastify the heart.
인간이 추구하는 모든 것은 마음을 만족시킬 수 있는 특정한 답변을 찾는 질문으로 시작된다.

질문은 답을 추구하기 위해서 던져지는 것입니다. '추구하다'는 question을 활용하면 됩니다. quest.

    conquest   정복(동사는 conquer.)
    request   요청하다(〈사랑의 리퀘스트〉라는 프로그램을 생각하세요.)

```
question — quest — conquest
             |
          request
```

다양하게 접근하기

quite-quit
완전히 임무를 끝내다

He is **quite** prone to **quit** when the problem becomes too difficult for him.
그는 문제가 너무 어려우면 그만두는 경향이 자주 있다.

quite는 '완전히' '상당히'라는 부사입니다. 직장을 다니는 사람이 회사를 그만둘까 말까 하다가 이번에는 "완전히 그만두었어." 라고 말을 합니다. '그만두다' '끝내다'는 quit.

무죄를 선고받으면 재판이 끝난거죠. '무죄를 선고하다' '방면하다'의 뜻을 가진 단어는 quit를 활용하면 됩니다. acquit.

```
quite — quit
         |
       acquit
```

ran-tyrant
폭군이 성난 군중을 피해 도망가다

The **tyrant ran** out of the country.
그 폭군은 나라 밖으로 도망갔다.

폭군처럼 무서운 아버지가 심부름을 시키면 발바닥이 안보이도록 달려가야겠죠?

  '폭군'이라는 뜻을 가진 단어는 ran을 사용하여 건지면 됩니다. tyrant. 폭군하면 로마에 불을 질렀던 네로 황제와 연산군이 쉽게 떠올려질 것입니다. 여기서 나온 '폭정'이라는 뜻을 가진 또다른 단어는 tyrany.

  '심부름'이란 뜻을 가진 단어도 ran을 활용하면 됩니다. errand.

```
ran — tyrant — tyrany
 |
errand
```

ride-bride
신부가 차에 타다

The **bride** was delighted to **ride** in a carriage to her honeymoon.
그 신부는 신혼여행 갈 마차에 올라타자 기뻤다.

요즘 신세대들의 결혼식 풍경은 아주 활발합니다. 결혼식이 끝나면 신랑 신부가 깡통을 매달은 승용차에 올라탑니다.
　ride는 '타다'라는 뜻이죠. ride가 들어가 있는 여러 단어를 건져 봅시다. '신부'라는 뜻을 가진 단어는? bride. 어떻게 차에 탄다구요. 활발하게 탄다고 그랬지요. b를 살려봅시다. '활발한'은 brisk. bride에 있는 bri까지가 동일합니다.
　신부가 조신하게 걸어가는 것이 아니라 큰걸음으로 성큼성큼 걸어 간다고 생각해봅시다. '큰 걸음으로 걷다'는 stride.
　ride를 가지고 마지막으로 한 단어만 더 건져봅시다. '조롱하다'라는 뜻을 가진 단어는? deride.

```
ride — bride — stride — deride
         |
       brisk
```

rough-drought
가뭄으로 물 인심이 거칠어지다

The **drought** brought many crop failures and made life **rough** for the poor farmers.
가뭄으로 많은 흉작이 생겨 가난한 농부들의 삶이 혹독해졌다.

rough는 '거친'이라는 뜻을 가지고 있는 친근한 단어입니다. 자연재해에는 비가 오지 않아서 생기는 가뭄도 포함됩니다. 가뭄은 영어로 뭘까요? 우선 비가 오지 않으니까 건조하겠죠. '건조한'이란 뜻을 가진 단어는 dry니까 가뭄이라는 단어는 이것을 이용하여 dr로 시작한다고 생각하세요. 그리고 가뭄이 들면 아무래도 물 인심이 거칠어(rough)지겠죠. 따라서 '가뭄'은 drought입니다. dry와 rough를 가뭄이 들었다는 상황을 상상해서 연결하면 drought라는 단어를 쉽게 건질 수 있을 겁니다. 이렇게 되면 철자도 정확해집니다.

가뭄도 일종의 자연재해라고 했는데, '재해'라는 뜻을 가진 단어를 건져봅시다. drought가 d로 시작하니까 재해라는 단어도 d로 시작한다고 생각하면서 연결하세요. disaster.

```
rough — drought
          |
        disaster
```

since-sincere
그때 이래로 진지해졌다

We have become good friends **since** you are so **sincere**.
네가 아주 진지해서 우리는 좋은 친구가 되었다.

"그렇게 까불던 녀석이 교회 수련회에 다녀오더니 그 이래로(since) 아주 진지해졌어"라고 누가 말한다고 생각해보세요. 어느 누구든지 어떤 중요한 일이 있고 난 후에는 마음이 진지해지죠. '진실한' '성실한'은 영어로? sincere. 명사형은 e자로 끝나니까 sincerity.

    sincere에서 since를 빼면 re가 남죠. 진지하게 반성을 한다고 생각하세요. '반성하다' '반영하다'라는 뜻을 가진 단어는 re로 시작한다고 생각하세요. reflect.

```
since — sincere
            |
         reflect
```

Funny Story 19

Michael was dragged to a concert by his wife. A half-hour after it began, he felt an elbow nudge him in the side. "What an outrage," Ginger murmured. "The person in front of us is asleep!"
"____?____"

오랜만에 Ginger 부부가 연주회장에 갔습니다. 클래식을 별로 좋아하지 않는 Michael은 억지로 이끌려 연주회장에 간 것이었습니다. 한 30분쯤 지났을까. Michael은 Ginger가 그의 옆구리를 찌르는 것을 느낄 수 있었습니다. "어쩜 저럴 수가 있담. 우리 앞에 있는 저 사람 지금 잠들어 있잖아요"라고 Ginger는 나지막이 남편에게 말했습니다. 그러자, 남편이 한마디 합니다. 그 말에 Ginger는 더 황당해집니다. 왜 그랬을까요?

정답 : You woke me up to tell me that?(겨우 그 말하려고 날 깨웠단 말이야?)
남편 역시 시작하자마자 곤하게 자고 있는데 Ginger가 깨운 겁니다. 그러니 Ginger가 황당하지 않겠어요.

stop-stoop
걸음을 멈추고 몸을 구부리다

I **stopped** to **stoop** to pick the flower.
꽃을 따려고 가다가 말고 몸을 구부렸다.

걸어가다가 길에 돈이 떨어져 있으면 상체를 굽혀서 돈을 주어야겠죠. '상체를 굽히다'는 stoop.

  길을 걸어가다가 돈을 줍기 위해서만 몸을 구부리는 것은 아닙니다. 유홍준의 『나의 문화유산 답사기 2』, "운문사와 그 주변" 편을 보면 답사 일정중에 길을 가다가 들꽃에 눈길을 주는 사람 이야기가 나옵니다. 그래서 답사 일행들이 간혹 길을 가다 자운영이나 달맞이꽃과 같은 들꽃들에 대해 물어보면 그 이름은 물론이고 그것의 생리까지 자세히 일러주는 바람에 정작 답사를 인도하는 사람보다는 그 들꽃 선생의 뒤만 졸졸 따라다닌다는 일화를 소개하고 있습니다. 우리가 무심히 지나치는 것에 대해 간혹 몸을 구부려 자세히 살펴본다면 새로운 것을 얻을 수도 있을 겁니다. 그렇게 하려면 흘끗 지나쳐서는 안되고 자세히 관찰해야 할 것입니다.

  '관찰하다'라는 뜻을 가진 영어 단어를 건져봅시다. observe. stoop이 stop에 o를 추가했으니 o로 시작한다고 생각하세요.

```
stop — stoop
        |
      observe
```

study-sturdy
몸이 튼튼해야 공부도 잘 된다

Study this **sturdy** old book well.
오래됐지만 아직도 튼튼한 이 책으로 잘 공부해봐라.

study는 '공부하다'의 뜻 이외에 '서재'라는 뜻도 가지고 있습니다. 공부도 결국 체력 싸움입니다. 몸이 튼튼하지 않으면 체력이 딸려서 오래 앉아 있지 못합니다.

'튼튼한'은 sturdy. '튼튼한'이란 뜻을 가진 또다른 단어는 같은 st로 시작하는 stout.

```
study — sturdy
          ‖
        stout
```

surgeon-urge
의사에게 빨리 오라고 재촉하다

The **surgeon urged** his staff to be kind to patients.
그 의사는 환자에게 친절하라고 직원들에게 촉구했다.

surgeon과 physician을 놓고 어느 단어가 외과의사냐고 물으면 자신있게 대답하는 사람이 많지 않습니다. surgeon 안에 있는 o와 '외과의사'라는 말의 ㅇ을 연결시키면 surgeon이 '외과의사'고, physician은 자동적으로 '내과의사'가 됩니다.

자주 쓰지 않는 단어이긴 하지만 surgeon이란 단어의 제일 첫 철자를 b로 바꾸면 burgeon이 됩니다. '싹트다'라는 뜻을 가지고 있습니다.

자, surgeon으로 건질 수 있는 단어를 더 볼까요.

surge 파도처럼 밀려오다(의사가 지난 일을 생각해보니 추억이 파도처럼 밀려올 수도 있겠죠?)
urge 재촉하다(교통사고 환자가 생겨서 병원응급실로 의사를 재촉해서 부른다고 생각하세요. urge라는 단어를 가장 쉽게 접할 수 있는 단어로는 hamburger가 있습니다. 자세히 보세요. urge가 들어 있죠?)

burgeon
  |
surgeon — physician
  |
surge — urge

temporary–comtemporary
현대인들은 일시적 즐거움을 얻는 것에 익숙하다

The **contemporary** music is only **temporary**.
현대음악은 일시적이다.

현대적인 것은 보기에 좋고 세련되어 보이지만 잠깐뿐인 경우가 많습니다. temporary는 '일시적'이란 뜻을 가지고 있습니다. 이 단어의 상대어는 permanent로 '영속적'이란 뜻을 가지고 있습니다. '영속적'이란 뜻을 가진 또다른 단어 역시 per로 시작합니다. perpetual.

그럼 '현대적'이라는 뜻을 가진 단어는? contemporary.

```
temporary  ↔  permanent
    |            ‖
contemporary  perpetual
```

treat-treaty
조약을 잘 다루다

The **treaty** states that we will retreat from doing you harm and begin to **treat** you as a friendly neighbor.
그 조약에는 우리가 더 이상 해를 주지 않고 물러나서 당신을 친근한 이웃으로 대할 것이라고 명시되어 있다.

treat는 '다루다' '치료하다'의 뜻으로 많이 쓰입니다. 국가간에 체결된 조약은 잘 다루어야겠죠. '조약'은 treaty.

    NATO 북대서양 조약 기구(North Atlantic Treaty Organization)

    NATO 가입국들은 자국에 이익이 되는 조항들이 들어가기를 간청할 것입니다. '간청하다'는 entreat.
    NATO군이 유고 내전에 참전하자 전세가 불리해진 세르비아군은 후퇴할 수밖에 없었습니다. '후퇴하다'는 retreat.

retreat
   |
treat — treaty
   |
entreat

wear-swear
옷을 검소하게 입겠다고 맹세하다

I **swear** that I will never **wear** that sweater again.
나는 그 스웨터를 다시는 입지 않겠다고 맹세했다.

wear는 '입다' '닳다'의 뜻을 가지고 있습니다. 아무리 굳은 맹세라고 하더라도 세월이 지나면 닳아버릴 수도 있죠. '맹세하다'는 swear. swear라는 단어를 가장 쉽게 영화에서 들을 수 있는 경우는 미국 대통령이 취임선서를 하거나 의사들이 히포크라테스 선서를 할 때입니다. 두 가지 경우 모두 다음과 같이 서두를 시작합니다. "I do solemnly swear that ……".(나는 다음과 같이 엄숙히 선서합니다.)

메릴 스트립이 주연한 영화 〈아들을 위하여〉(First Do No Harm)라는 영화의 제일 앞부분에 히포크라테스의 선서가 나옵니다.

'맹세하다'라는 뜻을 가진 또다른 단어는? pledge와 vow.

---

wear — swear = pledge = vow

wheel-heel
자전거 바퀴를 뒤꿈치로 걷어차다

I kicked the **wheel** with the **heel** of my shoes.
나는 바퀴를 내 신발 뒤꿈치로 찼다.

wheel은 자동차나 자전거의 '바퀴'를 말합니다. 자동차의 운전대 역시 wheel이라고 합니다. 자전거를 타고 언덕을 올라갈 때 발뒤꿈치에 힘을 주어야겠지요.

'뒤꿈치'는 wheel에 있는 heel. 여자들 구두를 말할 때 high-heel이라고 하는 것을 많이 들었을 겁니다.

언덕을 올라간다고 했는데 '언덕'은? hill. 추운 겨울 언덕 위에 올라가 있으면 차가운 바람이 속살을 뚫고 뼈 속 깊숙히 파고들겠죠. 아주 차가운 냉기를 느끼면서 말입니다.

'냉기'는 chill. 그래서 감기에 걸리면 치료를 해야 합니다. '치료하다'는 heal.

```
wheel — heel — hill
                |
            chill — heal
```

wild-bewilder
주인의 거친 태도에 손님은 당황했다

I was **bewildered** at the actions of the **wild** animal.
나는 야생동물의 행동에 당황했다.

wild는 '야생의' '거친' 등의 뜻을 가지고 있는 자주 보는 단어입니다.

 wild beast 야수
 wild hair 헝클어진 머리
 wild children 제멋대로 구는 아이들
 wild sea 거친 바다

'야생의' '헝클어진' '제멋대로 구는' '거친' 등의 우리말 뜻에 해당하는 단어인 wild를 이렇게 다양하게 활용하면 어휘 구사력이 풍성해질 것입니다.
 자, 그러면 wild를 활용하여 다른 단어를 건져봅시다. 상대방이 갑자기 거칠게 나오면 당황하겠죠? '당황하다'는 bewilder. '황무지' '황야'는 거칠죠? '황무지'라는 뜻을 가진 단어는? wild를 활용하면 됩니다. wilderness.

---

wild — bewilder
 |
wilderness

with-wither
나이와 더불어 시들어가다

Your plants will **wither with** too little water.
물을 너무 적게 주면 화초가 시들을 것이다.

with라는 전치사는 '…와 더불어'라는 뜻으로 많이 쓰이는 단어지만, '…한 채로'라는 동시동작을 쓸 때도 많이 사용되는 전치사이므로 익혀두면 생활영어 표현에 아주 유용하게 써먹을 수 있습니다.

〈Mulan〉이라는 영화를 보면 뮬란의 수호신으로 나오는 Mushu가 뮬란이 밥을 먹으면서 말을 하자 이렇게 말을 합니다. "Don't talk with mouth full."(뭘 먹으면서 말하지 마!)

나이와 더불어 자꾸 육신은 시들어가겠죠. '시들다'는 with를 활용하면 됩니다. wither. 나이가 먹어서 시들시들해지면 쇠약해지는 거죠. '쇠약해지다'는 같은 w로 시작하는 wane.

```
with — wither
         ‖
        wane
```

write-rite
지방을 써서 제사의식을 준비하다

Write out the ritual so that the **rite** can be practised by future generations.
후손이 실행할 수 있도록 그 종교의식을 종이에 잘 써놓아라.

제사를 지낼 때 '지방'이라는 것을 쓰죠(write). 지방을 쓰는 것은 유교의 종교의식입니다. '의식'은 rite. ritual도 '의식'이란 뜻입니다.

형식적인 '의식'만을 너무 앞세우는 사람은 위선자라고 불러도 되겠죠? '위선자'는 hypocrite.

---

write — rite = ritual
              |
          hypocrite

Funny Story 20

The class was working on Father's Day cards to accompany the gifts they had made. The teacher suggested that the students might illustrate the cards with a favorite activity or something their father liked a lot — golf or fishing, for example.
Suddenly Nick raised his hand. "May I draw a picture of my mother?" he asked.
" ___?___ "

맨날 티격태격하는 사이지만 아이들 눈에 비치는 Ginger 부부의 모습은 어떤 것일까요? 어느날, 학생들이 '아버지의 날'을 위해 자기들이 만든 선물과 함께 보낼 카드 작업을 하고 있었습니다. 선생님은 카드에 아버지가 가장 좋아하는 것을 그려넣으라고 넌지시 알려주었습니다. 예를 들어 골프나 낚시 같은 것 말입니다. 그런데 갑자기 Nick이 손을 들더니 다음과 같이 물었습니다.
"엄마 얼굴을 그려도 될까요?" 이유를 묻는 선생님에게 다음과 같이 대답하자 교실이 또 한번 웃음바다가 되었습니다. 뭐라고 대답했을까요?

정답 : My dad really likes her a lot.(아빠는 정말로 엄마를 너무 너무 좋아하시거든요.)
이런 아이를 자녀로 둔 집은 정말 행복한 가정이 아닐까요? 가장 이상적인 부부는 여러 가지 유형이 있겠지만, 가장 공정하게 평가할 수 있는 것은 아이들이 볼 때 부부가 진정으로 다정해보일 때입니다. 겉으로는 다정해보이지만 대외용일 뿐 실제로는 그렇

지 않은 경우가 얼마나 많은가요. Ginger 부부처럼 실수도 많고 사연도 많지만 이런 것이 사람 사는 모습 아닌가요? 가식없고 솔직한 그들의 모습을 보고 그 자녀들은 부모가 진정으로 서로 좋아하고 사랑한다고 굳게 믿게 되는 것입니다. Ginger 가족 파이팅!!!

기본적인 단어암기법 10가지

자, 그럼 우리가 알고 있는 쉬운 단어를 활용해 어렵다고 생각해왔던 단어를 정복할 수 있는 기본적인 방법을 전체적으로 정리해보겠습니다. 이 방법들은 영어 어휘 실력을 무한히 확장시킬 수 있는 기본적인 체계입니다.

1) 쉬운 단어 안에 어려운 단어가 숨어 있다.

이 방법은 제일 쉽고 재미있게 누구나 할 수 있는 방법입니다. 그리고 한 단어 안에 있는 또다른 단어를 상상력을 발휘해 연결시키는 과정을 통해 영어공부에 대한 흥미를 느낄 수 있습니다. 그러면 시간이 지나도 단어의 뜻을 잊어버리지 않게 되어 자신감을 가질 수 있습니다. 몇 가지 예를 들어보겠습니다.

우선 한 단어 안에 있는 또다른 단어를 찾는 방법입니다.

balance, bridge, dragon, grape 등의 단어를 자세히 살펴보면 lance, ridge, drag, rape 등의 또다른 단어가 들어 있는 것을 알 수 있습니다. 그리고 나서 두 단어를 논리적 상상력을 통해 연결시키면 됩니다.

이렇게 해서 어휘력이 늘게 되면 조금 어렵게 느껴지는 단어 안에도 또다른 단어가 숨어 있는 것을 찾아낼 수 있을 겁니다.

applaud, apprentice, calamity, cripple, exploiter, gratify, suspension 등의 단어 안에는 laud, entice, amity, ripple, loiter, ratify, pension 등의 또다른 단어가 들어 있습니다. 역시 두 단어를 논리적 상상력을 통해서 연결시켜 암기하면 오랫동안 단어의 뜻을 잊어버리지 않게 됩니다.

어때요? 최소한 한 단어로 여러 단어를 얻으니까 암기해야 할 단어수가 줄고, 논리적 상상력으로 단어를 연결시키니까 시간이 지나도 한번 외운 단어를 잘 잊어버리지 않게 될 겁니다.

2) 자음순환법

자음순환법이란 말 그대로 알파벳 순서로 자음을 순환시켜 보는 것입니다. 이 방법에 해당하는 단어는 철자수가 그리 많지 않은 단어가 주된 대상이 됩니다. 몇 가지 예를 들어보겠습니다.

철자가 3개인 단어들－ban, can, fan, man, pan, ran, tan, van
철자가 4개인 단어들－bail, fail, hail, jail, mail, nail, pail, rail, sail, tail, wail
철자가 5개인 단어들－cable, fable, gable, sable, table

자음순환법에 해당하는 단어는 '의미소'에 속하는 단어들이므로 쉬운 단어(man, fail, table)가 나올 때마다 알파벳 순서대로 자꾸 대체 해보는 습관을 가져야 합니다(자음순환법 전체 리스트는 이 책의 5장에 실려 있습니다). 자음순환법에 속하는 단어들은 몇 가지 예외를 제외하고는(예를 들어 bomb, comb, tomb, womb) 대체로 발음이 동일하다는 공통점을 가지고 있어 말하기를 할 때 커다란 참조가 됩니다.

3) 공통 접미어법

다음 단어들을 볼까요. 알파벳 순서대로 나열이 되어 있습니다. 무슨 공통점이 있는지 찾아보세요.

admit, commit, emit, omit, permit, remit, submit, transmit

모두 mit라는 접미사가 붙어 있고 품사도 모두 동사라는 점입니다(mit, mis는 '보내다'라는 뜻을 가진 라틴어 어원입니다). 이 단어들은 일단 강세가 모두 mit에 있으며 명사로의 어형변화도 동일해서 말하기를 할 때 대단히 도움이 됩니다. 이 단어들의 명사형을 볼까요.

admission, commission, emission, omission, permission,

remission, submission, transmission

하나 더 예를 들어볼까요.

ascribe, describe, inscribe, prescribe, subscribe

모두 scribe라는 접미사가 붙어 있습니다(scribe는 '쓰다'의 뜻을 가진 라틴어 어원입니다). 이 단어들 역시 모두 동사들이고 강세가 모두 scribe에 있습니다. 이 단어들의 명사형을 볼까요.

ascription, description, inscription, prescription, subscription

이와 같이 공통 접미어법이란 공통적으로 단어의 제일 뒤에 붙어서 강세와 어형 변화가 거의 동일한 단어를 하나로 묶어서 알파벳 순서로 암기하는 방법입니다. 이외에도 공통 접미어법에 해당하는 단어는 많지만 생략하기로 하고 이 책의 5장에 전체 단어 리스트를 수록하였습니다.

4) 철자 변형법

철자 변형에 의한 단어 암기는 말 그대로 우리가 알고 있는 쉬운 단어에 철자 한 자만 변형시켜서 단어를 암기하는 방법입니다.
  이 방법은 두 가지가 있는데 우선 규칙적인 철자 변형에 대해 알아보도록 합시다. 영어의 철자 중 b, f, l은 다른 철자 v, p, r과 발음이 비슷합니다(아예 동일한 것은 단어암기법 8번 동음이의어에서 다룰 것입니다). 이 발음이 비슷한 철자 하나만 바꿔서 조금 더 어렵다고 생각되는 단어를 하나 더 얻는 방법이 규칙적인 철자 변형법으로, 역시 어휘를 확장시키는 데 좋습니다. 자, 예를 들어볼까요.

best	base	fine	flow	low	cancel
vest	vase	pine	plow	row	cancer

두번째 방법은 불규칙적 철자 변형법입니다. 그럼 다음 단어들을 볼까요.

| computer | attitude | carnival |
| commuter | aptitude | cannibal |

이 단어들도 단지 철자 하나만 차이가 있을 뿐입니다. 그런데 b, f, l이 포함되어 있지 않아 불규칙적 철자 변형법이라고 합니다. 역시 철자 하나만 바꿔 어휘를 확장시켜 나가고 있으며, 쉬운 단어와 연결시키기 때문에 재미도 있습니다.

5) 철자 첨삭법

이번에는 철자 첨삭법으로 단어를 확장시키는 방법에 대해 알아보겠습니다. 자, 우선 다음 단어들을 볼까요.

| place | morning | addition | drive | father |
| placet | mourning | addiction | derive | feather |

| friend | first | diplomat | garbage |
| fiend | fist | diploma | garage |

이 단어들을 보고 어떤 공통점을 느꼈나요? 각각의 두 단어는 철자를 한 자 첨가하거나 삭제되어 있습니다. 역시 우리가 알고 있는 쉬운 단어와 연결되어 있습니다. 이와 같이 우리가 이미 알고 있는 단어의 철자를 하나 빼거나 첨가시킴으로써 어휘를 확장시켜 나가는 방법이 철자 첨삭법입니다.

6) 규칙적 어형 변화

규칙적 어형 변화에 의한 어휘 확장은 공통 접미어법에 의한 어휘 확장처럼 어형 변화와 강세가 거의 동일하고 고급스런 어휘가 모두 망라되어 있는 점이 특징입니다. 이 책은 영어 단어의 철자법, 발음, 강세에 대한 아주 기본적인 연마가 가능하도록 꾸며져 있기에 특히 말하기에 도움이 될 것입니다. 규칙적 어형 변화의 예를 보여주는 다음 단어들을 볼까요.

important → importance, silent → silence, violent → violence
equal → equality, fatal → fatality, mortal → mortality
active → activity, dense → density, hostile → hostility

우선, nt로 끝나는 형용사는 대부분 ce를 어미로 하는 명사형을 가집니다(fluent → fluency처럼 cy로 끝나는 명사형은 그리 많지 않습니다). 또한 al로 끝나는 형용사형은 ity를 붙여 명사형을 만듭니다. 마지막으로 e로 끝나는 대부분의 형용사들은 e자를 탈락시키고 ity를 붙여 명사형을 만듭니다.

이런 식으로 어형 변화에 대한 규칙성을 몸에 익히면 암기해야 할 단어 수에 대한 부담이 절반으로 줍니다. 한 단어만 알면 그 명사형까지 쉽게 알 수 있기 때문이지요. 규칙적 어형 변화에 해당하는 전체 단어 리스트 역시 5장에 실려 있으므로 참조하시기 바랍니다.

7) 의미연상법

단어를 확장하는 가장 효과적인 방법 중의 하나가 바로 의미연상법입니다. 우리가 알고 있는 쉬운 단어를 활용하여 그 단어 안에 있는 철자를 사용하여 새로운 단어를 계속 확장하는 방법입니다. 다음의 예를 볼까요.

doctor-diagnose, operate, cure, treat, observe, recover

의사가 하는 일을 각 철자로 시작하는 단어를 가지고 연결해보았습니다. 의사는 환자를 진단하고(diagnose), 수술하고(operate), 치료하고(cure, treat), 관찰하고(observe), 회복하게(recover) 하는 일을 맡고 있습니다. 이렇게 의사가 하는 일과 연결시켜서 약간 더 어려운 단어를 평소에 자꾸 떠올려보는 습관을 가지면, 특히 말하기를 할 때 강력한 효과를 발휘합니다.
   이 방법은 doctor처럼 전체 철자를 다 활용해도 되지만 일부분의 철자만 활용해도 됩니다.

   prison-parole, release, inmate

   prison이란 단어는 크게 pri와 son의 두 부분으로 되어 있습니다. 아들(son)이 감옥(prison)에 갇혀 있는데 가석방(parole) 결정을 받아 감옥에서 석방되어(release) 같이 있던 다른 죄수(inmate)들과 작별인사를 나누는 장면을 머릿속에 떠올리면 됩니다(물론 son에 있는 s를 활용하여 '선고를 내리다'라는 sentence라는 단어를 확장해도 됩니다).

   한 단어만 연결시켜도 됩니다(물론 모든 철자와 연결시킬 수 있다고 생각해야 합니다). 다음의 몇 가지 예를 볼까요.

   discuss - controversy(논쟁)
   head - dandruff(비듬)
   husband - sperm(정자)
   plane - aviation(항공)
   politics - parliament(국회)
   snow - sleet(진눈깨비)
   worker - employee(종업원)

   이렇게 쉬운 단어와 그 단어의 의미를 연상하여 단어 안에 있는 철자로 새로운 단어를 확장하는 훈련을 계속하면, 말할 때 필요한 단어가 머릿속에 잘 떠오르는 장점이 있습니다.

8) 동음이의어

어휘를 확장시키는 또다른 방법은, 발음은 같은데 철자와 뜻이 다른 단어를 연결시키는 방법입니다. 다음의 예를 볼까요.

air	bear	cent	site	flower	hair	him	horse
heir	bare	scent	cite	flour	hare	hymn	hoarse

우리가 알고 있는 쉬운 단어와 발음이 동일한 다른 단어를 연결시켜놓았습니다. 물론 두 단어는 논리적 상상력을 이용하여 연결해야겠지요.

9) 동의어/반의어

단어를 확장시키는 또다른 방법으로 동의어와 반의어(상대어)를 이용하는 방법이 있습니다.

예를 들어 again이란 단어 안에는 gain(얻다)이란 또다른 단어가 있습니다. '잃어버린 내 삶을 다시 얻다'라는 식으로 연결시켜 기억하면 됩니다. 그러면 같은 뜻을 가진 동의어를 몇 개 해볼까요.

acquire, get, obtain, procure, secure

무슨 순서대로 썼나요. 알파벳 순서대로 썼다는 것을 알 수 있을 겁니다. 그래야 보지 않고 자꾸 훈련을 해볼 수 있으니까요.

반의어에 의한 방법은 두 가지가 있습니다. 첫번째는 접두사나 접미사를 이용해서 어휘를 확장하는 방법입니다. 몇 가지 예를 들어보겠습니다.

normal - abnormal
honest - dishonest
ability - inability
careful - careless
legal - illegal
regular - irregular
function - malfunction

fortune - misfortune
fair - unfair

두번째는 특정한 어휘에 대한 반의어가 정해져 있는 경우입니다. 몇 가지 예를 들어보겠습니다.

modern - ancient
rural - urban
solar - lunar

이와 같이 특정 어휘를 볼 때마다 그 동의어와 반의어를 자꾸 생각해보는 습관을 들이면 어휘가 많이 확장될 수 있습니다.

10) 일상생활

아침에 일어나서 밤에 잠들기까지 우리는 영어 어휘에 온통 휩싸여 사는 세상이 되었습니다. 아침에 일어나서 세면실에 가면 영문 상표를 가진 비누와 샴푸를 접하는 것으로 시작하여 자동차, 컴퓨터 자판, 스포츠 중계 등 생활의 모든 영역에서 영어를 접하고 있습니다. 이는 그리 좋은 현상은 아니지만 역으로 이를 잘 활용하여 단어를 쉽게 암기하는 데 사용할 수 있습니다. 암기가 잘 안되는 단어를 이렇게 일상생활에서 접할 때마다 그 뜻을 떠올리는 습관을 갖는다면 여러분이 상상할 수 없을 정도로 어휘력을 많이 늘릴 수 있습니다. 우리가 일상생활에서 자주 접하는 대표적인 항목을 다섯 가지로 분류하여 설명하겠습니다.

① 상품
우리는 아침에 눈을 떠서 밤에 잠들기까지 다양한 상품에 접하며 살고 있습니다. 이 상품에는 상품명(brand name, trademark)이 있습니다. 그런데 상품의 이름은 상품과 밀접한 연관이 있어서 그 의미를 연상하기에 아주 좋습니다. 예를 들어 '포카리 스웨트'라는 음료는 땀날 때 갈증 해소를 위해 마시는 상품이므로 sweat는 '땀'이라는 뜻을 가지고 있다는 것을

쉽게 알 수 있습니다. '겔로퍼'라는 차는 승용차와는 달리 비포장도로를 잘 달릴 수 있도록 만들어졌다 하여 붙여진 이름입니다. 승용차 뒤에 부착되어 있는 타이어에 말 그림이 그려진 이유가 바로 그것입니다. 그래서 gallop이라는 단어가 '질주하다'라는 뜻을 가지고 있음을 쉽게 알 수 있습니다. 다음은 몇 가지 상품별로 상표를 분류해놓은 중요한 영어 단어들입니다. 왜 그런 상품명을 갖게 되었는지 연상해보시기 바랍니다.

- 비누 : dove(비둘기), ivory(상아)
- 샴푸 : protein(단백질), charming(매력적인), rejoice(기쁨), bubble(거품)
- 자동차 : capital(자본), enterprise(기업, 기업가 정신), dynasty(왕조), porter(짐꾼)
- 음료수 : fiber(섬유), confidence(자신감)
- 화장품 : temptation(유혹), innocent(순수한), essence(정수)
- 양주 : dimple(보조개), passport(여권), imperial(황실의, 최고 권위의)

이외에도 수없이 많은 예가 있으니 일상생활을 하면서 부딪치는 단어를 무심코 넘기지 말고 그 뜻을 볼 때마다 생각해보면 어휘력이 많이 늘어날 것입니다. 이러한 단어들은 보기 싫어도 자주 볼 수밖에 없는 단어들이기 때문입니다.

② 영화
우리가 자주 접하는 것 중 하나가 바로 영화입니다. 영화배우 이름과 영화 제목을 잘 활용하면 역시 영어 단어를 많이 늘릴 수 있습니다. 대표적인 영화배우의 이름으로 영어 단어를 암기해볼까요(영화배우뿐만 아니라 유명인사의 이름을 가지고도 많은 단어를 늘릴 수 있습니다. 예를 들어, 철의 여성 마거릿 대처의 경우를 봅시다. Thatcher에 들어 있는 thatch는 '지붕의 이엉'을 말합니다). 영화배우들은 계속해서 새로운 영화에 등장하기 때문에 그 이름을 자주 접할 수밖에 없습니다. 문장에서는 자주 볼 수 없는 단어이지만 실생활에서는 자주 접하는 단어가 됩니다. 이렇게 해서 그 단어에 친근해질 수밖에 없습니다.

〈양들의 침묵〉으로 유명한 조디 포스터(J. Foster)를 예를 들어볼까요. foster는 '기르다, 육성하다'라는 뜻을 가진 단어입니다. 〈라스베가스를 떠나며〉, 〈콘 에어〉에서 주연한 니콜라스 케이지(N. Cage)의 경우는 어떤가요? cage는 '새장, 동물의 우리'라는 뜻을 가지고 있습니다.

〈파 앤드 어웨이〉, 〈탑건〉 등으로 유명한 톰 크루즈(T. Cruise)의 경우를 볼까요. cruise는 '순항하다'라는 뜻을 가진 중요한 단어입니다.

이번에는 영화 제목을 활용하여 단어를 확장하는 방법에 대해 생각해 봅시다. 외국영화 제목을 우리나라에서 정할 때 대개 다음 세 가지 방법으로 정합니다.

첫번째는 원래 제목 그대로 붙이는 경우입니다. 예를 들어 〈블레이드〉(blade : 칼날), 〈데블스 애드보키드〉(devil : 악마, advocate : 변호사, 옹호하다), 〈볼케이노〉(volcano : 화산), 〈위트니스〉(witness : 목격자, 증언하다), 〈딥 임팩트〉(impact : 충돌, 충격) 등이 있습니다.

두번째는 원래 제목을 우리말로 직역하는 경우입니다. 예를 들어 볼까요.

가을의 전설 - Legends of the Fall
화성침공 - Mars Attack
도망자 - Fugitive
제5원소 - The Fifth Element
무언의 목격자 - Mute Witness

마지막으로 원래 제목과 전혀 무관하게 제목을 붙이는 경우입니다. 예를 들어, 우리에게 〈사랑과 영혼〉으로 알려진 이 영화의 원제목은 〈Ghost〉입니다. '귀신' '유령'이라고 제목을 붙이면 누가 영화보러 오겠습니까? 그래서 제목을 바꾼 것입니다. 〈은밀한 유혹〉이라는 영화도 마찬가지입니다. 원래 제목은 〈Indecent proposal〉입니다.

하여튼 위에서 예로 든 단어들은 결코 만만치 않은 단어들입니다. 영화는 앞으로도 계속 만들어져 나옵니다. 영화 제목은 영화 내용을 함축하고 있는 것이므로 여러분이 본 영화의 원제목을 알고 있으면 그 제목 안에 있는 단어는 오랫동안 잊지 않게 됩니다.

영화를 이용해 영어 어휘를 확장시키는 방법은 이외에도 여러 가지가 있지만 한 가지만 더 하겠습니다. 영화를 보다 보면 영화 화면에 직접 영어 단어가 적히는 경우가 있습니다. 이 경우는 영화 스토리와 연관되어 해당되는 단어가 인상깊게 뇌리에 남습니다. 예를 들어볼까요.

〈에어 포스 원〉이라는 영화를 보면 주인공인 해리슨 포드가 테러리스트들에게 납치된 승객들이 낙하산을 타고 비행기에서 내릴 수 있도록 백악관과 연락하여 고도를 낮추게 하는 장면이 나옵니다. 이 장면에서 ALTITUDE라는 단어를 볼 수 있습니다. '고도'라는 뜻이지요.

〈당신이 잠든 사이에〉라는 영화에서는 주인공 산드라 블록이 짝사랑하던 남자가 철로로 떨어져 죽을 위험에 처했을 때 그를 구합니다. 그리고 그는 입원하게 되는데, 이 때 입원실 유리창에 Intensive Care Unit라는 글자가 써 있는 것을 보게 됩니다. '중환자실'이란 뜻이지요.

③ 건물

우리 주변에 있는 건물에 가면 영어 단어가 많이 적혀 있는 것을 볼 수 있습니다. 큰 건물에 들어가면 '안내'라는 우리말이 써 있기도 하지만 INFORMATION이란 영어 단어가 쓰여 있는 경우를 많이 보았을 겁니다. 어느 건물이든지 Exit(비상구)라는 단어는 대부분 써 있지요. 특히 영화관에 들어가 좌석에 앉아 있으면 사방이 컴컴한데 유일하게 환하게 밝혀져 있는 것이 Exit라는 초록색 표지판입니다.

약국에 가면 '조제'라는 말 밑에 prescription이란 영어 단어가 같이 쓰여 있는 것을 본 경우도 많을 겁니다. 공항에 가면 비행현황판에서 자주 접할 수 있는 대표적인 단어가 delay(연착), destination (목적지) 등의 단어일 것입니다.

이번에는 보는 영어 단어가 아니라 건물에 들어가서 듣는 영어 단어의 대표적인 것을 예를 들어볼까요. 지하철에 올라타면 "You can transfer to blue line."과 같은 안내 방송을 들을 기회가 많을 겁니다. transfer는 '옮기다'라는 뜻입니다. 또 공항에 가면 "Attention, please!"라는 말을 많이 들어볼 겁니다. attention은 '주의' '집중'이라는 뜻이지요. 이렇게 해서 새로운 단어를 건지는 겁니다. 이렇게 알게 되는 단어가 차곡차곡 쌓이면 이제 남은 것은 모르는 단어만 공부하면 됩니다.

④ 스포츠

축구, 농구, 야구, 배구, 탁구 등의 스포츠는 영어 단어투성입니다. 원래 우리나라에서 만들어진 운동경기가 아니기 때문이죠. 스포츠에서 사용되는 영어 단어들을 잘 알아두면 역시 영어 단어를 확장하는 데 무척 도움이 됩니다. 몇 가지 예를 들겠습니다.

축구: penalty(형벌, 벌금), arch(반원형), whistle(호각을 불다)
농구: violation(위반), guard(수호하다)
야구: strike(치다), fence(담장), relief pitcher(구원투수)
배구: receive(받다), block(막다, 차단하다)
탁구: smash(분쇄하다), net(그물)

⑤ 영어 약자

영어 약자를 이용해서 어휘를 늘리는 것도 좋은 방법입니다. 이 방법이 좋은 이유는 영어 약자에 대한 우리말 뜻을 알고 있는 경우가 많기 때문입니다. 그것을 이용해서 우리말 뜻에 해당하는 단어의 첫 단어를 알 수 있어서 어휘 훈련을 하기에 좋습니다. 예를 들어볼까요.

요즈음 제일 많이 들어보는 약자가 IMF일 것입니다. 우리말 뜻은 '국제통화기금'이죠. 그러면 최소한 '기금'이란 단어는 F로 시작한다는 것을 알 수 있습니다. 바로 fund입니다.

AIDS를 또 예로 들어볼까요. 우리말로는 '후천성 면역 결핍증'입니다. 그러면 최소한 '면역성의', '결핍'이란 뜻을 가진 영어 단어는 각각 I와 D로 시작한다는 것을 알 수 있습니다. '면역'은 immune이고, '결핍'은 deficiency입니다.

우리가 자주 접하는 영어 약자는 수도 없이 많습니다. UFO, OECD, CIA, FBI, NATO…….

그 우리말 뜻을 평소에 잘 활용하면 영어 단어 실력을 많이 늘릴 수 있고 필요할 때 원하는 단어가 잘 떠오를 것입니다. 영어 약자로 어휘를 훈련하면 상식도 많이 늘게 되니 일석이조 아닌가요?

이렇게 해서 기본적인 단어암기법 10가지를 모두 설명했습니다. 앞으로 단어를 처음 접할 때 위의 10가지 방법 중의 하나와 연관시켜서 암기하면 그 단어들을 오랫동안 기억하고 활용할 수 있을 것입니다. 단어를 하나씩 하면 너무 개수가 많아져서 부담이 커집니다. 기존에 알고 있는 단어와 자꾸 연결시키고 연결 과정을 체계화시키면 엄청난 어휘력을 가질 수 있다고 자신있게 말할 수 있습니다.

이 단어암기법은 나름대로 과학적인 체계를 가지려고 오랫동안 연구한 결과입니다. 그리고 무엇보다 연상하기 등 인간의 두뇌를 활용하여 단어를 암기하는 방법이므로 **시간이 한참 지나도 얼른 떠오를 수 있도록 하는 것에 가장 주안점을 두고 방법을 개발했습니다.** 이 방법을 습관처럼 몸에 익혀 좋은 결과를 얻기 바랍니다.

5장

영단어 확장하기

쉬운 단어 속 어려운 단어
자음순환법
공통 접미어법
규칙적 어형 변화

쉬운 단어 속 어려운 단어

여기서 다루고 있는 단어들은 앞에서 미처 다 다루지 못했던 것들입니다. 하지만 앞의 단어들 못지 않게 중요하니 반드시 알아두도록 합시다.

다시 한번 이야기 하지만 논리적 상상력을 발휘하세요. 그러면 영어 단어 안에 있는 또다른 단어를 찾을 수 있을 뿐만 아니라 두 단어를 연결하여 문장을 만들 수 있습니다.

1. 쉬운 단어

action(행동) - faction(당파)
  The KKK faction have used a violent action to undermine civil liberties of innocent people.
  KKK 당파는 무고한 사람들의 시민적 자유를 침해하는 폭력적 행동을 사용했다.

address(주소) - add(더하다)
  Please add Monica to the address book.
  모니카를 주소록에 추가해 주세요.

adventure(모험) - venture(모험)
  The boy would venture out in the woods and pretend he was on an adventure to find the secret of life.
  그 소년은 과감히 숲으로 들어가서는 삶의 비밀을 찾는 모험을 떠나는 척했다.

album(앨범) - bum(부랑자, 쓸모없는 놈)
  Who is that bum on the cover of the photo album?
  앨범 표지에 있는 그 건달은 누구야?

angel(천사) - evangel(복음)
  The virgin Mary was an evangel angel sent by God.
  동정녀 마리아는 신이 보낸 복음천사이다.

appear(나타나다) – pear(배)

The pears appear quite ripe.

그 배들은 이제 완전히 익은 것처럼 보인다.

arch(아치) – architecture(건축)

One of the peak developments in architecture was the arch.

건축술의 최상의 발전 중의 하나는 궁형의 문이었다.

arm(팔, 무기) – warm(따뜻한)

The baseball pitcher normally covers his throwing arm to keep it warm.

야구 투수는 주로 쓰는 팔을 항상 따뜻하게 감싸고 다닌다.

arrival(도착) – rival(경쟁자)

The rival match between Japan and Korea will be delayed one hour, due to the late arrival of the buses that are transporting the players.

선수를 싣고 오던 버스가 늦게 오는 바람에 한일전이 1시간 연기될 것이다.

art(예술) – cartoon(만화)

The cartoon Mickey Mouse is a great work of art.

미키마우스 만화영화는 위대한 미술작품이다.

ash(재) – wash(씻다)

The volcanic ash was washed away by the heavy floods.

화산재가 극심한 홍수로 씻겨 내려갔다.

ask(묻다) – task(임무)

Did you understand the task that I ask you to complete yesterday?

어제 내가 당신에게 끝내라고 부탁한 그 일을 잘 이해하고 있습니까?

ass(나귀) – harass(괴롭히다)

You will make an ass of yourself, if you continue to harass Monica.

계속해서 모니카를 괴롭힌다면 너는 웃음거리가 될 것이다.

attend(출석하다) – tend(~을 돌보다)

Please tend to your family matters, before you attend a meeting with your friends.
친구와의 회합에 참석하기 전에 집안문제부터 돌보세요.

average(평균) - aver(단언하다)

The lawyer avered that he would win the case, but he disappointed me with his average, cross-examination.
그 변호사는 재판에서 이길 것이라고 장담했지만 그의 평범한 반대심문은 나를 실망시켰다.

avoid(피하다) - void(공허한)

You should avoid the great void that overspending can create.
당신은 과소비가 만들어내는 커다란 공허함을 피해야 한다.

bag(가방) - baggage(수하물)

Ask for your bag at the baggage department.
수하물 보관소에서 당신의 가방을 찾으시오.

bark(개가 짖다) - bar(막대)

The dog barked with the bar in his mouth.
그 개는 막대를 입에 문채로 짖어댔다.

beer(맥주) - bee(벌)

The bee stung Roger, while he was sitting on the couch drinking a beer.
쇼파에 앉아서 맥주를 마실 때 벌이 로저를 쏘았다.

best(최고의) - bestow(수여하다)

The best photograph award was bestowed on Francis for his outstanding picture, "Land of the Morning Calm."
최고의 촬영상이 "조용한 아침의 땅"이라는 훌륭한 사진을 찍은 프랜시스에게 수여되었다.

between(~사이) - bet(내기하다)

Let's bet 10 dollars between you and me on who is going to win the race.
누가 경주에서 이길지 너와 나 사이에 10달러 내기하자.

billion(10억) - bill(지폐, 청구서)

Bill Gates gave a contribution of one billion dollars to the poor not with the checks but with the bills.

빌 게이츠는 수표가 아닌 지폐로 가난한 사람들에게 10억 달러의 기부금을 냈다.

bind(묶다) -bin(큰상자)

Please bind the pencils put in the lower bin.

키 작은 상자에 있는 연필들을 한데 묶으세요.

bit(조각) - bite(물다)

We went out for a bite to eat and I bit my tongue.

밖으로 잠시 식사하러 나갔다가 혀를 물었다.

board(판, 탑승하다, 하숙하다) - boar(수퇘지)

A photograph of an African wild boar was pinned on the bulletin board.

아프리카 야생 돼지 사진이 게시판에 핀으로 붙어 있었다.

boat(배) - oat(귀리)

Who spilled oat seeds in my boat?

누가 귀리 씨를 보트에 쏟았어?

Bombay(봄베이) - bay(만)

Is Bombay in India located near a bay?

인도의 봄베이는 만에 위치하고 있나요?

born(태어나다) - stubborn(완고한)

Some people are just born stubborn.

날 때부터 고집스럽게 태어난 사람도 있다.

boss(상관) - emboss(부조세공을 하다)

My boss had his name embossed on his golf bag.

사장은 골프백에 자기 이름을 돋을새김했다.

bow(인사하다, 활) - elbow(팔꿈치)

When you bow your head, please keep your elbows close to your side.

머리를 숙여 인사할 때 팔꿈치는 옆구리에 붙이시오.

brake(브레이크) - rake(갈퀴, 긁다)

I had to apply the brake pedal and turned sharply to avoid the rake in the middle of the road.
길 한가운데 있는 갈퀴를 피하기 위해 브레이크를 밟고 민첩하게 돌아야 했다.

bring(가져오다) - ring(반지, 울리다)

Don't forget to bring the ring to the wedding ceremony.
결혼식에 반지 가지고 오는 것을 잊지마세요.

brother(남자형제) - broth(묽은 스프)

My brother's favorite soup is chicken broth.
형이 제일 좋아하는 스프는 치킨 국물이다.

bull(황소) - bullet(탄알)

I killed the charging bull with one bullet between the eyes.
나는 돌진해오는 소의 미간을 한 방의 총알로 쏴서 죽였다.

bus(버스) - bustle(부산하게 움직이다)

A scenic drive on a tour bus is a relaxing way to leave behind the hustle and bustle of life in the big city.
관광버스를 타고 아름다운 바깥경치를 즐기는 것은 대도시의 복잡한 생활을 뒤로 하고 떠남으로써 긴장을 푸는 방법이다.

bush(덤불) - ambush(잠복)

The enemy was hiding in the bush waiting to ambush.
적은 잠복하면서 기다리기 위해 수풀 속에 숨어 있었다.

but(그러나) - rebut(반론하다)

The rebut was refuted, but we will still win the case.
반론은 받아들여지지 않았지만, 우리는 재판에서 분명히 이길 것이다.

camera(사진기) - era(기원, 연대)

The 1990 era produced the digital camera.
1990년의 시대는 디지털 카메라를 만들어냈다.

can(깡통, 할 수 있다) - candle(촛불)

Please insert the candle in the empty cola can.
빈 콜라 깡통에 초를 끼워넣으세요.

carpet(카페트) - pet(애완동물)

Our pet lay on the new carpet in the living room.
우리 애완견이 거실에 있는 새 카페트 위에 누웠다.

cello(첼로) – cell(세포, 감방)

The prisoner's last wish was to play the cello in his prison cell.
그 죄수의 마지막 소원은 감방에서 첼로를 연주하는 것이다.

center(중심의) – enter(들어가다)

Please use the center door to enter the building.
건물에 들어오려면 중앙문을 이용해 주세요.

certain(확신하는)– ascertain(확인하다)

Be certain you ascertain the exact location of the house.
그 집의 정확한 위치를 알고 있는지 분명히 하시오.

charm(매력적인) – harm(해를 입히다)

Bob would charm her, before he would harm her.
밥은 그 여자를 망치기 전에 우선 그녀의 마음을 끌 것이다.

cheap(싸다) – heap(퇴적, 많음)

The rice was so cheap that I bought a big heap of it.
쌀이 너무 싸서 한 무더기 샀다.

code(신호, 코드) – cod(대구)

Please enter the 8-digit code to access the price of cod fish.
대구의 가격을 알려면 8자리 코드를 입력하세요.

colon(콜론, 결장) – colonel(대령)

The Colonel made a mistake that he didn't use the colon in the sentence.
대령은 그 문장에서 콜론을 사용하지 않은 실수를 저질렀다.

come(오다) – comet(혜성)

A comet will come some day from outer space and destroy life on earth so the science fiction writers say.
혜성이 어느날 외계에서 와서 지구상의 생물을 모두 파괴시킬 것이라고 SF 소설가들은 말한다.

community(공동사회) – unity(통일, 조화)

The unity of a community depends on the personal sacrifice of

everyone.
지역사회의 일체감은 모든 사람의 개인적인 희생에 달려 있다.

cost(가격) - costume(복장)

The clown costume should cost no more than $50.00.
그 광대의 의상은 기껏해야 50불도 안된다.

counter(판매대) - encounter(우연히 만나다)

I went to the ticket counter only to encounter a very rude man.
매표소에 갔는데 아주 무례한 사람을 만났다.

couple(한 쌍) - coup(쿠데타)

A couple of Army General's attempted a coup of the government but failed miserably; when the soldier's refused to shoot unarmed civilians.
2명의 육군 장성이 정부전복 쿠데타를 시도했으나 사병들이 무장하지 않은 시민들에게 발포하기를 거부하여 비참하게 끝났다.

cover(덮다) - covert(은밀한)

Under cover, the FBI agent attempted to penetrate the covert operation.
비밀리에 그 FBI 요원은 그 은밀한 작전에 침투하려고 했다.

craft(기술, 전함) - raft(뗏목)

A small raft is not a very sturdy craft to take into the ocean.
조그마한 뗏목은 대양으로 나가기에 그리 튼튼하지 못한 기술이다.

crayon(크레용) - rayon(레이온)

My son's black crayon ruined my favorite gray rayon suit.
아들의 검은 크레용이 내가 가장 좋아하는 회색 레이온 양복을 망쳤다.

Daewoo(대우) - woo(구애하다)

Daewoo Corporation is trying to woo customers into buying new automobiles by offering free airline tickets to Hawaii.
대우는 하와이행 무료 비행기표를 제공함으로써 고객들로 하여금 신차를 구입하도록 애쓰고 있다.

dance(춤) - attendance(출석, 시중)

My attendance has been perfect this year in my dance class.

올해 춤교실 출석은 완벽했다.

David(다윗, 데이빗) – avid(열심인)

David was very avid about slaying the giant.
다윗은 그 거인을 죽이려고 열심이었다.

dial(전화를 걸다) – dialect(사투리)

I dialed the phone and reached someone with a strange dialect.
전화를 걸자 낯선 사투리를 쓰는 사람이 나왔다.

drink(마시다) – rink(스케이트장)

I got a drink while I was practicing at the skating rink.
스케이트장에서 연습하고 있는 동안에 음료수를 마셨다.

drive(몰다) – derive(~에서 끌어내다)

That conclusion is likely to drive him mad because it is derived from false statement.
그러한 결론은 잘못된 진술에서부터 끌어낸 것이어서 그를 성나게 할 가능성이 있다.

director(감독) – dire(긴급한)

The director was in dire need of some assistance.
감독은 긴급하게 누군가의 도움을 받아야 했다.

dish(접시) – radish(무)

Please cut the radish into small pieces and put them on my dish.
무를 잘게 썰어서 접시 위에 올려놓아라.

dollar(달러) – doll(인형)

The doll cost two dollars.
그 인형을 2달러 주고 샀다.

drove(drive의 과거형) – rove(헤매다)

I drove up to round up the cattle that tended to rove.
나는 헤매고 돌아다니려고 하는 소들을 우리에 몰아넣으려고 차를 몰고 가까이 다가갔다.

drug(약, 마약) – rug(양탄자)

The drug dealer hid his cash under the rug in the living room.
그 마약거래상은 거실에 있는 융단 밑에 현금을 숨겼다.

drum(드럼) - rum(럼주)

    Come, drink rum and beat the drum.

    와서 럼주를 마시고 북을 쳐라.

egg(달걀) - beggar(거지)

    The beggar stole an egg from the chicken coop in the dark of the night.

    그 거지는 캄캄한 밤중에 닭장에서 달걀 하나를 훔쳤다.

escape(탈출하다) - cape(곶)

    He escaped from the prison and reached the cape to get the boat.

    그는 감옥을 탈출해서 배를 얻기 위해 곶에 도착했다.

explore(탐험하다) - folklore(민속)

    I find it interesting to explore the folklore of other countries and peoples.

    나는 다른 나라와 그 민족들의 민속을 탐구하는 것이 흥미롭다고 생각한다.

fan(부채) - infant(유아)

    The mother would fan her infant because it was hot.

    날씨가 더워서 엄마는 갓난아기에게 부채질했다.

fight(싸우다) - fig(무화과)

    Don't fight over the fig.

    무화과 가지고 다투지 마라.

flag(깃발) - lag(뒤떨어지다)

    Don't lag if you are the proud bearer of the flag.

    깃발을 자랑스럽게 들고 가는 사람이라면 뒤에 처지지 마라.

fluent(유창한) - influential(영향력 있는)

    One who is fluent in many languages will be influential in the company.

    여러 언어에 유창한 사람은 회사 내에서 영향력이 있다.

fold(접다, 안다) - scaffold(단두대)

    Fold the cloth and place it over the doomed man's eyes before

he is executed on top of the scaffold.
사형수가 단두대에서 처형되기 전에 수건을 접어 그의 양눈을 가려라.

forward(앞으로) - ward(병동)

To get to the plastic surgery ward, turn left at the next corner and go forward until you see it.
성형수술 병동으로 가기 위해서는 다음 모퉁이에서 왼쪽으로 돌아 그 곳이 나올 때까지 앞으로 계속 가시오.

front(앞) - frontier(국경, 전선)

In front of the frontier, there is a winding river.
국경 바로 앞에 굽이쳐 흐르는 강이 있다.

fun(재미) - function(기능)

My new computer has so many functions that I have a lot of fun using it.
내 컴퓨터는 새로운 기능이 많아서 그것을 사용하면서 많은 재미를 얻고 있다.

gate(문) - investigate(조사하다)

The policeman stepped into the gate to investigate the crime scene.
그 경찰관은 범죄현장을 수사하기 위해 대문 안으로 걸어 들어갔다.

get(얻다, 도착하다) - budget(예산)

It is difficult to get a working federal budget from the congress of U.S.A.
미 의회로부터 연방예산을 얻는 것은 어렵다.

god(신) - pagoda(탑)

There was a pagoda covering the statue of Buddha the god in the temple.
부처님 상을 가리고 있는 탑이 절 안에 있다.

hard(딱딱한, 어려운, 열심히) - orchard(과수원)

In the orchard this time of year the fruits are very hard.
지금 과수원에 과일들이 아주 단단하다.

hat(모자) - hatch(부화하다)

I gathered the hatching chicks and placed them one by one in my hat.
나는 부화하는 병아리들을 모아서 내 모자 안에 하나씩 놓았다.

have(가지고 있다) – shave(면도하다)

Do you have a razor to shave my face?
얼굴 면도할 면도날 있니?

health(건강) – heal(치료하다)

Eating health food helps you heal your injury.
건강식품을 먹으면 당신의 아픈 곳을 아물게 하는 데 도움이 될 것이다.

him(he의 목적격) – whim(변덕)

At a whim she fell in love with him.
잘 변하는 마음으로 그녀는 그와 사랑에 빠졌다.

honest(정직한) – nest(둥지)

My honest son will never steal money from his mother's nest egg.
내 정직한 아들은 엄마의 비상금을 결코 훔쳐가지 않을 것이다.

hope(희망하다) – hop(도약하다)

I hope you can hop higher than that.
나는 당신이 그보다 더 높이 뛰기를 바란다.

horn(뿔) – thorn(가시)

The unicorn uses his horn for self-defense like a big thorn.
유니콘은 커다란 가시처럼 자기 방어를 위해 뿔을 사용한다.

hospital(병원) – hospitality(환대, 친절)

I received great hospitality when I was sick in hospital.
아파서 병원에 입원해 있을 때 나는 극진한 환대를 받았다.

host(주인) – ghost(유령)

The ghost was rather a pleasant host in that creaky old house.
그 유령은 삐걱거리는 낡은 집의 유쾌한 주인이있다.

humane(자비로운) – mane(갈기)

It isn't very humane to pull a horse mane.
말의 갈기를 당기는 것은 인정있는 행동이라 할 수 없다.

idle(게으른) - bridle(굴레)
> Try to keep the horse idle while I put on the bridle.
> 말 굴레를 씌우는 동안 말이 빈둥거리도록 하시오.

inflate(부풀리다) - flat(평평한)
> Could you inflate my car's flat tire?
> 펑크난 타이어에 바람을 넣어주시겠습니까?

injury(상처) - jury(배심), perjury(위증)
> The jury awarded the money to the man for his injury sustained in a car crash.
> 배심원들은 자동차 충돌로 입은 부상에 대해 그 남자에게 돈을 주었다.

iron(철) - environment(환경)
> An iron mine could destroy the environment around it.
> 철 광산은 주변 환경을 망칠 수도 있다.

Japanese(일본인) - pane(창유리)
> On my last trip to the Japanese city of Hukuoka, I bought a beautiful stained glass window pane.
> 후쿠오카를 마지막으로 갔을 때 아름다운 스테인드 글래스 유리창을 샀다.

Kentucky(켄터키) - tuck(걷어 올리다, 감싸다)
> Tuck the napkin into your collar before you eat your Kentucky Fried Chicken.
> 켄터키 프라이드 치킨을 먹기 전에 냅킨을 착용하시오.

Korea(한국) - ore(광석)
> Korea is known for a number of mountains and ore mines.
> 한국은 수많은 산들과 광물을 캐는 광산으로 유명하다.

last(마지막) - blast(폭발)
> Hopefully that will be the last terrorist's bomb to blast through the city.
> 그것이 도시를 폭파시키려는 테러리스트의 마지막 폭탄이 되기를 희망한다.

late(늦은) - isolate(고립되다)

Don't be late or you will be isolated.
늦지 않도록 하시오. 그렇지 않으면 고립될 겁니다.

law(법) – lawn(잔디)
There is a law in California which says, "You may only water the lawn after dark for water conservation."
캘리포니아 법에 다음과 같은 내용이 있다. "물을 절약하기 위해 해 진 후에만 잔디에 물을 줘야 한다."

lead(이끌다) – plead(변론하다, 주장하다)
Watch as they lead the prisoner into the courtroom to plead for his life.
사형 감형을 받기 위해 죄수를 법정으로 이끌고 가는 것을 보아라.

lie(눕다, 거짓말하다) – client(고객)
The attorney's client was fined for telling a lie in court.
그 변호사의 의뢰인은 법정에서 거짓말을 해서 벌금을 물었다.

long(오랜) – longevity(장수), prolong(연장하다)
I want a long and happy life, but to prolong my life span and have longevity, I must eat right and exercise.
나는 행복하게 오래 살고 싶다. 하지만 내 수명을 연장하고 장수를 누리기 위해서는 적절한 식생활과 운동을 해야 한다.

lot(많은) – blot(얼룩)
To sponge the blot, we need a lot of tissues.
얼룩을 제거하기 위해 우리는 많은 휴지가 필요하다.

lump(덩어리) – plump(포동포동한)
I molded that lump of clay into a plump pig.
나는 점토 덩어리로 포동포동한 돼지를 만들었다.

main(주요한) – domain(영토)
Love's main domain is in the heart.
사랑의 주된 영토는 마음 안에 있다.

mascot(마스코트) – cot(간이침대)
I lay on the cot with my favorite mascot.
나는 내가 좋아하는 마스코트와 함께 간이침대 위에 누웠다.

mate(동료) - inmate(죄수, 입원자)

While I was an inmate in the prison, my cell mate was a bald mugger.

내가 감옥의 죄수였을 때, 내 감방 동료는 대머리를 한 강도출신이었다.

mend(수선하다) - commend(칭찬하다)

Help me mend the fence and your mother will commend you for your hard work.

담장 고치는 것을 도와주겠니. 그러면 엄마가 너를 칭찬해 줄거야.

mini(작은) - feminine(여성의)

The mini skirt matched her feminine figure very well.

그 미니스커트는 그녀의 여성적인 모습과 아주 잘 어울렸다.

model(견본, 모델) - ode(송시)

When the supermodel wearing the latest fashion glided down the runway, the Ode to Joy played in the background.

최신 패션 차림을 한 슈퍼모델이 통로를 내려왔을 때 "환희의 송가"가 뒤에서 연주되었다.

native(원주민, 출생의) - alternative(대안, 선택적인)

The native Americans were given the alternative, move or die.

미국 원주민은 양자 택일만이 있을 뿐이었다. 떠나느냐 아니면 죽느냐.

New Zealand(뉴질랜드) - zeal(열의)

I ran with zeal to my plane leaving for New Zealand.

뉴질랜드로 떠나는 비행기를 향해 열심히 달려갔다.

nut(땅콩) - nutrition(영양)

You can include nuts in your good nutrition.

당신은 섭취해야 할 영양분에 견과류 식품들을 포함시킬 수 있다.

often(가끔) - soften(부드럽게 하다)

It would do one good to soften one's heart toward one's wife often.

아내를 향한 마음을 부드럽게 하면 좋은 일이다.

oil(기름) - boil(끓다)

Be careful when you boil oil or you make it burn.

기름을 끓일 때 조심하라. 그렇지 않으면 태울지도 모른다.

orange(오렌지) – range(열, 늘어세우다, 범위)

My orange grove ranges from here to the southern edge of my property.

오렌지 농장은 이 곳에서 남쪽 끝까지 뻗어 있다.

orchestra(오케스트라) – chest(가슴)

The orchestra played such beautiful music that the heart in one's chest was warmed with delight.

오케스트라가 그렇게 아름다운 음악을 연주해서 사람들의 가슴이 기쁨으로 따뜻해졌다.

pair(짝) – despair(절망)

Don't despair over a pair of lost mittens.

잃어버린 장갑 한 짝으로 그렇게 절망하지 마라.

pan(팬, 냄비) – expand(확장하다)

The pan is too small, for the dough will expand as it rises.

도넛가루가 커지면 부풀어오를 것이므로 그 팬은 너무 작다.

park(공원, 주차하다) – ark(방주)

Where did Noah park his ark?

노아가 방주를 어디에 세워두었지?

produce(농산물) – rod(막대), prod(찌르다, 침)

He was prodding the produce with a long rod.

그는 긴 막대로 농산물을 찔러보고 있었다.

proper(적당한, 올바른) – property(재산)

Treat your mother's property in a proper way.

모친의 재산을 적절한 방법으로 잘 처리해라.

race(경주) – embrace(포옹하다)

We race to embrace our long lost friends.

우리는 오랫동안 못만났던 친구를 껴안으러 달려갔다.

rail(난간) – frail(무른), trail(끌고 간 자국)

The rail for the stairs was frail so that when he leaned on it it broke.

계단의 난간이 너무 약해서, 그가 난간에 기대자 부서졌다.

raise(올리다) - praise(칭찬)

When you give your children praise, it will raise their self-esteem.

당신이 아이를 칭찬하면 그들의 자부심을 드높이게 될 것이다.

red(빨강) - hatred(증오하다), sacred(신성한), shred(파편, 소량의)

His eyes were red with hatred.

그의 눈은 분노로 인해 뻘겋게 되었다.

render(~을 하게 하다, 봉사하다) - surrender(내어주다, 항복하다)

The bomb was meant to render the Army ineffective so they would surrender.

그 폭탄이 군대를 무력화시켜서 항복할 수밖에 없었다.

rich(부자의) - enrich(풍성하게 하다)

You should seek to enrich your mind so that your heart will be rich with character.

당신의 마음을 풍요롭게 하면 당신의 마음은 인격으로 풍성해질 것이다.

rocket(로켓) - rock(바위)

The rocket fell like a rock back to the earth.

로켓이 바위처럼 땅에 도로 떨어졌다.

role(역할, 배역) - parole(서약, 가석방)

The guard's favorable testimony played an important role in the prisoner's early parole.

교도관의 호의적인 증언은 그 죄수의 조기 가석방에 중요한 역할을 하였다.

rose(장미) - prose(산문)

I like to write prose about the rose.

나는 장미에 대한 산문을 쓰기를 좋아한다.

rude(무례한) - intrude(침입하다)

When you intrude on another's conversation, it is considered rude.

당신이 다른 사람의 대화에 끼어든다면, 무례한 짓으로 간주된다.

score(점수) - core(핵심)

I was so excited that I bit through the core of my apple as the soccer team got another goal and raised the score.

축구팀이 또 골을 넣어 점수를 올렸을 때 나는 너무 흥분해서 사과 응어리마저 베어 먹었다.

sea(바다) - seal(봉인, 도장, 물개)

Seal the letter and we will send it overseas.

편지를 봉해라 그러면 우리가 그것을 해외로 보내겠다.

see(보다) - seek(찾다)

Let's see if you can play the game 'hide-and-seek' in the playground.

운동장에서 숨바꼭질 놀이를 할 수 있는지 알아보자.

severe(엄한) - persevere(인내하다)

Persevere through severe difficulties and you will become stronger and wiser.

혹독한 어려움을 견뎌라. 그러면 당신은 더욱더 강해지고 현명해질 것이다.

she(그 여자) - shed(오두막, 흘리다)

She shed tears over past memories.

그녀는 지난 기억에 눈물을 흘렸다.

shoes(신발) - hoe(괭이), shine(빛나다)

Put on your shoes and come help me hoe the yard.

신발을 신고 가서 마당을 괭이질하는 것을 도와라.

shut(닫다) - hut(오두막)

Shut the door of the hut.

오두막집의 문을 닫아라.

sit(앉다) - hesitate(맡기다, 예금)

I hesitated to sit on the wet bench.

나는 젖은 벤치에 앉기를 주저했다.

sort(종류, 분류하다) - resort(의지하다, 행락지)

What sort of resort did you stay at on your honeymoon?
어떤 종류의 휴양지에서 신혼여행을 보냈니?

Spain(스페인) - pain(고통)

I was in great physical pain when visiting the country of Spain.
스페인을 방문했을 때 육체적 고통을 커다랗게 겪은 적이 있다.

Spanish(스페인의, 스페인인) - span(한 뼘, 기간)

The Spanish rule of California was a short span of time.
스페인의 캘리포니아 통치는 짧은 기간이었다.

spin(돌리다, 잣다) - spinster(미혼 여자)

I took the beautiful young spinster for a spin around the block in my new car.
나는 그 아름다운 여자를 내 새차에 태우고 주변을 질주했다.

spring(봄, 샘) - offspring(자식)

During the spring, all sorts of plants sprout from the ground and many animals produce offspring.
봄에 온갖 종류의 식물들이 지상에서 싹을 틔울 것이고 많은 동물들이 새끼를 생산할 것이다.

stable(마굿간, 안정된) - stab(찌르다)

The cowboy was stabbed in the back while feeding his horse in the stable.
그 카우보이는 마굿간에서 먹이를 주는 동안에 등을 찔렸다.

stage(무대) - hostage(인질)

The gun-men stormed onto the stage and took the president as a hostage.
무장한 괴한들이 무대 위로 올라가서는 대통령을 인질로 잡았다.

still(여전히) - instill(스며들다)

The teacher is still motivated to instill her class with enthusiasm.
선생님은 아직도 열정으로 학생들을 가르칠 정도의 강렬한 마음을 가지고 있다.

store(가게) - restore(회복하다)
　　We will restore the store which burned down.
　　우리는 불에 타버린 그 가게를 다시 지을 것이다.
sure(확실하다) - treasure(보물)
　　Are you sure the treasure is buried here?
　　여기에 보물이 묻혀 있는 게 확실해?
surely(확실하게) - rely(의존하다)
　　I can surely rely on you to do the job well.
　　나는 네가 이 일을 잘 할 수 있을 것으로 확실히 믿는다.
sweater(스웨터) - sweat(땀흘리다)
　　Take your sweater off inside or you will sweat.
　　안에 들어와서는 스웨터를 벗으세요. 그렇지 않으면 땀을 흘리실 겁니다.
sweep(청소하다) - weep(흐느끼다)
　　The wind will sweep away the farmer's crop and make him weep.
　　바람이 농부의 작물을 휩쓸어가서 그를 울게 만들 것이다.
table(탁자) - portable(간편한, 휴대의)
　　Take the portable table into the other room.
　　휴대용 탁자를 다른 방으로 가져가세요.
tail(꼬리) - tailor(재단사)
　　The tailor made the tail of the tuxedo too long.
　　그 재단사는 턱시도의 꼬리를 너무 길게 만들었다.
talent(재능) - tale(이야기)
　　She loves to tell the tale of how much talent her son has.
　　그녀는 자기 아들이 얼마나 많은 재능을 가지고 있는지 말하는 것을 좋아한다.
television(텔레비전) - vision(시력, 미래상)
　　If people didn't watch so much television, they would probably have greater vision for their lives.
　　사람들이 텔레비전을 그렇게 많이 시청하지 않는다면 아마도 그들의 인생에 대한 더욱 커다란 비전을 가질 수 있을 것이다.

temperature(온도) - temper(기질, 기분)

When the temperature is very high, my temper can easily flare.

온도가 아주 높아지면 쉽게 발끈하니 화를 낼 수 있다.

ten(10) - sentence(문장, 선고하다)

The judge sentenced him to ten years in prison.

판사는 그에게 십년 징역형을 선고했다.

them(they의 목적격) - anthem(축가)

Did you see them singing along with the national anthem at the beginning of the soccer game?

축구경기를 시작할 때 그들이 국가를 따라 부르는 것을 보았니?

think(생각하다) - thin(얇은)

In order to stay thin, you must think before you eat.

계속 날씬한 상태로 있으려면, 먹기 전에 생각해야 한다.

though(~에도 불구하고) - thorough(철저한)

I work quickly though I am thorough.

나는 철저하게 일을 하면서도 빨리 일을 끝낸다.

throw(던지다) - row(열, 줄, 노를 젓다)

Before the basketball game, the players usually throw the balls to the people seated in the rows.

농구경기 전에, 선수들은 통상 자리에 앉아 있는 사람들에게 공을 던진다.

tie(끈, 매다) - patient(환자, 인내심 있는)

The mental patient had to be tied to his bed to keep him from hurting himself.

그 정신병자는 자해하지 못하도록 침대에 묶여 있어야만 했다.

tile(타일) - reptile(파충류 동물)

The small reptile, a lizard, scurried across the tile in the bathroom.

자그마한 파충류인 도마뱀이 욕실 타일 위로 황급히 달려갔다.

tin(주석, 양철) - continent(대륙)

There are a lot of tin deposits on the North America's continent.
북미 대륙에는 많은 주석이 매장되어 있다.

toast(토스트) - boast(자랑하다)

He liked to boast about how his wife could make great french toast.
그는 아내가 훌륭한 프렌치 토스트를 만들 수 있다고 자랑하기를 좋아했다.

too(매우, 역시) - tattoo(문신하다, 톡톡 두드리다)

I want to get a tattoo, too.
나도 문신을 하고 싶다.

top(정상) - topic(화제)

The top news story is a hot topic.
톱 뉴스 스토리가 뜨거운 주제이다.

town(마을) - tow(끌다, 예인하다)

I had to have a tow-truck to tow my car into the the town.
마을로 차를 끌고 가기 위해서는 견인차가 필요하다.

turn(돌다) - taciturn(과묵한)

I was very surprised when the taciturn man turned and said "Good Morning."
과묵한 그 남자가 몸을 돌려서 "안녕하세요"라고 인사를 해서 아주 놀랬다.

upper(위쪽의) - supper(저녁식사)

We ate supper in the upper part of the restaurant.
우리는 그 식당의 2층에서 저녁을 먹었다.

vest(조끼) - harvest(추수)

The farmer wore his new vest for the big corn harvest.
그 농부는 옥수수 추수 때 새 조끼를 입었다.

viola(비올라) - violate(어기다, 모독하다)

She violated the first rule of playing the viola by not tuning it first.

그녀는 비올라 연주 전에 조율을 해야 하는 첫번째 규칙을 어겼다.

Virginia(버지니아) - virgin(처녀)

Virginia will remain a virgin until she marries Bill.

버지니아는 빌과 결혼하기 전까지는 처녀로 남아 있을 것이다.

war(전쟁) - warn(경고하다)

The town bell is used to warn everyone in the event of war.

마을의 종은 전쟁 발발시에 모든 사람에게 경고를 주기 위해 사용된다.

wave(파도) - waver(흔들리다, 주저하다)

He wants to surf the big wave, but now his confidence has begun to waver.

그는 큰 파도를 타고 싶었지만 그의 자신감이 흔들리기 시작했다.

we(우리) - awe(경외, 두려운)

We were in awe at the sight of the beautiful rainbow.

아름다운 무지개를 보면서 경외감에 빠졌다.

wind(바람) - dwindle(줄어들다)

The wind dwindled down to a breeze.

바람이 잦아들어 미풍이 되었다.

whale(고래) - hale(건장한)

Let us raise our glasses of ale and congratulate the hale captain for capturing the great whale.

맥주잔을 들어 커다란 고래를 잡은 건장한 선장을 축하합시다.

2. 중간 수준의 단어

accidental(우연한) - dental(치과)

The dental charts will be used to determine the accidental death of the victim.

치과 도표는 그 희생자의 우연사를 결정하는 데 사용될 것이다.

adequate(어울리는, 적당한) - equate(동등하게 하다)

The figure should be adequate to equate the amount of flour

required to bake 2 birthday cakes.
그 수치는 생일케이크 2개를 굽는 데 필요한 밀가루의 양을 균등하게 하는 데 적절하다.

adoption(채용, 입양) - option(선택권)

The adoption of a baby is an option for parents who may not have children.
아기의 입양은 아이가 없는 부모를 위한 선택권이다.

adult(어른) - adultery(간통)

Adultery is a grave sin when committed with another adult of the opposite sex.
간통은 반대 성을 가진 성인과 저질러졌을 때 중대한 죄가 된다.

candidate(후보자) - candid(솔직한)

The presidential candidate made some very candid remarks on the welfare reform program.
그 대통령 후보는 복지정책에 대해 아주 솔직한 언급을 했다.

confusion(혼란) - fusion(용해, 연합)

The confusion of living life, sometimes requires a fusion of laughter.
삶의 혼란스러움은 때때로 웃음으로 풀어버릴 필요가 있다.

corporation(법인, 회사) - oration(연설)

The oration given at the annual stockholder meeting was delivered by the Sunkyung Corporation.
연례 주주총회에서의 연설이 선경주식회사에 의해 행해졌다.

dimension(치수) - dime(10센트 동전), dim(어두운)

If you drop a dime into the black hole, it will disappear into another dimension.
만일에 동전을 블랙홀에 떨어뜨린다면 그것은 또 다른 차원으로 사라질 것이다.

elaborate(공들이다, 정교한) - labor(노동)

Could you elaborate on the amount of labor costs.
노동비용 금액에 대해 상세하게 말해줄 수 있나요?

greed(탐욕) - reed(갈대)

His greed grows like a reed in the pond.
그의 욕심은 연못 속에 갈대처럼 자란다.

liberate(해방하다) - berate(몹시 꾸짖다)

I was berated for expressing my views on wanting to liberate all the slaves.
모든 노예를 해방시키기를 원한다는 내 견해를 표명한 것으로 인해 심하게 꾸지람을 받았다.

merchant(상인) - chant(노래, 노래 부르다)

The merchant is chanting while walking down the street selling his goods.
상인은 물건을 팔면서 걸어 내려가는 동안 노래를 불렀다.

misled(mislead의 과거) - sled(썰매)

The false advertisement of free sled rental misled many customers.
무료 썰매 대여라는 허위광고는 소비자를 기만했다.

perfume(향수) - fume(증기, 증발시키다)

My sister's perfume smells like the fumes from the rose.
내 여동생의 향수는 장미에서 나는 냄새처럼 향기가 좋다.

pilgrim(순례자) - grim(엄격한)

The American pilgrim faced a grim winter with no food.
미국의 청교도는 식량도 없이 혹독한 겨울을 맞았다.

pollute(오염시키다) - poll(투표, 여론조사)

The poll suggests that the citizens do wish the factories to pollute less.
그 여론조사에 따르면 시민들은 공장이 오염물질을 덜 배출하기를 희망하고 있음을 시사한다.

possession(소유) - session(개정중임, 회의중)

In this session of congress, they will talk about the possession of hand-guns.
이번 회기에 그들은 권총의 소지에 대해 논의할 것이다.

prefer(좋아하다) – refer(언급하다, 위탁하다)
　I prefer to refer to you in my speech today.
　오늘 연설에서 당신에 대해 언급하고 싶습니다.

psychological(심리학의) – logical(논리적인)
　It is very logical to seek psychological help with such a problem.
　그러한 문제에 대해 심리적인 도움을 구하는 것은 대단히 논리적이다.

purchase(판매하다) – chase(추적하다)
　The warehouse employee had to chase the man who purchased the merchandize and didn't pay.
　그 철물점 종업원은 물건을 사고 대금을 지불하지 않는 그 남자를 추적해야만 했다.

shovel(삽) – shove(떼밀다)
　He shoved the shovel in my hand and sent me to work.
　그는 내 손에 삽을 쥐어주고는 일터로 보냈다.

soak(젖다, 스미다) – oak(참나무)
　The wine must soak for many years in oak barrels before we drink it.
　마시기 전에 포도주는 참나무 통 속에서 여러해 동안 숙성되어야 한다.

strap(가죽 끈) – trap(덫)
　The badget trap was tied tightly to the tree with a leather strap.
　오소리 덫이 나무에 가죽끈으로 단단하게 묶여져 있다.

stripe(줄무늬) – ripe(익은), rip(찢다, 쪼개다)
　The demoted soldier had his stripes ripped from his shoulder.
　강등된 그 병사는 어깨에서 계급장을 떼어내야 했다.

vane(바람개비) – van(화물용차)
　Do you see the weather-vane on top of the van?
　승합차 꼭대기에 달려 있는 풍향계를 보았니?

3. 난이도가 있는 단어

apprentice(수습, 도제) - entice(꾀다, 유혹하다)

　A salary raise may entice your apprentice carpenter to work overtime.
　급여를 인상하면 견습 목수가 초과 근무를 하게 될 겁니다.

censure(비난하다) - ensure(보증하다, 확신시키다)

　Please ensure that you censure the movies your children watch.
　아이들이 보는 영화를 검열하고 있는지 확실히 하시오.

cripple(신체장애자, 무력하게 만들다) - ripple(잔물결)

　The ripple of the tide crippled the boat.
　바다의 물결이 그 보트의 가는 길을 막았다.

exploiter(이용자, 착취자) - loiter(빈둥거리다)

　A slave who was loitering in the shade was severely beaten by the exploiter.
　그늘에서 빈둥거리던 노예가 착취자에게 심하게 매를 맞았다.

intuition(직관, 통찰력) - tuition(수업료, 교수)

　My mother's intuition about this year's tuition rising was correct.
　올해 수업료가 오를 것이라는 엄마의 직감은 옳았다.

regiment(연대, 조직하다) - regimen(식이요법), regime(제도, 정체)

　The well-armed regiment easily defeated the weak regime.
　무장한 정예 연대가 쉽게 그 취약한 체제를 무너뜨렸다.

solicitation(간청, 간원) - citation(인용)

　The policeman issued a citation to the man for unlawful door-to-door solicitation.
　그 경찰관은 불법 방문 판매에 대해 그 남자에게 소환장을 발부했다.

suspension(중지) - pension(연금)

　There has been a suspension of the talks regarding the implementation of a nationwide pension.

전국민 연금실시에 관한 논의의 유보가 있었다.

vindicate(진실을 입증하다) – indicate(지적하다)

At first the evidence indicated he was part of the crime, but later some testimony vindicated him.

처음에 그 증거는 그가 범행에 일부 가담했다는 것을 나타냈으나 나중에 몇몇 증언으로 그의 무죄가 입증되었다.

자음순환법

1. 3자

- bad(나쁜), dad(아빠), fad(변덕), had(have의 과거), mad(미친), sad(슬픈)
- bag(가방), rag(누더기), tag(꼬리표), wag(흔들리다)
- dam(댐), ham(햄), jam(잼), mam(엄마)
- ban(금지하다), can(할 수 있다), fan(팬), man(남자), pan(납작한 냄비), ran(run의 과거), tan(갈색의), van(화물자동차 밴)
- cap(모자), dap(튀다), gap(갈라진 틈), hap(기회), lap(무릎, 두르다), map(지도), nap(낮잠), sap(약화시키다), tap(꼭지, 가볍게 두드리다)
- bar(막대), car(자동차), far(먼), jar(항아리), mar(손상시키다), tar(타르), war(전쟁)
- bat(박쥐), cat(고양이), fat(뚱뚱한), hat(모자), mat(매트), pat(즉시), rat(쥐), sat(sit의 과거)
- jaw(턱), law(법), paw(동물의 발), raw(날것의), saw(see의 과거)
- tax(세금), wax(왁스)
- bay(만), day(날, 낮), gay(명랑한, 동성연애자), hay(건초), lay(놓다), lie의 과거), may(해도 좋다, 일지도 모른다), pay(지불하다), ray(광선), say(말하다), way(길)

- pea(완두), sea(바다), tea(차)
- bed(침대), led(lead의 과거), red(빨강), wed(결혼하다)
- bee(벌), fee(요금), pee(오줌), see(보다)
- beg(간청하다), leg(다리), peg(빨래집게)
- den(소굴), hen(암탉), ken(알다), men(man의 복수), pen(펜), ten(10), zen(불교의 선)
- bet(내기하다), get(얻다), jet(제트), let(시키다), met(meet의 과거), net(그물), pet(애완동물), set(놓다), wet(축축한)

- dew(이슬), few(소수의), hew(자르다), mew(야옹), new(새로운), sew(바느질하다)
- sex(성), vex(귀찮게 굴다)
- key(열쇠), hey(헤이)
- bid(입찰하다), did(do의 과거), hid(hide의 과거), kid(어린이), lid(뚜껑), mid(가운데), rid(제거하다)
- die(죽다), lie(거짓말하다, 눕다), pie(파이), tie(끈 매다), vie(겨루다)

- big(큰), dig(파다), fig(무화과), pig(돼지), wig(가발)
- dim(희미한), rim(가장자리)
- bin(큰 통), din(소음), fin(지느러미), gin(덫), kin(친척), pin(핀), sin(죄), tin(양철), win(이기다)
- dip(잠그다), hip(궁둥이), lip(입술), rip(찢다), sip(홀짝거리다), tip(기울이다, 뾰족한 끝)
- fir(전나무), sir(씨, 님)
- bit(조각), dit(모르스 신호의 딧), fit(알맞은), git(쓸모 없는 놈), hit(치다), kit(도구), lit(light의 과거), pit(구덩이), sit(앉다), wit(재치)
- fix(고정시키다), mix(섞다), six(6)

- job(직업), mob(오합지졸), rob(빼앗다), sob(흐느끼다)
- cod(대구), god(신), nod(끄덕이다), rod(회초리)
- foe(적), hoe(괭이), toe(발가락), woe(비애)
- dog(개), fog(안개), hog(식용돼지), jog(살짝 두드리다), log(통나무)
- son(아들), ton(톤), won(win의 과거)
- too(역시), zoo(동물원)
- cop(경찰), hop(한 발로 뛰다), mop(대걸레), top(정상)
- cot(오두막), dot(점), got(get의 과거), hot(뜨거운), jot(조금), lot(많은), not(아니다), pot(단지), rot(부패하다), sot(술고래)
- bow(활, 숙이다), cow(소), how(어떻게), low(낮은), mow(건초더미), now(지금), row(줄, 노젓다)

영단어 확장하기

- boy(소년), joy(기쁨), soy(콩), toy(장난감)
- box(상자), fox(여우)
- cry(울다), dry(마르다), fry(튀기다), pry(엿보다), try(노력하다), wry(일그러진)

- rub(닦다), tub(큰물통)
- bud(싹), mud(진흙)
- due(해야 할), hue(빛깔), rue(후회하다), sue(고소하다)
- bug(벌레), dug(dig의 과거), hug(껴안다), jug(물병), mug(큰 찻잔), rug(양탄자), tug(끌다)
- bum(게으름뱅이), gum(껌), rum(럼주), sum(합계)
- bun(작은 케이크), fun(놀이), gun(총), nun(수녀), run(달리다), sun(해)
- but(그러나), cut(자르다), gut(내장), hut(오두막), nut(땅콩), put(놓다)
- buy(사다), guy(사람)
- awe(경외), owe(빚지다)
- dye(염색하다), eye(눈), rye(호밀빵)

2. 4자

- face(얼굴), lace(레이스), pace(보폭), race(경주)
- back(뒤), hack(썰다), lack(결핍), pack(소포), rack(선반), sack(자루), tack(압정)
- fact(사실), pact(계약), tact(재치)
- bade(명령하다), fade(시들다), made(make의 과거)
- cafe(카페), safe(안전)
- raft(뗏목), waft(가볍게 날리다)
- cage(새장), page(쪽), rage(분노), sage(현명한), wage(급료)
- laid(lay의 과거), maid(하녀), paid(pay의 과거), raid(공습), said(say의 과거)
- bail(보석으로 석방하다), fail(실패하다), hail(우박), jail(감옥),

mail(우편), nail(못, 손톱), pail(양동이), rail(난간, 선로),
- sail(항해하다), tail(꼬리), wail(통곡하다)
- gain(얻다), lain(lie의 과거분사), main(주요한), pain(고통), rain(비), vain(쓸모 없는)
- fair(공정한), hair(머리카락), lair(동굴), pair(짝)
- bait(미끼), wait(기다리다)
- bake(빵을 굽다), cake(케이크), fake(속임수), lake(호수), make(만들다), rake(갈퀴), sake(동기), take(데려가다), wake(일어나다)
- bale(재앙), gale(질풍), male(남성의), pale(창백한), sale(팔다), tale(동화)
- calf(송아지), half(반)
- balk(방해하다), talk(말하다), walk(걷다)
- ball(공), call(부르다), fall(떨어지다), gall(쓸개), hall(홀, 구멍), mall(대형 백화점), tall(키 큰), wall(벽)
- balm(향기), calm(고요한), palm(손바닥)
- halt(정지시키다), malt(누룩), salt(소금)
- came(come의 과거), fame(명성), game(게임), lame(다리를 저는), name(이름), same(같은), tame(길든)
- camp(캠프), damp(축축한), lamp(등불), ramp(경사로)
- band(끈), hand(손), land(땅), sand(모래)
- cane(가는 줄기), lane(통로, 레인), mane(갈기), pane(한 장의 창유리), sane(분별 있는), wane(작아지다)
- bang(총소리), gang(갱), hang(매달다), pang(고통), rang(ring의 과거), sang(sing의 과거)
- bank(은행, 둑), rank(행렬), sank(sink의 과거), tank(탱크)
- pant(헐떡거리다), want(원하다)
- cape(곶), gape(갈라지다), rape(강간하다), tape(테이프)
- hard(어려운, 딱딱한), ward(감시하다), yard(뜰)
- bare(벗은), care(돌보다), dare(감히 하다), fare(요금), hare(산토끼), mare(암말), pare(껍질을 벗기다), rare(드문), ware(제품, 주의하다)

- bark(개가 짖다), dark(어둠), lark(종달새), mark(표시), park(공원)
- farm(농장), harm(손해), warm(따뜻한)
- barn(헛간), earn(열심히), warn(경고하다)
- cart(마차), dart(다트), fart(방귀), mart(시장), part(부분), tart(시큼한)
- base(꽃병), case(경우, 사례), vase(꽃병)
- bash(세게 치다), cash(현금), dash(돌진), lash(채찍), mash(사료), rash(발진), sash(새시), wash(씻다)
- mask(가면), task(임무)
- bass(저음의), lass(소녀), mass(다수), pass(지나가다)
- bast(나무껍질), cast(던지다, 배역을 맡다), fast(빠른), last(마지막), mast(돛대), past(지난), vast(거대한)
- bate(숨을 죽이다), date(날짜), fate(운명), gate(문), hate(싫어하다), late(늦은), mate(친구), rate(비율)
- bath(목욕), math(수학), oath(맹세), path(길)
- cave(동굴), gave(give의 과거), have(가지고 있다), pave(포장하다), save(저축하다, 구하다), wave(파도)
- dawn(새벽), lawn(잔디), pawn(보증하다, 저당하다)
- gaze(응시, 주시), haze(아지랑이), maze(미궁)

- bead(구슬), dead(죽은), head(머리), lead(납), read(읽다)
- deaf(귀머거리), leaf(잎)
- beak(부리), leak(누설), peak(정상), teak(티크), weak(약한)
- deal(분배하다), heal(치료하다), meal(음식), real(실제로), seal(물개), veal(송아지 고기), zeal(열의)
- beam(광선, 대들보), ream(다수의), seam(솔기), team(팀)
- bean(콩), dean(학장), jean(진), lean(기대다), mean(의미하다)
- heap(퇴적), leap(뛰어오르다), reap(수확하다)
- bear(곰), dear(사랑하는), fear(공포), gear(기어), hear(듣다), near(가까이), pear(배), rear(뒤, 기르다), tear(눈물, 찢다), wear(입다), year(해, 년)

- beat(두드리다), feat(공적), heat(뜨거워지다), meat(고기), neat(말 쑥한), seat(의자), teat(고무 젖꼭지)
- deck(갑판), neck(목), peck(쪼다)
- deed(행동), feed(먹이), heed(주의하다), need(필요하다), seed(씨), weed(잡초)
- meek(온순한), peek(엿보다), seek(찾다), week(주)
- feel(느끼다), heel(뒤꿈치), peel(껍질을 벗기다), reel(릴, 물레)
- deem(생각하다), seem(보인다), teem(풍부하다)
- been(be의 과거분사), keen(날카로운), seen(see의 과거분사), teen(10대)
- beep(삐하는 신호), deep(깊은), jeep(지프), keep(지키다, 유지하다), peep(엿보기), weep(울다)
- beer(맥주), deer(사슴), jeer(비웃다), peer(자세히 보다)
- beet(사탕무), feet(foot의 복수), meet(만나다)
- deft(솜씨 좋은), left(왼쪽)
- rein(고삐), vein(정맥)
- held(hold의 과거), weld(용접하다)
- bell(종), cell(세포), fell(fall의 과거), hell(지옥), sell(팔다), tell(말하다), well(잘), yell(소리치다)
- belt(벨트), felt(feel의 과거), melt(녹다), pelt(내던지다, 모피)
- bend(구부리다), lend(빌려주다), mend(수선하다), pend(미결인 채로 있다), send(보내다), tend(~경향이 있다)
- bent(bend의 과거), cent(센트), dent(움푹 들어가다), lent(lend의 과거), rent(빌리다), sent(send의 과거), tent(텐트), went(go의 과거)
- here(여기), mere(~에 불과한)
- germ(싹틈), term(기간)
- less(보다 적은), mess(어수선한)
- best(가장 좋은), jest(농담), lest(~하지 않도록), nest(둥지), pest(흑사병), rest(쉬다), test(시험), west(서쪽), zest(맛)

- dice(주사위), lice(louse의 복수), mice(mouse의복수), nice(좋은),

영단어 확장하기 399

rice(쌀), vice(악)
- kick(차다), lick(핥다), pick(따다), sick(아프다), tick(똑딱똑딱)
- aide(부관), bide(때를 기다리다), hide(숨다), ride(타다), side(옆), tide(조수), wide(넓은)
- life(생활), wife(부인)
- gift(선물), lift(들어올리다), sift(체로 치다)
- high(높은), sigh(한숨)
- bike(자전거), hike(하이킹), like(좋아하다)
- gild(금도금하다), mild(부드러운), wild(거친)
- file(파일), mile(마일), pile(말뚝), tile(타일), vile(비열한)
- milk(우유), silk(비단)
- bill(지폐, 청구서), fill(채우다), hill(언덕), kill(죽이다), mill(방앗간), pill(알약), till(~까지), will(~일 것이다)
- hilt(칼자루), kilt(킬트), tilt(경사지다)
- dime(10센트 동전), lime(석회), mime(무언극), time(시간)
- limp(약한), pimp(포주)
- bind(묶다), find(찾다), kind(친절한, 종류), mind(기억), wind(바람)
- dine(정찬을 먹다), fine(좋은), line(선), mine(내 것, 광산), nine(9), vine(포도덩굴), wine(포도주)
- king(왕), ring(울리다, 고리), sing(노래하다)
- link(이어지다), mink(밍크), pink(분홍), rink(스케이트장), sink(가라앉다), wink(윙크)
- dint(~에 의해), hint(힌트), mint(박하), tint(엷은 빛깔)
- pipe(관), ripe(익은), wipe(닦다)
- dire(무시무시한), fire(불), hire(빌리다), tire(타이어), wire(철사)
- rise(떠오르다), wise(현명한)
- dish(접시), fish(물고기), wish(바라다)
- disk(원판), risk(모험, 위험)
- hiss(쉿소리), kiss(키스), miss(그리워하다, 놓치다), piss(오줌)
- fist(주먹), list(목록), mist(안개)
- bite(물다), cite(인용하다), kite(연), mite(약간의 기부), rite(의식),

site(터, 자리)
- city(도시), pity(동정)
- dive(잠수), five(5), give(주다), hive(벌집), jive(스윙), live(살다)
- chip(조각), ship(배), whip(채찍)

- load(짐), road(길), toad(두꺼비)
- coal(석탄), goal(목표)
- foam(거품), roam(방랑하다)
- loan(빌리다), moan(신음 소리)
- boar(멧돼지), roar(포효), soar(치솟다)
- boat(배), coat(코트), goat(염소)
- cock(수탉), dock(부두), lock(자물쇠), mock(놀리다), rock(바위), sock(양말)
- bode(징조), code(부호), mode(양식), rode(ride의 과거)
- loft(다락), soft(부드러운)
- boil(끓다), coil(코일), foil(얇은 박), soil(토양), toil(꾸준히 일하다)
- coin(동전), join(연합하다), loin(허리)
- coke(콜라), joke(농담), woke(wake의 과거), yoke(멍에)
- bold(대담한), cold(추운), fold(접다), gold(금), hold(잡다), mold(거푸집, 곰팡이), sold(sell의 과거), told(tell의 과거)
- dole(베풀다), hole(구멍), mole(두더지, 점), pole(극), role(배역), sole(유일한, 발바닥)
- doll(인형), poll(투표), roll(굴리다), toll(통행료)
- bolt(나사), jolt(덜컹덜컹 흔들다)
- bomb(폭탄), comb(빗), tomb(무덤), womb(자궁)
- come(오다), dome(돔), home(집), Rome(로마), some(어떤)
- bond(접착, 채권), fond(좋아하다), pond(연못)
- bone(뼈), cone(원뿔), done(do의 과거분사), gone(go의 과거분사), lone(홀로), none(아무도 ~하지 않는다), zone(지역)
- long(긴), song(노래)
- honk(경적), monk(수도승)

- food(음식), good(좋은), hood(두건, 후드), mood(분위기), wood(나무)
- hoof(발굽), roof(지붕)
- book(책), cook(요리), hook(갈고리), look(보다), took(take의 과거)
- cool(시원한), fool(바보), pool(수영장), tool(도구), wool(모직)
- boom(번창), doom(죽음, 운명), loom(베틀, 어렴풋이 보이다), room(방), zoom(줌)
- moon(달), noon(정오), soon(곧)
- hoop(테), loop(고리, 피임기구)
- door(문), poor(가난한), moor(황무지)
- boot(장화), foot(발), root(뿌리), soot(매연)
- cope(처리하다, 법의)), dope(마취제), hope(희망), pope(교황), rope(밧줄)
- cord(끈), ford(강의 얕은 곳), lord(군주), word(낱말)
- bore(지루하다), core(핵심), lore(전문지식), more(더욱), sore(슬픈), tore(tear의 과거), wore(wear의 과거)
- fork(포크), pork(돼지고기), work(일하다)
- dorm(dormitory의 줄임말), form(모양), norm(표준), worm(벌레)
- born(bear의 과거분사), corn(옥수수), horn(뿔), torn(tear의 과거분사), worn(wear의 과거분사)
- fort(요새), port(항구), sort(분류)
- dose(복용량), hose(호스), lose(잃다), nose(코), pose(자세), rose(장미)
- boss(상관), loss(상실), moss(이끼), toss(던지다)
- cost(비용), host(주인), lost(lose의 과거), most(가장), post(우편)
- note(공책, 기록하다), vote(선거하다)
- both(둘다), moth(나방)
- foul(고약한), soul(영혼)
- coup(불시의 행동), soup(스프)
- four(4), hour(시간), pour(소나기), sour(신맛), tour(여행), your(당신의)
- dove(비둘기), love(사랑), move(움직이다), rove(헤메다)
- bowl(사발), fowl(새), howl(울부짖는 소리)

- down(아래), gown(가운), mown(mow[풀을 베다]의 과거분사), sown(sow의 과거분사), town(마을)
- doze(졸다), ooze(진흙)

- much(많은), such(같은)
- duck(오리), luck(결핍된), suck(빨아내다), tuck(장식 주름)
- nude(벗은), rude(버릇없는)
- duel(겨루기), fuel(연료)
- quit(그만두다), suit(정장, 소송)
- mule(노새), rule(규칙)
- bull(황소), dull(둔한), full(가득찬), gull(갈매기), lull(누그러뜨리다), pull(당기다)
- dumb(벙어리의), numb(마비된)
- bump(부딪치다), dump(쓰레기 더미), jump(뛰어오르기), lump(덩어리), pump(펌프)
- dune(모래 언덕), June(6월), tune(곡조)
- hung(hang의 과거분사), lung(폐), rung(ring의 과거분사), sung(sing의 과거분사)
- bunk(침상), dunk(적시다), junk(쓰레기, 육포), punk(불쏘시개)
- aunt(아주머니), bunt(받다, 번트), hunt(사냥하다)
- cure(치료하다), lure(미끼, 유혹), pure(순수한), sure(확실한)
- curl(곱슬곱슬하게 하다), hurl(세게 내던지다)
- burn(불타다), turn(돌다)
- bury(매장하다), fury(분노), jury(배심원단)
- fuse(도화선), muse(음악의 신)
- gush(분출하다), hush(조용히 하다), push(밀다), rush(돌진하다)
- dusk(황혼), husk(껍질), rusk(딱딱한 비스켓)
- bust(가슴), dust(먼지), gust(돌풍), just(지금), lust(욕망), must(~해야 한다), oust(해고하다), rust(녹)
- cute(귀여운), mute(침묵의)

- clap(손뼉치다, 파열음), flap(날개치다), slap(찰싹)
- flat(평평한), slat(슬레이트)
- claw(집게발), flaw(결점)
- clay(진흙), play(놀다, 연주하다), slay(죽이다)
- flee(달아나다), glee(기쁨)
- clog(방해하다), flog(채찍질하다), slog(강타하다, 꾸준히하다)
- blot(얼룩), plot(도면을 작성하다), slot(홈)
- blow(불다), flow(흐르다), glow(작열하다), plow(쟁기), slow(천천히)
- blue(푸른), clue(실마리), glue(접착제)
- blur(흐리다, 얼룩), slur(말을 분명하지 않게 하다)
- knit(니트), unit(단위)
- crab(게), grab(움켜쥐다)
- trap(덫), wrap(포장하다)
- gray(회색), pray(기도하다), tray(쟁반)
- free(자유), tree(나무)
- brew(술을 빚다), crew(승무원전원), drew(draw의 과거)
- grey(회색), prey(먹이)
- cram(밀어넣다), gram(그램), tram(전차)
- brim(가장자리), grim(엄한), trim(다듬다)
- drip(똑똑 떨어지다), grip(꼭 쥐다), trip(여행)
- crop(추수하다), drop(떨어뜨리다), prop(버팀목)
- brow(눈썹), crow(까마귀), grow(성장하다), prow(뱃머리)

3. 5자

- cable(전선), fable(우화), gable(박공지붕), sable(담비), table(탁자)
- daddy(아빠), paddy(벼), waddy(전투용 곤봉)
- faint(희미한), paint(페인트), saint(성인), taint(감염)
- dairy(낙농), fairy(요정)
- naive(소박한), waive(포기하다)
- rally(모이다, 대회), sally(출격), tally(득점, 계산)

- banal(평범한), canal(운하)
- dance(춤), lance(창, 작살)
- march(행진), parch(볶다)
- barge(바지선), large(큰)
- carry(운반하다), harry(유린하다), marry(결혼하다), tarry(타르질의)
- harsh(거친), marsh(늪)
- basis(근거, 기초), oasis(오아시스)
- haste(서두르다), paste(반죽), taste(맛), waste(버리다)
- batch(한솥), catch(잡다), hatch(부화하다), latch(빗장), patch(헝겊 조각), watch(보다)
- fault(결점), vault(둥근천장)
- daunt(기세를 꺾다), haunt(자주 만나다)
- cause(원인), pause(잠시 멈춤)
- favor(호의), savor(맛)

- beach(해변), leach(거르다), peach(복숭아), reach(도달하다), teach(가르치다)
- beard(턱수염), heard(hear의 과거)
- learn(배우다), yearn(갈망하다)
- cease(중지하다), lease(빌리다), tease(놀리다)
- beast(야수), feast(연회), least(가장 작은), yeast(효모)
- heave(들어올리다), leave(떠나다), weave(짜맞추다)
- medal(메달), pedal(발판)
- hedge(산울타리), ledge(선반), wedge(쐐기)
- legal(합법의), regal(국왕의)
- feign(~인 체하다), reign(통치하다)
- delay(미루다), relay(계주)
- felon(중죄인), melon(메론)
- demon(악마), lemon(레몬)
- cense(분향하다), dense(밀집한), sense(센스), tense(긴장한)
- nerve(신경쓰이는), serve(봉사하다)

- berry(열매), ferry(연락선), merry(즐거운)
- metal(금속의), petal(꽃잎)
- deter(단념시키다), meter(미터)
- fever(열), lever(지레), never(결코 ~하지 않다), sever(절단하다)

- niece(조카딸), piece(조각)
- field(들), wield(휘두르다), yield(양보하다)
- fight(싸우다), light(등불, 가벼운), might(may의 과거, 힘), right(옳은, 오른쪽, 권리), sight(시력, 풍경), tight(단단한)
- rigor(엄격), vigor(정력, 활기)
- mince(잘게 썰다), since(~이래), wince(주춤하다)
- hinge(경첩), tinge(엷은 색조)
- viper(독사), wiper(와이퍼)
- bitch(암컷), ditch(도랑), hitch(걸어매다), pitch(던지다), witch(마녀)
- diver(잠수부), liver(간), river(강)

- black(검은), slack(느슨한)
- blame(빈난하다), flame(불길)
- blank(빈), flank(측면, 옆구리), plank(두꺼운 판자)
- plant(식물), slant(비스듬한)
- clash(충돌, 땡그렁), flash(번쩍이다), slash(깊이 베다), plash(철썩철썩)
- class(학급, 계급), glass(유리)
- clate(우쭐대는), plate(판, 접시), slate(슬레이트)
- clean(청소하다), glean(줍다)
- glide(활주하다), slide(미끄러지다)
- cling(달라붙다), fling(내던지다), sling(투석기)
- block(덩어리, 블록), clock(시계), flock(무리)
- bloom(꽃이 피다), gloom(어두운, 우울한)
- blood(피), flood(홍수)
- blown(blow의 과거분사), clown(광대), flown(fly의 과거분사)

- cloth(옷), sloth(나태)

- porch(현관), torch(횃불)
- coach(마차, 코치), roach(바퀴벌레)
- boast(자랑하다), coast(연안), roast(굽다), toast(토스트)
- hobby(취미), lobby(현관 로비, 로비하다)
- local(지역의), vocal(목소리의)
- cocky(건방진), rocky(바위 같은)
- dodge(피하다), lodge(숙박하다, 통나무집)
- rogue(깡패, 악한), vogue(유행)
- joint(이음새, 관절), point(요점)
- hoist(끌어올리다), moist(축축한)
- folly(어리석음), jolly(명랑한)
- honey(꿀), money(돈)
- donor(기증자), honor(명예)
- lorry(화물차), sorry(유감, 미안하다), worry(걱정이다)
- goose(거위), loose(풀린)
- boost(밀어올리다), roost(횃대)
- booth(노점, 전화박스), tooth(이)
- coral(산호), moral(도덕의)
- horse(말), worse(보다 나쁜)
- couch(소파), touch(만지다), vouch(보증하다)
- bough(큰가지), cough(기침), dough(반죽), rough(거친), tough(거친)
- bound(묶음, 튀어오르다), found(find의 과거), hound(사냥개), mound(흙무덤), round(둥근), sound(소리), wound(부상)
- count(수를 세다), mount(산, 오르다)
- house(집), louse(이), mouse(쥐), rouse(깨우다)
- mouth(입), south(남쪽), youth(젊은)
- cover(덮개), hover(비상하다)
- bowel(창자), towel(수건), vowel(모음)
- lower(낮추다), mower(잔디 깎기), power(힘), tower(탑)

○ loyal(충성스러운), royal(왕궁의)

○ brace(버팀대로 받치다), grace(우아한), trace(추적하다)
○ crack(갈라진 금, 날카로운 소리), track (흔적)
○ grade(성적, 등급), trade(무역)
○ craft(기능), draft(도안), graft(뇌물)
○ brand(상표), grand(웅장한)
○ crank(굴곡), drank(drink의 과거), frank(솔직한), prank(농담)
○ crash(추락, 파괴), trash(쓰레기)
○ brass(놋쇠), grass(풀)
○ crate(나무상자), grate(비비다, 갈다)
○ brave(용감한), crave(열망하다), grave(무덤, 무거운)
○ craze(미치게 하다), graze(풀을 뜯어먹다)
○ break(깨뜨리다), creak(삐걱거리다), freak(변덕)
○ cream(크림), dream(꿈)
○ great(위대한), treat(다루다)
○ breed(기르다), creed(교의, 신조), greed(탐욕)
○ creek(시내), Greek(그리스)
○ dress(옷), press(누르다)
○ crest(볏), wrest(비틀다)
○ bribe(뇌물), tribe(부족)
○ brick(벽돌), prick(찌르다), trick(속임수, 묘기)
○ bride(신부), pride(자신감)
○ brief(믿음), grief(슬픔)
○ drill(기술), grill(석쇠)
○ crime(범죄), prime(제1의)
○ prong(갈퀴), wrong(잘못된)
○ brink(가장자리), drink(마시다)
○ broom(빗자루), groom(신랑)
○ cross(교차하다, 십자가), gross(뚱뚱한)
○ brown(갈색의), crown(왕관), drown(익사하다), frown(찡그리다),

grown(grow의 과거분사)
- drunk(drink의 과거분사), trunk(트렁크)
- brush(솔), crush(눌러서 뭉개다)
- crust(빵 껍질, 딱딱한 표면), trust(믿음)

- judge(재판관), nudge(슬쩍 찌르다)
- bully(귀찮게 하다), dully(둔하게), fully(충분)
- built(build의 과거), guilt(유죄의), quilt(누비 이불)
- humor(유머), rumor(소문), tumor(종기)
- bunch(다발), hunch(혹, 예감), lunch(점심), munch(우적우적 씹다), punch(천공기, 주먹질)
- bunny(토끼), funny(재미있는), sunny(맑은)
- purge(속죄하다), surge(들끓다)
- curse(저주하다), nurse(간호사), purse(지갑)
- dwell(살다), swell(늘다)
- swine(돼지), twine(꼬다)

4. 6자

- babble(서투른 말), dabble(물을 튀기다), gabble(지껄이다)
- jacket(재킷), packet(한 묶음), racket(라켓)
- paddle(짧고 폭넓은 노), saddle(안장)
- fallow(휴경지), gallows(교수형), hallow(숭배하다), sallow(혈색이 나쁜), tallow(수지), wallow(뒹굴다)
- gamble(도박하다), ramble(거닐다)
- camper(야영자), hamper(방해하다), pamper(응석받다), tamper(참견하다)
- candle(촛불), handle(손잡이)
- danger(위험), hanger(옷걸이), manger(여물통), ranger(방랑자)
- dangle(매달리다), mangle(탈수기), tangle(엉키게 하다)
- sanity(제정신), vanity(허영심)

- banner(깃발), manner(예절, 방식)
- capture(붙잡다), rapture(환희)
- marble(대리석), warble(지저귀다)
- garden(정원), harden(딱딱해지다), warden(관리인)
- carrot(당근), parrot(앵무새)
- harrow(써레), marrow(골수), narrow(좁은)
- basket(바구니), casket(작은상자), gasket(개스킷)
- massive(대량의), passive(수동적인)
- Easter(부활절), master(주인, 대가)
- latent(잠재의), patent(특허)
- father(아버지), gather(모이다), rather(오히려)
- nation(국가), ration(일정한 배급량)
- batter(타자, 연타하다), latter(후반의), matter(문제), patter(후두둑 떨어지다), tatter(넝마)
- battle(전투), cattle(소), rattle(덜걱덜걱 소리내다)
- mature(성숙한), nature(자연의)
- cavern(동굴), tavern(선술집)
- lavish(아낌없는), ravish(강탈하다)

- beacon(봉홧불, 수로표지), deacon(집사, 부제사장)
- leader(지도자), reader(독자)
- health(건강), wealth(부)
- dearth(부족), hearth(난로)
- reason(이유), season(계절)
- heaven(천국), leaven(효모)
- beaver(비버), weaver(직조공)
- decent(지체 있는, 예의바른), recent(최근의)
- beckon(손짓으로 부르다), reckon(계산하다)
- rector(교구목사), sector(부문)
- reduce(감소하다), seduce(부추기다)
- height(높이), weight(무게)

- bellow(큰소리로 울다), fellow(사람), mellow(감미로운), yellow(노란)
- gender(성), render(~하게 하다, 봉사하다), tender(부드러운)
- denial(부인, 부정), genial(온화한), menial(천한), penial(음경의), venial(경미한)
- censor(검열관), sensor(감지기)
- dental(치과의), mental(정신의), rental(임대료)
- design(디자인), resign(사임하다)
- kettle(주전자), settle(정착)
- better(더욱 좋은), fetter(족쇄), letter(편지)

- picket(말뚝, 피켓), ticket(표), wicket(입구)
- fickle(변덕스런), pickle(피클), tickle(간질이다)
- fiddle(바이올린), middle(가운데), riddle(수수께끼)
- fierce(흉포한), pierce (꿰찌르다)
- billow(큰 물결), pillow(베개), willow(버드나무)
- dimple(보조개), pimple(여드름), simple(간단한)
- finger(손가락), ginger(생강), linger(오래 머무르다), singer(가수)
- jingle(짤랑짤랑), mingle(섞다), single(혼자), tingle(따끔따끔 아프다)
- dinner(저녁식사), sinner(죄인), winner(승리자)
- kitten(새끼고양이), mitten(벙어리장갑)
- lizard(도마뱀), wizard(마법사)

- clamor(외치는 소리), glamor(매력)
- pledge(서약, 맹세), sledge(썰매)
- alight(내리다), blight(마름병), flight(비행), plight(곤경), slight(약간의)

- pocket(주머니), rocket(로켓), socket(소켓)
- follow(따르다), hollow(속이 빈)
- foment(찜질하다), moment(순간)
- ponder(숙고하다), wonder(놀라다, 궁금해하다)

- donkey(당나귀), hockey(하키), jockey(기수, 운전수), monkey(원숭이)
- booster(후원자), rooster(수탉)
- forbid(금지하다), morbid(병적인)
- formal(형식적인), normal(정상의)
- borrow(빌리다), sorrow(슬픔)
- foster(기르다), poster(포스터)
- bother(괴롭히다), mother(어머니)
- lotion(로션), motion(행동), notion(관념)
- bounce(되튀다), pounce(달려들다)
- bounty(관대, 장려금), county(군)

- breath(호흡), wreath(화환)
- breeze(미풍), freeze(얼다)
- drench(흠뻑 젖다), French(프랑스의), trench(도랑, 참호), wrench(비틀다)
- bright(밝은), fright(공포)
- browse(연한 잎), drowse(꾸벅꾸벅 졸다)
- bruise(멍들다), cruise(순항하다)

- bubble(거품), rubble(잡석)
- cuddle(꼭 껴안다), huddle(뒤죽박죽 쌓아올리다), muddle(혼합하다)
- fumble(더듬다), humble(겸손한, 천한), jumble(뒤죽박죽 만들다), mumble(중얼거리다), rumble(우르르 덜커덕), tumble(굴리다)
- dumber(바보), lumber(목재), number(숫자)
- funnel(깔때기), tunnel(터널)
- burrow(굴, 피난처), furrow(밭고랑)
- bustle(부산하게 움직이다), hustle(거칠게 밀다), rustle(바스락거리다)
- butter(버터), gutter(홈통), mutter(중얼거리다)
- button(단추), mutton(양고기)
- muzzle(주둥이), puzzle(수수께끼)

5. 7자

- martial(호전적인), partial(부분적인, 불공평한)
- garnish(장식물), tarnish(변색시키다), varnish(유약, 니스)
- massage(마사지), passage(통행)

- jealous(질투심 많은), zealous(열광적인)
- feather(깃털), heather(히스 속 식물), leather(가죽), weather(날씨)
- deceive(속이다), receive(받다)
- believe(믿다), relieve(안도하다)
- pension(연금), tension(긴장)

- billion(10억), million(백만)
- plumber(배관공), slumber(선잠)
- bluster(거세게 몰아치다), cluster(송이, 무리)

- fortify(요새화하다), mortify(극복하다)
- hostage(인질), postage(우편요금)

- crammer(주입식 교육), grammar(문법)
- crumble(부스러뜨리다), grumble(투덜거리다)
- burgeon(싹), surgeon (외과의사)

- dwindle(줄다), swindle(사취하다)

6. 8자

- generate(낳다, 발생시키다), venerate(존경하다)
- beverage(음료수), leverage(지레 장치)

- litigate(제소하다), mitigate(완화하다)

공통 접미어법

공통 접미어법에 해당하는 동사들은 일부 명사형이 틀리거나 명사형이 없는 것도 있으므로 참고하시기 바랍니다.

- cede
　　concede(인정하다) ⇨ n. concession(용인)
　　precede(~에 우선하다) ⇨ n. precession(전진)
　　recede(물러나다) ⇨ n. recession(후퇴)
- ceed
　　exceed(초과하다) ⇨ n. excess(초과)
　　proceed(나아가다) ⇨ n. process(진행)
　　succeed(성공하다) ⇨ n. success(성공)
- ceive
　　conceive(마음에 품다) ⇨ n. conception(개념)
　　deceive(속이다) ⇨ n. deception(사기)
　　perceive(감지하다) ⇨ n. perception(지각)
　　receive(받다) ⇨ n. reception(수령)
- cept
　　accept(시도하다) ⇨ n. acceptance(수납)
　　concept(개념) ⇨ n. conception(개념화)
　　except(제외하다) ⇨ n. exception(제외)
　　intercept(가로채다) ⇨ n. interception(가로챔)
- cern
　　concern(관계하다) ⇨ n. concernment(관계)
　　discern(분별하다) ⇨ n. discernment(분별)
- cite
　　cite(인용하다) ⇨ n. citation(인용)
　　excite(흥분되다) ⇨ n. excitement(흥분)
　　incite(자극하다) ⇨ n. incitement(자극)

recite(암송하다) ⇨ n. recitation(암송)

- claim

　　acclaim(환호하다) ⇨ n. acclamation(갈채)
　　disclaim(기권하다) ⇨ n. disclamation(기권)
　　exclaim(외치다) ⇨ n. exclamation(외침)
　　proclaim(포고하다) ⇨ n. proclamation(포고)

- close

　　disclose(폭로하다) ⇨ n. disclosure(폭로)
　　enclose(둘러싸다) ⇨ n. enclosure(둘러쌈)

- clude

　　conclude(결론짓다) ⇨ n. conclusion(결론)
　　exclude(제외하다) ⇨ n. exclusion(제외)
　　include(포함하다) ⇨ n. inclusion(포함)
　　preclude(방해하다, 제외하다) ⇨ n. preclusion(방해, 제외)
　　seclude(분리하다) ⇨ n. seclusion(격리)

- cur

　　concur(일치하다) ⇨ n. concurrence(일치)
　　incur(~에 부딪치다) ⇨ n. incurrence([손해 등을] 입음)
　　occur(일어나다) ⇨ n. occurrence(발생)
　　recur(되돌아가다) ⇨ n. recurrence(재현)

- cute

　　execute(실행하다) ⇨ n. execution(실행)
　　persecute(괴롭히다) ⇨ n. persecution(박해)
　　prosecute(기소하다, 해내다) ⇨ n. prosecution(기소, 수행)

- dict

　　addict(중독되다) ⇨ n. addiction(탐닉)
　　contradict(부인하다) ⇨ n. contradiction(부인)
　　predict(예언하다) ⇨ n. prediction(예언)

- duce

　　deduce(추론하다) ⇨ n. deduction(추론)
　　introduce(소개하다) ⇨ n. introduction(소개)

produce(생산하다) ⇨ n. production(생산)
reduce(감소하다) ⇨ n. reduction(감소)
seduce(꾀다) ⇨ n. seduction(유혹)
- duct
abduct(유괴하다) ⇨ n. abduction(유괴)
conduct(지휘하다) ⇨ n. conduction(유도)
deduct(공제하다) ⇨ n. deduction(공제)
product(생산품)
- fect
affect(영향)
defect(결점)
effect(효과)
perfect (완벽한) ⇨ n. perfection(완벽)
- fend
defend(방어하다) ⇨ n. defense(방어)
offend(공격하다) ⇨ n. offense(공격)
- fer
confer(수여하다, 의논하다) ⇨ n. conferment(수여)
defer(연기하다) ⇨ n. deferment(연기)
differ(다르다) ⇨ n. difference(차이)
infer(추리하다) ⇨ n. inference(추리)
offer(제공하다)
prefer(좋아하다) ⇨ n. preference(더 좋아함)
refer(~에 돌리다, 위탁하다) ⇨ n. reference(관련, 위탁)
transfer(옮기다) ⇨ n. transference(이전)
- fess
confess(고백하다) ⇨ n. confession(자백)
profess(공언하다) ⇨ n. profession(공언)
- fine
confine(한정하다) ⇨ n. confinement(국한)
define(규정짓다) ⇨ n. definition(정의)

refine(세련되다) ⇨ n. refinement(세련)

- firm
    - affirm(단언하다) ⇨ n. affirmation(확언)
    - confirm(확실히 하다) ⇨ n. confirmation(확정)

- flict
    - afflict(괴롭히다) ⇨ n. affliction(고통)
    - conflict(싸우다) ⇨ n. confliction(싸움)
    - inflict(고통을 주다) ⇨ n. infliction(형벌)

- form
    - conform(적합하다) ⇨ n. conformation(적합)
    - inform(알리다) ⇨ n. information(통지)
    - perform(실행하다) ⇨ n. performance(실행)
    - reform(재편성하다) ⇨ n. reformation(재편성)
    - transform(변형시키다) ⇨ n. transformation(변형)

- fuse
    - confuse(혼동하다) ⇨ n. confusion(혼동)
    - infuse(주입하다) ⇨ n. infusion(주입)
    - refuse(거절하다) ⇨ n. refusion(거절)

- grade
    - degrade(지위를 낮추다) ⇨ n. degradation(좌천)
    - upgrade(향상시키다)

- gress
    - aggress(시비를 걸다) ⇨ n. aggression(침략)
    - congress(회의)
    - progress(발전하다) ⇨ n. progression(발전)
    - transgress(어기다, 한계를 넘다) ⇨ n. transgression(위반)

- hibit
    - exhibit(전시하다) ⇨ n. exhibition(전람회)
    - inhibit(금하다) ⇨ n. inhibition(금지)
    - prohibit (금지하다) ⇨ n. prohibition(금지)

- ject

　　　　deject(기를 죽이다) ⇨ n. dejection(실의)
　　　　inject(주사놓다) ⇨ n. injection(주사)
　　　　object(반대하다) ⇨ n. objection(반대)
　　　　reject(거절하다) ⇨ n. rejection(거절)
　　　　subject(주제, 지배하다) ⇨ n. subjection(정복)

- mand
　　　　command(명령하다) ⇨ n. commandment(명령)
　　　　demand(수요, 요구하다)

- merge
　　　　emerge(나타나다) ⇨ n. emergence(출현)
　　　　merge(합병하다) ⇨ n. mergence(합병)
　　　　submerge(물에 잠기다) ⇨ n. submergence(침수)

- mit
　　　　admit(허락하다) ⇨ n. admission(허가)
　　　　commit(위임하다) ⇨ n. commission(위임)
　　　　emit(발산하다) ⇨ n. emission(발산)
　　　　omit(빼다) ⇨ n. omission(생략)
　　　　remit(보내다) ⇨ n. remission(송금)
　　　　submit(복종시키다) ⇨ n. submission(복종)
　　　　transmit(발송하다) ⇨ n. transmission(전달)
　　　　cf. limit(제한하다), summit(정상), vomit(토하다)

- mount
　　　　amount(총량)
　　　　surmount(이겨내다, 오르다)

- nounce
　　　　announce(발표하다) ⇨ n. announcement(발표)
　　　　denounce(공공연히 비난하다) ⇨ n. denunciation(공공연한 비난)
　　　　pronounce(발음하다) ⇨ n. pronunciation(발음)
　　　　renounce(포기하다, 부인하다) ⇨ n. renunciation(포기, 부인)

- part
　　　　compart(구획하다) ⇨ n. compartment(구획)

depart(출발하다) ⇨ n. departure(출발)
impart(나누어주다) ⇨ n. impartation(나누어 줌)

- pate
  - anticipate(예상하다) ⇨ n. anticipation(예기)
  - dissipate(흩뜨리다) ⇨ n. dissipation(소실)
  - participate(참여하다) ⇨ n. participation(참가)
- pect
  - expect(기대하다) ⇨ n. expectation(기대)
  - inspect(조사하다) ⇨ n. inspection(정밀검사)
  - respect(존경하다)
  - suspect(의심하다) ⇨ n. suspicion(의심)
- pel
  - compel(강제하다) ⇨ n. compulsion(강제)
  - dispel(흩뜨리다)
  - expel(쫓아내다) ⇨ n. expulsion(배제)
  - impel(재촉하다)
  - propel(추진하다) ⇨ n. propulsion(추진)
  - repel(쫓아버리다)
- pend
  - depend(의존하다) ⇨ n. dependence(의존)
  - expend(소비하다) ⇨ n. expense(지출)
  - spend(소비하다, 쓰다) ⇨ n. spending(소비, 지출)
  - suspend(매달다, 중지하다) ⇨ n. suspension(매달리기)
- plete
  - complete(완전하다) ⇨ n. completion(완성)
  - deplete (고갈시키다) ⇨ n. depletion(고갈)
- plore
  - deplore(한탄하다) ⇨ n. deplorability(비통)
  - explore(탐험하다) ⇨ n. exploration(탐험)
  - implore(애원하다) ⇨ n. imploration(애원)

- ploy
    - deploy(배치하다) ⇨ n. deployment(전개)
    - employ(고용하다) ⇨ n. employment(고용)
- ply
    - apply(적용하다) ⇨ n. application(적용)
    - comply(동의하다) ⇨ n. compliance(응낙)
    - imply(함축하다) ⇨ n. implication(함축)
    - multiply(곱하다) ⇨ n. multiplication(증가)
    - reply(대답하다) ⇨ n. replication(회답)
- pute
    - compute(계산하다) ⇨ n. computation(계산)
    - dispute(논쟁하다) ⇨ n. disputation(논쟁)
    - impute(~탓으로 돌리다) ⇨ n. imputation(전가)
    - repute(평판)
- port
    - export(수출하다) ⇨ n. exportation(수출)
    - import(수입하다) ⇨ n. importation(수입)
    - report(보고하다)
    - support(도와주다)
    - transport(수송하다)
- pose
    - compose(조립하다) ⇨ n. composition(조립)
    - dispose(배치하다) ⇨ n. disposition(배치)
    - impose(부과하다, 강요하다) ⇨ n. imposition(부과)
    - propose(제안하다) ⇨ n. proposition(제안)
- press
    - compress(압축하다) ⇨ n. compression(압축)
    - depress(우울하게하다) ⇨ n. depression(우울)
    - express(표현하다) ⇨ n. expression(표현)
    - impress(감명주다) ⇨ n. impression(감명)
    - oppress(압박하다) ⇨ n. oppression(압박)

press(누르다, 신문) ⇨ n. pressure(억압)
repress(억누르다) ⇨ n. repression(진압)
suppress (억압하다) ⇨ n. suppression(억압)

- prove
approve(승인하다) ⇨ n. approval(찬성)
improve(개선하다) ⇨ n. improvement(개선)

- quest
conquest(정복하다)
quest(탐색)
request(요구)

- quire
acquire(얻다) ⇨ n. acquirement(획득)
inquire(질문하다) ⇨ n. inquisition(조사, 심문)
require(요구하다) ⇨ n. requirement(요구)

- rect
correct(수정하다) ⇨ n. correction(수정)
erect(똑바로 선) ⇨ n. erection(직립)

- rest
arrest(체포하다)
interest(관심이 있다, 이익)
rest(쉬다)

- rupt
abrupt(뜻밖의) ⇨ n. abruption((갑작스런)중단)
bankrupt(파산하다) ⇨ n. bankruptcy(파산)
corrupt(부정한) ⇨ n. corruption(타락)
disrupt(찢어발기다) ⇨ n. disruption(붕괴)
erupt(분출하다) ⇨ n. eruption(분출)
interrupt(방해하다) ⇨ n. interruption(방해)

- scribe
ascribe(~에 돌리다) ⇨ n. ascription(탓으로 함)
describe(묘사하다) ⇨ n. description(묘사)

inscribe(적다, 새기다) ⇨ n. inscription(명각)
prescribe(규정하다) ⇨ n. prescription(규정)
subscribe(기부하다) ⇨ n. subscription(기부)
transcribe(베끼다) ⇨ transcription(필사)

- semble

assemble(모으다) ⇨ n. assembly(집회)
ensemble(전체, 앙상블)
resemble(닮다) ⇨ n. resemblance(유사)

- sent

assent(단언하다)
consent(동의하다) ⇨ n. consentience(동의)
present(현재의, 출석한, 선물)
resent(화내다) ⇨ resentment(분개)

- sert

assert(단언하다) ⇨ n. assertion(단언)
concert(콘서트)
desert(사막)
insert(삽입하다) ⇨ n. insertion(삽입)

- serve

conserve(보존하다) ⇨ n. conservation(보존)
deserve(~할 가치가 있다) ⇨ n. desert(당연한 응보)
observe(관찰하다) ⇨ n. observation(관찰)
preserve(보전하다) ⇨ n. preservation(보전)
reserve(비축하다) ⇨ n. reservation(보류)

- side

preside(사회 보다, 통솔하다)
reside(살다) ⇨ n. residence(거주)
subside(가라앉다) ⇨ n. subsidence(함몰)

- sign

assign(할당하다) ⇨ n. assignment(할당)
design(디자인)

resign(사임하다) ⇨ n. resignation(사임)
sign(표시)

- sist
　　assist(도와주다) ⇨ n. assistance(거듦)
　　consist(존재하다) ⇨ n. consistency(일관성)
　　insist(주장하다) ⇨ n. insistence(주장)
　　persist(고집하다) ⇨ n. persistence(고집)
　　resist(저항하다) ⇨ n. resistance(저항)

- solve
　　absolve(용서하다) ⇨ n. absolution(면제)
　　dissolve(녹이다) ⇨ n. dissolution(용해)
　　resolve(용해하다) ⇨ n. resolution(분해)
　　solve(해결하다) ⇨ n. solution(해결)

- spire
　　aspire(열망하다) ⇨ n. aspiration(포부)
　　conspire(공모하다) ⇨ n. conspiration(모의)
　　expire(만기되다) ⇨ n. expiration(만료)
　　inspire(격려하다) ⇨ n. inspiration(고취)
　　respire(한숨돌리다) ⇨ n. respiration(호흡)

- stitude
　　constitute(구성하다) ⇨ n. constitution(구성)
　　destitute(빈곤한) ⇨ n. destitution(빈곤)
　　institute(설치하다) ⇨ n. institution(설립)
　　prostitute(매춘부)
　　substitute(바꾸다) ⇨ n. substitution(대리)

- struct
　　construct(건설하다) ⇨ n. construction(건설)
　　instruct(가르치다) ⇨ n. instruction(교수)
　　obstruct(차단하다) ⇨ n. obstruction(방해)

- sult

영단어 확장하기

consult(의견을 묻다) ⇨ n. consultation(상의)
insult(모욕하다)
result(결과)

- sume
    assume(떠맡다) ⇨ n. assumption(인수)
    consume(소모하다) ⇨ n. consumption(소모)
    presume(추정하다) ⇨ n. presumption(추정)
    resume(되찾다, 이력서) ⇨ n. resumption(되찾음)

- sure
    assure(보증하다) ⇨ n. assurance(보증)
    censure(비난하다)
    ensure(보증하다) ⇨ n. ensurance(보증)
    reassure(재보증하다, 안심시키다) ⇨ n. reassurance(재보증)

- tach
    attach(부착하다) ⇨ n. attachment(부착)
    detach(떼어내다) ⇨ n. detachment(분리)

- tail
    detail(자세한)
    curtail(생략하다, 자르다) ⇨ n. curtailment(단축, 삭감)
    entail(수반하다) ⇨ n. entailment(계사한정)

- tain
    ascertain(확인하다) ⇨ n. ascertainment(확인)
    attain(달성하다) ⇨ n. attainment(달성)
    contain(포함하다) ⇨ n. containment(견제)
    detain(붙들다) ⇨ n. detention(저지)
    entertain(즐겁게하다) ⇨ n. entertainment(환대)
    maintain(유지하다) ⇨ n. maintenance(지속)
    obtain(얻다) ⇨ n. obtainment(획득)
    pertain(적절하다) ⇨ n. pertinency(적절)
    retain(보류하다) ⇨ n. retainment(보류)
    sustain(유지하다, 손해입다) ⇨ n. sustentation(유지)

- tect
    - detect(발견하다) ⇨ n. detection(발견)
    - protect(보호하다) ⇨ n. protection(보호)
- tempt
    - attempt(시도하다)
    - comtempt(경멸, 치욕)
    - tempt(유혹하다) ⇨ n. temptation(유혹)
- tend
    - attend(출석하다) ⇨ n. attendance(출석)
    - contend(경쟁하다) ⇨ n. contention(논쟁)
    - intend(~할 작정이다) ⇨ n. intention(의지)
    - pretend(~인 체하다) ⇨ n. pretension(요구, 겉치레)
    - tend(경향이 있다) ⇨ n. tendance(시종)
- test
    - attest(증명하다) ⇨ n. attestation(증명)
    - contest(경쟁)
    - detest(몹시 싫어하다) ⇨ n. detestation(혐오)
    - protest(예비시험)
- tinct
    - distinct(별개의, 다른) ⇨ n. distinction(구별)
    - extinct(꺼진) ⇨ n. extinction(소화)
    - instinct(본능)
- tinguish
    - distinguish(구별하다) ⇨ n. distinction(구별)
    - extinguish(진화하다) ⇨ n. extinction(진화, 멸종)
- tract
    - abstract(추상적인) ⇨ n. abstraction(추상적 개념)
    - attract(유혹하다) ⇨ n. attraction(유인)
    - contract(계약)
    - detract(줄이다) ⇨ n. detraction(감손)
    - distract(괴롭히다) ⇨ n. distraction(정신이 흩어짐)

extract(발췌하다) ⇨ n. extraction(발췌)
subtract(빼다) ⇨ n. subtraction(빼기)

- tribute
   attribute(~탓으로 돌리다) ⇨ n. attribution(귀속)
   contribute(기부하다, 공언하다) ⇨ n. contribution(기부)
   distribute(분배하다) ⇨ n. distribution(분배)
   tribute(공물, 찬사)
- trol
   control(조절하다) ⇨ n. controlment(억제)
   patrol(경찰)
- turb
   disturb(방해하다) ⇨ n. disturbance(방해)
   perturb(교란시키다) ⇨ n. perturbation(혼란)
- vade
   evade(피하다) ⇨ n. evasion(회피)
   invade(침략하다) ⇨ n. invasion(침략)
   pervade(널리퍼지다) ⇨ n. pervasion(보급)
- vail
   avail(쓸모가 있다)
   prevail(설득하다, 보급하다) ⇨ n. prevalence(유행)
   travail(산고, 진통)
- vent
   invent(발명하다) ⇨ n. invention(발명)
   prevent(막다) ⇨ n. prevention(저지)
- vert
   avert(돌리다) ⇨ n. aversion(혐오)
   convert(전환시키다) ⇨ n. conversion(전환)
   divert(전환하다) ⇨ n. diversion(전환)
   invert(거꾸로하다) ⇨ n. inverse(역, 반대)
   pervert(벗어나게 하다) ⇨ n. perversion(왜곡)

revert(복구하다) ⇨ n. reversion(복귀)
subvert(뒤엎다) ⇨ n. subversion(전복)

- vey

convey(나르다) ⇨ n. conveyance(운반)
survey(내려다보다, 측량하다)

- vide

divide(나누다) ⇨ n. division(분배)
provide(공급하다) ⇨ n. provision(공급)

- vise

advise(충고하다) ⇨ n. advice(충고)
devise(궁리하다) ⇨ n. device(고안)
revise(개정하다)
supervise(감독하다) ⇨ n. supervision(감독)

- volve

evolve(발전시키다) ⇨ n. evolution(발전)
revolve(회전하다) ⇨ n. revolution(회전)

- voke

evoke(불러일으키다) ⇨ n. evocation(불러냄)
invoke(기원하다) ⇨ n. invocation(기원)
provoke(화나게 하다) ⇨ n. provocation(성나게 함)
revoke(철회하다)

규칙적 어형 변화

1. 동사+al ⇨ 명사
appove(승인하다) ⇨ n. approval(승인)
arrive(도착하다) ⇨ n. arrival(도착)
arouse(자극하다) ⇨ n. arousal(자극, 동요)
avow(인정하다) ⇨ n. avowal (인정)
bestow(주다) ⇨ n. bestowal(수여)
betray(배신하다) ⇨ n. betrayal(배신)
bury(매장하다) ⇨ n. burial(매장)
deny(부인하다) ⇨ n. denial(부인)
deprive(박탈하다) ⇨ n. deprival(박탈)
dismiss(해고하다) ⇨ n. dismissal(해고)
dispose(처분하다) ⇨ n. disposal(처분)
peruse(정독하다) ⇨ n. perusal(정독)
propose(제안하다) ⇨ n. proposal(제안)
refuse(거절하다) ⇨ n. refusal(거절)
remove(제거하다) ⇨ n. removal(제거)
renew(갱신하다) ⇨ n. renewal(갱신)
retrieve(만회하다) ⇨ n. retrieval(만회)
revive(부활하다) ⇨ n. revival(부활)
survive(살아남다) ⇨ n. survival(생존)
withdraw(후퇴하다) ⇨ n. withdrawal(후퇴)

2. 명사형어미 -ment+al ⇨ 형용사
department(부서) ⇨ a. departmental(부문의)
development(발전) ⇨ a. developmental(개발적인)
environment(환경) ⇨ a. environmental(환경의)
experiment(실험) ⇨ a. experimental(실험적인)
fundament(기초) ⇨ a. fundamental(기본적인)

government(정부) ⇨ a. governmental(정부의)
instrument(기구) ⇨ a. instrumental(기계의)
ornament(장식) ⇨ a. ornamental(장식적인)
segment(부분) ⇨ a. segmental(부분의)
sentiment(감정) ⇨ a. sentimental(감상적인)
supplement(보충) ⇨ a. supplemental(보충하는)

3. 명사형어미 -sion+al ⇨ 형용사
confession(고백) ⇨ a. confessional(고백의)
congression(국회) ⇨ a. congressional(국회의)
dimension(치수) ⇨ a. dimensional(치수의)
obsession(집념) ⇨ a. obsessional(강한 관념에 사로잡힌)
occasion(경우) ⇨ a. occasional(수시의)
recession(후퇴) ⇨ a. recessional(퇴거의)
vision(시력, 환상) ⇨ a. visional(환영의)

4. 명사형어미 -tion+al ⇨ 형용사
addition(추가) ⇨ a. additional(추가의)
condition(조건) ⇨ a. conditional(조건부의)
constitution(헌법) ⇨ a. constitutional(헌법상의)
convention(집회) ⇨ a. conventional(회의의)
conversation(대화) ⇨ a. conversational(회화의)
devotion(헌신) ⇨ a. devotional(헌신적인)
education(교육) ⇨ a. educational(교육상의)
emotion(감성) ⇨ a. emotional(감정적인)
exception(예외) ⇨ a. exceptional(예외적인)
fiction(허구) ⇨ a. fictional(허구의)
fraction(단편) ⇨ a. fractional(단편의)
friction(갈등) ⇨ a. frictional(마찰의)
function(기능) ⇨ a. functional(기능의)
gravitation(중력) ⇨ a. gravitational(중력의)

institution(제도) ⇨ a. institutional(제도상의)
jurisdiction(재판권) ⇨ a. jurisdictional(재판권의)
notion(관념) ⇨ a. notional(관념상의)
occupation(직업) ⇨ a. occupational(직업의)
proposition(제안) ⇨ a. propositional(제안의)
ration(배급량) ⇨ a. rational(이성적인)
recreation(오락) ⇨ a. recreational(오락의)
sensation(감각) ⇨ a. sensational(감각의)
substitution(대용) ⇨ a. substitutional(대용의)
tradition(전통) ⇨ a. traditional(전통의)
transition(이행) ⇨ a. transitional(과도기의)

5. 명사형어미 -ment+ary ⇨ 형용사
complement(보충) ⇨ a. complementary(보완적인)
compliment(칭찬) ⇨ a. complimentary(칭찬하는)
document(문서) ⇨ a. documentary(문서의)
element(요소) ⇨ a. elementary(요소의)
moment(순간) ⇨ a. momentary(순식간의)
parliament(의회) ⇨ a. parliamentary(의회의)
cf. comment(논평) ⇨ n. commentary(논평)

6. 명사형어미 -tion+ary ⇨ 형용사
evolution(진화) ⇨ a. evolutionary(진화적인)
expedition(원정) ⇨ a. expeditionary(원정의)
revolution(혁명) ⇨ a. revolutionary(혁명의)

7. al로 끝나는 형용사+ity ⇨ 명사
actual(실제적인) ⇨ n. actuality(실제)
brutal(잔인한) ⇨ n. brutality(잔인성)
cordial(성심성의의) ⇨ n. cordiality(진심)
dual(이중적인) ⇨ n. duality(이중)

equal(동등한) ⇨ n. equality(동등)
fatal(치명적인) ⇨ n. fatality(참사)
final(최종적인) ⇨ n. finality(종국)
formal(형식적인) ⇨ n. formality(정식) cf. informal ⇨ informality
frugal(검소한) ⇨ n. frugality(검소)
individual(개인적인) ⇨ n. individuality(개인)
lethal(치명적인) ⇨ n. lethality(치명적임)
local(지방의) ⇨ n. locality(지방성)
mental(정신적인) ⇨ n. mentality(정신성)
moral(도덕적인) ⇨ n. morality(도덕)
mortal(목숨이 유한한) ⇨ n. mortality(사망률)
cf. immortal ⇨ immortality
mutual(상호의) ⇨ n. mutuality(상호관계)
national(국가의) ⇨ n. nationality(국적)
neutral(중립적인) ⇨ n. neutrality(중립)
normal(정상적인) ⇨ n. normality(정상)
cf. abnormal ⇨ abnormality
original(독창적인) ⇨ n. originality(독창력)
partial(불공평한) ⇨ n. partiality(불공평)
cf. impartial ⇨ impartiality
personal(개인의, 인격적인) ⇨ n. personality(개인, 인간)
perpetual(영구의, 부단한) ⇨ n. perpetuity(영속)
plural(복수의) ⇨ n. plurality(복수)
potential(잠재적인) ⇨ n. potentiality(잠재력)
prodigal(낭비하는) ⇨ n. prodigality(낭비)
punctual(정확한) ⇨ n. punctuality(정확함)
sensual(관능적인) ⇨ n. sensuality(관능성)
sexual(성적인) ⇨ n. sexuality(성별)
spiritual(정신적인) ⇨ n. spirituality(영성)
total(종합적인) ⇨ n. totality(전체)
trivial(하찮은) ⇨ n. triviality(평범)

vital(생명의, 생생한) ⇨ n. vitality(생명력, 활기)
virtual(실제로) ⇨ n. virtuality((실제)

8. ar로 끝나는 형용사 +ity ⇨ 명사
familiar(친밀한) ⇨ n. familiarity(친밀)
unfamiliar(익숙지 못한) ⇨ n. unfamiliarity(익숙치 않음)
particular(특별한) ⇨ n. particularity(특별)
peculiar(독특한) ⇨ n. peculiarity(독특)
popular(인기있는) ⇨ n. popularity(인기)
unpopular(인기없는) ⇨ n. unpopularity(인기없음)
regular(규칙적인) ⇨ n. regularity(규칙)
irregular(불규칙적인) ⇨ n. irregularity(불규칙)
similar(닮은, 비슷한) ⇨ n. similarity(유사)
vulgar(저속한) ⇨ n. vulgarity(천박)

9. ate로 끝나는 형용사 ⇨ 명사형 어미 -acy로 변형
accurate(정확한) ⇨ n. accuracy(정확)
inaccurate(부정확한) ⇨ n. inaccuracy(부정확)
adequate(적당한) ⇨ n. adequacy(적절)
inadequate(부적당한) ⇨ n. inadequacy(부적당)
delicate(섬세한) ⇨ n. delicacy(섬세)
legitimate(합법적인) ⇨ n. legitimacy(합법성)
illegitimate(위법의) ⇨ n. illegitimacy(위법)
literate(글을 읽는, 교양있는) ⇨ n. literacy(식자)
illiterate(무식한) ⇨ n. illiteracy(무식)
immediate(즉각의) ⇨ n. immediacy(즉시)
intimate(친밀한) ⇨ n. intimacy(친밀)
intricate(얽힌) ⇨ n. intricacy(복잡)
obstinate(완고한) ⇨ n. obstinacy(완고)
private(사적인) ⇨ n. privacy(사생활)

10. 신체부위+ ache ⇨ 그 부위의 통증
ache(통증, 아프다)
backache(요통)
bellyache(복통)
earache(귀앓이)
headache(두통)
heartache(마음의 고통, 상심)
stomachache(위통)
toothache(치통)

11. 동사 +ance ⇨ 명사
accept(수락하다) ⇨ n. acceptance(수락)
accord(일치하다, 허락하다) ⇨ n. accordance(일치)
acquaint(알리다) ⇨ n. acquaintance(지식)
ally(동맹하다) ⇨ n. alliance(동맹)
allow(허락하다) ⇨ n. allowance(허용)
annoy(성가시게 굴다) ⇨ n. annoyance(성가심)
appear(나타나다) ⇨ n. appearance(출현)
assist(도와주다) ⇨ n. assistance(조력)
assure(보증하다, 확신하다) ⇨ n. assurance(보증, 확신)
avoid(피하다) ⇨ n. avoidance(기피)
convey(나르다) ⇨ n. conveyance(운반)
defy(무시하다) ⇨ n. defiance(무시)
disturb(방해하다) ⇨ n. disturbance(방해)
endure(견디다) ⇨ n. endurance(인내)
enter(~에 들어가다, 입학하다) ⇨ n. entrance(입장, 입학)
hinder(방해하다) ⇨ n. hindrance(방해)
ignore(무시하다) ⇨ n. ignorance(무지)
insure(보증하다) ⇨ n. insurance(보증)
observe(관찰하다) ⇨ n. observance(준수)
perform(실행하다) ⇨ n. performance(실행)

영단어 확장하기

rely(의지하다) ⇨ n. reliance(의지)
remember(기억하다) ⇨ n. remembrance(기억)
resemble(닮다) ⇨ n. resemblance(유사)
resist(저항하다) ⇨ n. resistance(저항)
utter(진술하다) ⇨ n. utterance(발언)

12. 동사+ation ⇨ 명사(2개 연속된 자음으로 끝나는 동사)
(접미어 : demn, fest, firm, form, front, mend, ment, pect, port, sign, test)
adapt(적응시키다) ⇨ n. adaptation(적응)
affect(~인 체하다) ⇨ n. affectation(가장)
augment(증가시키다) ⇨ n. augmentation(증가)
condemn(비난하다) ⇨ n. condemnation(비난)
conform(따르게 하다) ⇨ n. conformation(일치)
confront(직면하다) ⇨ n. confrontation(직면)
detest(혐오하다) ⇨ n. detestation(혐오)
exalt(높이다) ⇨ n. exaltation(고양)
expect(기대하다) ⇨ n. expectation(기대)
experiment(실험하다) ⇨ n. experimentation(실험)
form(형성하다) ⇨ n. formation(형성)
found(find의 과거, 기초를 세우다) ⇨ n. foundation(창설)
infest(횡행하다) ⇨ n. infestation(횡행)
inform(알리다) ⇨ n. information(통지)
install(장치하다, 취임시키다) ⇨ n. installation(장치, 취임)
lament(슬퍼하다) ⇨ n. lamentation(비탄)
manifest(명백히 하다) ⇨ n. manifestation(표명)
molest(괴롭히다) ⇨ n. molestation(훼방)
orient(~로 향하게 하다, 적응시키다) ⇨ n. orientation(적응, 방위)
present(증정하다) ⇨ n. presentation(증정, 표시)
recommend(추천하다) ⇨ n. recommendation(추천)
relax(긴장을 풀다) ⇨ n. relaxation(이완)

represent(나타내다, 대리하다) ⇨ n. representation (표시, 대리)
resign(사임하다) ⇨ n. resignation(사직)
segment(가르다) ⇨ n. segmentation(분할)
tax(과세하다) ⇨ n. taxation(과세)
tempt(유혹하다) ⇨ n. temptation(유혹)
transform(변형시키다) ⇨ n. transformation(변형)
transport(이동시키다) ⇨ n. transportation(수송)
cf. alter(바꾸다) ⇨ n. alteration(변경)
　　cancel(취소하다) ⇨ n. cancellation(취소)
　　exploit(공훈, 개척하다, 착취하다) ⇨ n. exploitation(개척, 착취)
　　interpret(뜻을 해석하다) ⇨ n. interpretation(해석)

13. -ciate ⇨ -ciation, -tiate ⇨ -tiation(발음상의 공통성이 있음)
appreciate(진가를 인정하다, 감사하다) ⇨ n. appreciation(감사)
associate(연상하다, 연합하다) ⇨ n. association(연합, 연상)
depreciate(가치를 저하시키다) ⇨ n. depreciation(가치 하락)
differentiate(구별짓다) ⇨ n. differentiation(구별)
initiate(시작하다) ⇨ n. initiation(개시)
negotiate(협상하다) ⇨ n. negotiation(협상)
renegotiate(재교섭하다) ⇨ n. renegotiation(재교섭)
satiate(충분히 만족시키다) ⇨ n. satiation(포만)
substantiate(구체화하다) ⇨ n. substantiation(실체화)

14. ce로 끝나는 명사 ⇨ 형용사 어미 -cial로 변형
commerce(상업) ⇨ a. commercial(상업의)
face(얼굴) ⇨ a. facial(얼굴의)
finance(재정) ⇨ a. financial(재정의)
office(사무소, 임무) ⇨ a. official(공무상의, 관서의)
prejudice(편견) ⇨ a. prejudicial(편파적인)
province(도, 지방) ⇨ a. provincial(지방의)
race(경주, 인종) ⇨ a. racial(인종의)

sacrifice(희생으로 바치다) ⇨ a. sacrificial(희생의)
space(공간) ⇨ n. spacial(공간의)
cf. benefit(이익) ⇨ a. beneficial(유익한)
　　essence(본질) ⇨ a. essential(본질적인)
　　influence(영향) ⇨ a. influential(유력한)

15. -cipate
anticipate(예기하다, 예상하다)
emancipate(해방하다)
participate(참가하다)

16. -crat(사람)
aristocrat(귀족)
bureaucrat(관료)
democrat(민주주의자)

17. -d(형용사) ⇨ -ity(명사)
absurd(불합리한) ⇨ n. absurdity(불합리)
frigid(몹시 추운) ⇨ n. frigidity(한랭)
humid(축축한) ⇨ n. humidity(습기)
liquid(액체의) ⇨ n. liquidity(유동성)
morbid(병적인) ⇨ n. morbidity(병적 상태)
odd(이상한) ⇨ n. oddity(괴상함)
placid(평온한) ⇨ n. placidity(평온)
profound(깊은) ⇨ n. profundity(깊음)
rapid(빠른) ⇨ n. rapidity(급속)
rigid(단단한) ⇨ n. rigidity(강직)
stupid(어리석은) ⇨ n. stupidity(우둔)
timid(겁많은) ⇨ n. timidity(겁많음)
torrid(바싹 탄) ⇨ n. torridity(염열)
valid(근거가 확실한) ⇨ n. validity(정당함)

invalid(근거가 약한) ⇨ n. invalidity(무효)

18. -de로 끝나는 동사 ⇨ -sion(명사형)
allude(암시하다, 언급하다) ⇨ n. allusion(암시, 언급)
collide(충돌하다) ⇨ n. collision(충돌)
corrode(부식하다) ⇨ n. corrosion(부식)
deride(비웃다) ⇨ n. derision(비웃음)
decide(결심하다) ⇨ n. decision(결심)
elude(피하다) ⇨ n. elusion(도피)
erode(침식하다) ⇨ n. erosion(침식)
evade(피하다) ⇨ n. evasion(회피)
intrude(밀어 넣다) ⇨ n. intrusion(강요)
invade(침략하다) ⇨ n. invasion(침략)
persuade(dissuade)(설득하다) ⇨ n. persuasion(설득)
pervade(널리 퍼지다) ⇨ n. pervasion(보급)
protrude(내밀다) ⇨ n. protrusion(돌출)
provide(주다, 공급하다) ⇨ n. provision(공급)

19. 형용사+en ⇨ 동사 (이 계통은 명사가 전부 ness)
blacken(검게 하다) ⇨ n. blackness(검음)
brighten(빛내다) ⇨ n. brightness(빛남)
broaden(넓히다) ⇨ n. broadness(넓음)
dampen(축축하게 하다) ⇨ n. dampness(습기)
darken(어둡게 하다) ⇨ n. darkness(어둠)
deafen(안 들리게 하다) ⇨ n. deafness(귀먹음)
deepen(깊어지다) ⇨ n. deepness(깊이)
fatten(살찌우다) ⇨ n. fatness(비만)
flatten(평평하게 하다) ⇨ n. flatness(평탄)
loosen(풀다) ⇨ n. looseness(헐거움)
quicken(빠르게 하다) ⇨ n. quickness(민첩)
ripen(익다) ⇨ n. ripeness(원숙)

shorten(짧게 하다) ⇨ n. shortness(짧음)
slacken(완화하다) ⇨ n. slackness(느슨함)
soften(부드럽게 하다) ⇨ n. softness(부드러움)
steepen(가파르게 하다) ⇨ n. steepness(가파름)
sweeten(달게 하다) ⇨ n. sweetness(단맛)
thicken(두껍게 하다) ⇨ n. thickness(두께)
tighten(단단하게 하다) ⇨ n. tightness(견고)
weaken(약화시키다, 약해지다) ⇨ n. weakness(약함)
whiten(희게 하다) ⇨ n. whiteness(순백)
widen(넓히다) ⇨ n. wideness(넓음)
cf. awaken(깨우다) ⇨ n. awakening(눈뜸)
 moisten(축축하게 하다) ⇨ n. moisture(습기)

20. en+형용사 ⇨ 동사 (이 계통은 명사가 모두 ment)
enlarge(크게 하다) ⇨ n. enlargement(확대)
enrich(풍부해지다) ⇨ n. enrichment(풍부하게 함)

21. en+명사 ⇨ 동사 (이때 명사형은 전부 ment)
encamp(야영하다) ⇨ n. encampment(야영)
encircle(에워싸다) ⇨ n. encirclement(포위)
encourage(용기를 북돋우다) ⇨ n. encouragement(격려)
endanger(위험에 빠지다) ⇨ n. endangerment(위험)
enforce(실시하다, 강요하다) ⇨ n. enforcement(시행)
enjoy(즐기다) ⇨ n. enjoyment(향유)
enlighten(계몽하다) ⇨ n. enlightenment(계발)
enlist(입대시키다) ⇨ n. enlistment(입대)
enrage(성나게 하다) ⇨ n. enragement(격노)
enslave(노예로 되다) ⇨ n. enslavement(노예화)
enthrone(왕위에 오르다) ⇨ n. enthronement(즉위)
entitle(칭호를 주다, 권리를 주다) ⇨ n. entitlement(권리)
entrench(참호로 에워싸다) ⇨ n. entrenchment(참호 구축 작업)

cf. engrave(새기다) ⇨ n. engraving(조각)

22. 명사+en (대개는 t로 끝나는 명사 뒤에) ⇨ 동사
frighten(위협하다)
heighten(높이다)
threaten(위협하다)

23. -fy(동사) ⇨ -fication(명사, 강세가 1 음절에 있다는 공통점이 있음)
amplify(확대하다) ⇨ n. amplification(확대)
beautify(미화하다) ⇨ n. beautification(미화)
certify(증명하다) ⇨ n. certification(증명)
classify(분류하다) ⇨ n. classification(분류)
diversify(다양화하다) ⇨ n. diversification(다양화)
exemplify(예증하다) ⇨ n. exemplification(예증)
fortify(요새화하다) ⇨ n. fortification(요새)
glorify(찬미하다) ⇨ n. glorification(찬미)
gratify(만족시키다) ⇨ n. gratification(만족시키기)
horrify(소름끼치게 하다) ⇨ n. horrification(공포)
identify(확인하다) ⇨ n. identification(신원확인)
intensify(세게 하다) ⇨ n. intensification(강화)
justify(정당화하다) ⇨ n. justification(정당화)
magnify(확대하다) ⇨ n. magnification(확대)
modify(변경하다, 수정하다) ⇨ n. modification(변경)
notify(통지하다) ⇨ n. notification(통지)
pacify(진정시키다) ⇨ n. pacification(진정)
purify(정화하다) ⇨ n. purification(정화)
qualify(자격을 주다) ⇨ n. qualification(자격부여)
ratify(비준하다) ⇨ n. ratification(비준)
rectify(개정하다) ⇨ n. rectification(개정)
satisfy(만족시키다) ⇨ n. satisfaction(만족)
dissatisfy(불만을 느끼게 하다) ⇨ n. dissatisfaction(불만족)

signify(의미하다) ⇨ n. signification(의미)
simplify(간단하게 하다) ⇨ n. simplification(평이화)
specify(일일이 열거하다) ⇨ n. specification(열거)
testify(증명하다, 증언하다) ⇨ n. testification(증언)
unify(통일하다) ⇨ n. unification(통일)
cf. crucify(몹시 괴롭히다) ⇨ n. crucifixion(고난)
    dignify(위엄있게 하다) ⇨ n. dignity(위엄)

24. -gy(학문) ⇨ -gist(학자)
anthropology(인류학) ⇨ anthropologist(인류학자)
archaeology(고고학) ⇨ archaeologist(고고학자)
astrology(점성술) ⇨ astrologist(점성술사)
biology(생물학) ⇨ biologist(생물학자)
criminology(범죄학) ⇨ criminologist(범죄학자)
ecology(생태학) ⇨ ecologist(생태학자)
etymology(어원학) ⇨ etymologist(어원학자)
geology(지질학) ⇨ geologist(지질학자)
meteorology(기상학) ⇨ meteorologist(기상학자)
mythology(신화학) ⇨ mythologist(신화학자)
neurology(신경학) ⇨ neurologist(신경학자)
pathology(병리학) ⇨ pathologist(병리학자)
psychology(심리학) ⇨ psychologist(심리학자)
theology(신학) ⇨ theologist(신학자)
urology(비뇨기학) ⇨ urologist(비뇨기학자)

25. -ieve(동사) ⇨ -ief(명사)
believe(믿다) ⇨ n. belief(믿음)
grieve(슬프게 하다) ⇨ n. grief(슬픔)
relieve(안도하다) ⇨ n. relief(안심)

26. -ish ⇨ -ishment, -tion(명사형)

abolish(폐지하다) ⇨ n. abolition(폐지)
accomplish(성취하다) ⇨ n. accomplishment(성취)
astonish(깜짝 놀라게 하다) ⇨ n. astonishment(경악)
demolish(파괴하다) ⇨ n. demolition(파괴)
diminish(줄이다) ⇨ n. diminution(감소)
establish(설립하다) ⇨ n. establishment(설립)
nourish(기르다) ⇨ n. nourishment(육성)
publish(발표하다, 출판하다) ⇨ n. publication(발표, 출판)
punish(벌하다) ⇨ n. punishment(형벌)
vanish(사라지다) ⇨ n. vanishment(소멸)

27. -ize(동사) ⇨ -ization(명사)
authorize(권위를 부여하다) ⇨ n. authorization(위임)
characterize(특성을 나타내다) ⇨ n. characterization(특성화)
colonize(식민지화하다) ⇨ n. colonization(식민지화)
generalize(개괄하다) ⇨ n. generalization(개괄)
harmonize(조화를 이루다) ⇨ n. harmonization(조화)
maximize(최대화하다) ⇨ n. maximization(최대화)
minimize(최소화하다) ⇨ n. minimization(최소화)
normalize(정상화하다) ⇨ n. normalization(정상화)
organize(조직화하다) ⇨ n. organization(조직화)
cf. memorize(기억하다) ⇨ n. memory(기억)

28. 형용사어미 -e ⇨ ity 명사 (어미: 주로 le, me, ne, re, ve)
active(활동적인) ⇨ n. activity(활동)
adverse(거스르는, 반대의) ⇨ n. adversity(역경)
antique(구식의, 골동품) ⇨ n. antiquity(낡음, 태고)
austere(엄한) ⇨ n. austerity(엄숙)
dense(밀집한) ⇨ n. density(밀도)
diverse(다양한) ⇨ diversity(상이)
divine(신성한) ⇨ n. divinity(신성)

extreme(극도의) ⇨ n. extremity(극도)
feminine(여자의) ⇨ n. feminity(여성)
fertile(비옥한, 다산의) ⇨ n. fertility(비옥)
festive(축제의) ⇨ n. festivity(축제)
fragile(망가지기 쉬운) ⇨ n. fragility(허약)
futile(쓸데없는) ⇨ n. futility(무용)
grave(무덤, 중대한, 무거운) ⇨ n. gravity(중력)
hostile(반대의, 냉담한) ⇨ n. hostility(적의)
humane(인간적인) ⇨ n. humanity(인간성)
immense(거대한, 막대한) ⇨ n. immensity(막대)
immune(면역의) ⇨ n. immunity(면역)
intense(격렬한) ⇨ n. intensity(강렬)
juvenile(젊은) ⇨ n. juvenility(젊음)
masculine(남자다운) ⇨ n. masculinity(남자다움)
mature(익은, 성숙한) ⇨ n. maturity(성숙)
immature(미숙한) ⇨ n. immaturity(미숙)
mobile(움직이기 쉬운, 융통성있는) ⇨ n. mobility(이동성, 유동성)
nude(벌거벗은) ⇨ n. nudity(나체)
obese(지나치게 살찐) ⇨ n. obesity(비만)
objective(객관적인) ⇨ n. objectivity(객관성)
obscure(어두운, 모호한) ⇨ n. obscurity(불분명)
obscene(음란한) ⇨ n. obscenity(외설)
premature(조숙한) ⇨ n. prematurity(조숙)
productive(생산적인) ⇨ n. productivity(생산성)
profane(모독하는) ⇨ n. profanity(신성모독)
pure(순수한) ⇨ n. purity(청순)
impure(불순한) ⇨ n. impurity(불순)
rare(드문) ⇨ n. rarity(희박)
sane(제정신의) ⇨ n. sanity(제정신) *cf.* insane ⇨ n. insanity
scarce(부족한) ⇨ n. scarcity(부족)
secure(안전한) ⇨ n. security(안전)

sensitive(민감한) ⇨ n. sensitivity(민감도)
serene(고요한) ⇨ n. serenity(청명)
sincere(성실한) ⇨ n. sincerity(성실)
subjective(주관적인) ⇨ n. subjectivity(주관성)
versatile(다재다능한) ⇨ n. versatility(다재)
cf. acute(날카로운) ⇨ n. acuity(날카로움)
　　 fierce(흉포한, 사나운) ⇨ n. fierceness(사나움)
　　 remote(먼) ⇨ n. remoteness(멂)
　　 rude(버릇없는) ⇨ n. rudeness(방자)
　　 vague(막연한) ⇨ vagueness(막연)

29. e로 끝나는 동사 ⇨ 명사형어미 ure
close(닫다) ⇨ n. closure(폐쇄)
create(창조하다) ⇨ n. creature(창조물)
disclose(폭로하다) ⇨ n. disclosure(폭로)
enclose(울타리를 치다) ⇨ n. enclosure(둘러쌈)
expose(쐬다, 드러내다) ⇨ n. exposure(노출)
please(기쁘게 하다) ⇨ n. pleasure(즐거움)
seize(붙잡다) ⇨ n. seizure(붙잡음)
cf. depart(출발하다) ⇨ n. departure(출발)
　　 fail(실패하다) ⇨ n. failure(실패)
　　 press(누르다) ⇨ n. pressure(압력)

30. ous로 끝나는 형용사 ⇨ 명사형어미 ity를 붙인다
ambiguous(모호한) ⇨ n. ambiguity(모호)
anonymous(익명의) ⇨ n. anonymity(익명)
dexterous(솜씨있는, 민첩한) ⇨ n. dexterity(손재주 있음)
enormous(거대한) ⇨ n. enormity(거대함)
ferocious(사나운) ⇨ n. ferocity(사나움)
frivolous(경솔한) ⇨ n. frivolity(경솔)
hilarious(들뜬, 명랑한) ⇨ n. hilarity(환희, 유쾌)

prosperous(번영하는) ⇨ n. prosperity(번영)

31. ous로 끝나는 형용사 ⇨ u생략 후 명사형어미 ity를 붙인다
callous(굳어진, 무감각한) ⇨ n. callosity(무감각)
curious(호기심있는) ⇨ n. curiosity(호기심)
generous(관대한, 풍부한) ⇨ n. generosity(관대)
meticulous(소심한) ⇨ n. meticulosity(소심)
obvious(명백한) ⇨ obviosity(명백함)
scrupulous(빈틈없는, 양심적인) ⇨ n. scrupulosity(면밀주도)

32. 명사+ous ⇨ 형용사
advantage(유리, 우월) ⇨ a. advantageous(유리한)
adventure(모험) ⇨ a. adventurous(모험적인)
ambition(야망) ⇨ a. ambitious(야심적인)
fame(명예) ⇨ a. famous(유명한)
fury(격노, 분노) ⇨ a. furious(성내어 날뛰는)
glory(영광) ⇨ a. glorious(영광스러운)
malice(악의) ⇨ a. malicious(악의있는)
mystery(신비) ⇨ a. mysterious(신비한)
nerve(신경) ⇨ a. nervous(신경의)
poison(독) ⇨ a. poisonous(유독한)
ridicule(비웃음) ⇨ a. ridiculous(웃기는)
space(공간) ⇨ a. spacious(드넓은)
zeal(열의) ⇨ a. zealous(열광적인)

33. 사람+ship ⇨ 추상명사
apprentice(도제, 수습) ⇨ apprenticeship(도제살이)
bachelor(미혼남자, 학사) ⇨ bachelorship(독신)
censor(검열관) ⇨ censorship(검열제)
champion(챔피언) ⇨ championship(선수권)
craftsman(기술자, 장인) ⇨ craftsmanship(숙련)

dictator(독재자, 구술자) ⇨ dictatorship(절대권)
editor(편집인) ⇨ editorship(교정)
fellow(사람, 친구) ⇨ fellowship(친교)
friend(친구) ⇨ friendship(우정)
leader(지도자) ⇨ leadership(통솔력)
owner(소유자) ⇨ ownership(소유권)
member(회원) ⇨ membership(회원자격)
partner(동료) ⇨ partnership(협력)
proprietor(소유자, 경영자) ⇨ proprietorship(소유권)
scholar(학자) ⇨ scholarship(학문)

34. 형용사어미 -nt ⇨ -ce(명사)
(어미 : gant, volent, iant, dent, gent, rent, nant, lent, nent, tant, cent, vant, ient, cant, quent...)
absent(부재의, 결석의) ⇨ n. absence(부재, 결석)
arrogant(거만한) ⇨ n. arrogance(거만)
beneficent(인정많은) ⇨ n. beneficence(선행)
brilliant(빛나는) ⇨ n. brilliance(광휘)
confident(자신만만한) ⇨ n. confidence(자신)
convenient(편리한) ⇨ n. convenience(편의)
inconvenient(불편한) ⇨ n. inconvenience(불편)
correspondent(통신자) ⇨ n. correspondence(통신)
decadent(퇴폐적인) ⇨ n. decadence(퇴폐)
defiant(도전적인) ⇨ n. defiance(도전)
diligent(부지런한) ⇨ n. diligence(근면)
dependent(의존하는) ⇨ n. dependence(의존)
independent(독립한) ⇨ n. independence(독립)
different(다른) ⇨ n. difference(차이)
distant(먼) ⇨ n. distance(거리)
dominant(지배적인) ⇨ n. dominance(지배)
elegant(우아한) ⇨ n. elegance(우아)

eloquent(설득력있는, 웅변의) ⇨ n. eloquence(설득력, 웅변)
eminent(저명한) ⇨ n. eminence(저명, 고위)
equivalent(동등한) ⇨ n. equivalence(동의성)
evident(분명한) ⇨ n. evidence(명백)
excellent(우수한) ⇨ n. excellence(우수)
existent(현존하는) ⇨ n. existence(존재)
extravagant(낭비하는, 기발한) ⇨ n. extravagance(사치, 방종)
fragrant(향기로운) ⇨ n. fragrance(향기)
ignorant(무지한) ⇨ n. ignorance(무지)
imminent(절박한) ⇨ n. imminence(절박)
important(중요한) ⇨ n. importance(중요성)
impudent(뻔뻔스러운) ⇨ n. impudence(뻔뻔함)
indifferent(무관심한) ⇨ n. indifference(무관심)
indulgent(멋대로 하는) ⇨ n. indulgence(방자)
inherent(고유의, 천성의) ⇨ n. inherence(고유, 천부)
innocent(결백한, 순수한) ⇨ n. innocence(결백, 순결)
intelligent(지적인) ⇨ n. intelligence(지성)
magnificent(장려한, 훌륭한) ⇨ n. magnificence(장려, 훌륭함)
negligent(소홀한) ⇨ n. negligence(태만, 부주의)
obedient(순종하는) ⇨ n. obedience(복종)
disobedient(순종하지않는) ⇨ n. disobedience(불복종)
patient(끈기있는) ⇨ n. patience(끈기)
impatient(성급한) ⇨ n. impatience(조바심)
permanent(영속하는, 영구적인) ⇨ n. permanence(영속성, 영구)
predominant(우세한, 탁월한) ⇨ n. predominance(탁월)
present(현재의, 존재하는) ⇨ n. presence(현존, 현재)
prominent(두드러진, 현저한) ⇨ n. prominence(두드러짐, 현저)
prudent(신중한) ⇨ n. prudence(신중)
imprudent(경솔한) ⇨ n. imprudence(경솔)
reliant(믿는) ⇨ n. reliance(신뢰)
relevant(관련된) ⇨ n. relevance(관련성)

resistant(저항하는) ⇨ n. resistance(저항)
reluctant(마음내키지 않는) ⇨ n. reluctance(꺼림)
significant(중요한, 의미있는) ⇨ n. significance(중요, 의의)
silent(침묵의) ⇨ n. silence(침묵)
subsequent(다음의, 그 후의) ⇨ n. subsequence(다음, 후)
tolerant(관대한) ⇨ n. tolerance(관용)
vigilant(경계하는) ⇨ n. vigilance(경계)
violent(격렬한, 난폭한) ⇨ n. violence(격렬, 폭력)

35. 형용사어미 -nt ⇨ -ncy(명사)
consistent(일관된) ⇨ n. consistency(일관성)
current(현재의, 현행의) ⇨ n. currency(통화, 유통)
decent(상당한 신분의) ⇨ n. decency(품위)
deficient(부족한) ⇨ n. deficiency(부족)
efficient(효과있는) ⇨ n. efficiency(능률)
emergent(불시의, 긴급한) ⇨ n. emergency(비상사태)
fluent(유창한) ⇨ n. fluency(유창)
frequent(빈번한) ⇨ n. frequency(빈번)
infant(유아, 유아의) ⇨ n. infancy(유년, 초기)
proficient(익숙한) ⇨ n. proficiency(숙달)
sufficient(충분한) ⇨ n. sufficiency(충분)
transparent(투명한) ⇨ n. transparency(투명)
urgent(긴급한) ⇨ n. urgency(긴급)
vacant(빈, 한가한) ⇨ n. vacancy(공허, 빈터)

36. -y로 끝나는 명사형
deliver(배달하다) ⇨ n. delivery(배달)
discover(발견하다) ⇨ n. discovery(발견)
embroider(수놓다) ⇨ n. embroidery(자수)
flatter(아첨하다) ⇨ n. flattery(아첨)
master(주인, 지배하다) ⇨ n. mastery(지배, 숙달)

recover(회복하다) ⇨ n. recovery(회복)

37. 명사+y ⇨ 형용사
blood(피) ⇨ a. bloody(피의)
cliff(낭떠러지) ⇨ a. cliffy(낭떠러지의)
dusk(황혼, 땅거미) ⇨ a. dusky(어스레한)
dust(먼지) ⇨ a. dusty(먼지투성이의)
fault(결점) ⇨ a. faulty(결점이 있는)
filth(불결) ⇨ a. filthy(불결한)
foam(거품) ⇨ a. foamy(거품이 이는)
gloom(우울) ⇨ a. gloomy(우울한)
greed(탐욕) ⇨ a. greedy(탐욕스러운)
guilt(유죄) ⇨ a. guilty(유죄의)
health(건강) ⇨ a. healthy(건강한)
luck(행운) ⇨ a. lucky(행운의)
might(힘) ⇨ a. mighty(강력한)
moss(이끼) ⇨ a. mossy(이끼 낀)
mud(진흙) ⇨ a. muddy(진흙투성이의)
risk(위험) ⇨ a. risky(위험한)
skin(피부) ⇨ a. skinny(피질의)
sleep(잠, 잠자다) ⇨ a. sleepy(졸리는)
thrift(절약) ⇨ a. thrifty(검약하는)
wealth(부) ⇨ a. wealthy(부유한)
worth(가치) ⇨ a. worthy(가치있는)

cf. cloudy(흐린)　　　foggy(안개 낀)
　　frosty(서리 내리는)　misty(안개 낀)
　　rainy(비오는)　　　sleety(진눈깨비 내리는)
　　snowy(눈오는)　　　stormy(폭풍우 치는)
　　sunny(맑은)　　　　windy(바람부는)

Test Corner
테스트 코너

"어설프게 아는 것은 모르는 것보다 못하다"는 말을 생각합시다.
이 코너는 앞에서 봤던 단어들을 완전히 내 것으로 만들었는지를
테스트해보기 위한 것입니다.
내가 아는 것은 무엇이며, 모르는 것은 무엇인지 테스트해봅시다.
암기가 안된 단어는 본문을 다시 봐서 완전히 내 것으로 만들도록 하구요.
이 부분을 따로 오려서 단어장을 만드는 것도 좋은 방법이 되겠죠.

주제별로 접근하기

1. 동물

cat - rat, mouse, bat, acrobat, combat, scatter
cow - coward, cowardice, cattle, bull, ox, scowl
tiger - trigger, revolver
share - hare, rabbit, bunny
dragon - drag, rag
snake - naked, nude, bare, serpent
horse - hoarse, coarse, mare
sheep - shepherd, herd, pasture, lamb
monkey - monk, nun, monastery
cock - crest, kitchen, itch, hen, hatch, nest
dog - dogma, dogmatism, doctrine
wine - swine, pig

2. 신체

face - surface, preface, expression
nose - diagnose, snore
ear - hear, heart, hearse, hearth, shear, overhear
finger - fin, shark, linger
hand - handle, needle, startle, embroider
lap - clap, slap, palm, psalm
leg - legend, legacy

3. 식품

apple - grapple, grab, grip, grasp
bread - spread, read, dread, thread, tread, bakery
butter - utter, mutter, mumble, murmur, butt
carrot - rot, decay, parrot

coffee - fee, fare, pay
cracker - crack, rack
dinner - din, dinosaur, dean
eat - cheat, meat, wheat
grape - rape, ape
lunch - launch, munch, punch
peach - impeach, imprison
potato - pot, depot, spot, despot, dictator
rice - price, caprice

4. 사람 · 직업
actor - factor, benefactor, ambition, creativity, toil, observation, refreshment
author - authority, authoritative, authoress
cop - cope, criminal, officer, patrol
diplomat - diploma, dip, dipper
king - kin, queen, queer
lady - lad, lass, malady, disease, illness
twin - twinkle, glitter, litter
women - omen, sign, indication

5. 가족
aunt - daunt , haunt
cousin - sin, crime, commit, assassin
daughter - laughter, slaughter, massacre, holocaust, slay
father - fat, carbohydrate, protein
husband - band, bandit, brass
kid - kidnap, abduct, hijack, shanghai, kidney
mother - moth, smother, stifle, suffocate
wife - wipe, wash, polish

6. 집

furniture - fur, fleece
roof - proof, plunge
step - steep, stair
table - cable, fable, sable, stable, tablet, vegetable
wall - wallet, purse, curse
window - widow, widower

7. 건축물

bank - ban, banish, van, vanish, forbid
bridge - ridge, valley, alley
dam - damp, damage
factory - satisfactory, satisfied
museum - muse, meditate
shop - hop, grasshopper
temple - comtemplate, plate
theater - heater, audience
villa - villain, knave

8. 소품들

ball - balloon, ballot, allot
bell - belly, abdomen, bellow
brush - rush, haste, hurry
card - discard, dispose of
clutch - crutch, clench
comb - combine, connect
computer - commuter, commute, mute
cup - hiccup, cupboard
ink - sink, soak, spread
lock - block, clock, flock
logo - log, ornament

map - maple, atlas

pebble - ebb, tide

rope - grope, fumble, tumble

ruby - rub, scrub, scrape

screw - crew, recruit

ski - skip, slip, slippery, sledge, sleigh

switch - witch, wizard, lizard, shift

tent - patent, latent

triangle - angle, dangle, mangle, tangle

의미를 생각하며 접근하기

advice - vice, vile, virtue, device, admonish
ago - agony, anguish, languish
article - particle, tickle
believe(belief) - grieve(grief), relieve(relief)
blame - lame, limp, lament
clean - lean, glean, gather
courage - rage, outrage
deal - ordeal, obstacle, overcome
devote - vote, dedicate
disobey - sob, sorrow, borrow
dozen - doze, drowse
draw - raw, crude
earth - dearth, deficiency, AIDS
effort - fort, fortitude, fortress, exert, endeavor
end - endure, bear, appendix
equally - ally, evenly
event - prevent, prohibit
example - ample, sample, sufficient
fail - ail, ailment, wail
failure - lure, allure, entice
foreign - reign, rule, govern, sovereign, sovereignity, alien, alienate
forget - forge, gorge, gorgeous
green - grin, chagrin
habit - inhabit, inhabitant, inhibit, habitat
individual - dual, duplicate
learn - earn, lecture
limitation - imitation, imitate, mutation, mimic

mental - fundamental, metal, physical

message - sage, mess

moral - oral, coral, morale, enhance

nation - destination, examination, imagination

nature - mature, inmature, premature, natural

parent - rent, apparent, evident, obvious, transparent

power - owe, ascribe, attribute, impute

pride - rid, remove, eliminate, eradicate, erase

prove - improve, evidence

reason - treason, treachery

receive - deceive, conceive, perceive

relate - elate, elevate

rifle - trifle, trivial

science - conscience, conscientious, conscious, unconscious

size - emphasize, downsize

stress - distress, disrupt

system - stem, stalk

teacher - ache, mustache, mustard, beard

trust - rust, thrust, frustrate, rustic, rural, urban

way - sway, steadfast

well - dwell, dig, swell

will - willow, billow

year - yearn, kite

흥미롭게 접근하기

addition - addiction, addict
afraid - raid, aid
ant - tenant, landlord, landlady
appointment - ointment, apply
approach - roach, poach
attack - tack, assail, assault
attempt - tempt, temptation, enchant
August - gust, disgust, storm, gale
black - lack, slack
brown - brow, crown, clown, drown, frown
car - carve, caravan, cargo, engrave, inscribe
care - scare, scarecrow
carnival - cannibal, carnage
climb - limb, cliff, crawl, creep
cola - coal, carbon
cold - scold, spank
corner - corn, acorn, scorn, despise, disdain
cream - scream, shout, exclaim, cry, yell, scoop
crowd - crow, row
cruise - bruise, brutal, cruel
danger - anger, hazard, risk
deliver - liver, lung, transplant
devil - evil, wicked, demon
dry - laundry, sundry
dynasty - nasty, throne
eastern - stern, strict, Easter
eight - height, weight, freight
excite - cite, quote

feel - eel, peel, pare

fire - fir, flame, ignite, ruins, extinguish, distinguish

fresh - flesh, bone, refresh

gas - gasp, pant

generation - gene, genetic, duplicate

Germany - germ, epidemic

gossip - sip, lip, lipstick

here - adhere, attach, cohere

hip - whip, lash, buttock

hospital - spit, pit

ill - illusion, disease, pill, spill, pillow, prescription

important - import, export, expert

issue - sue, suit, pursue, pursuit

kill - skill, slay, murder

machine - chin, jaw

manicure - cure, remedy

misery - miser, misfortune, fortune

morning - mourning, undertaker

movie - vie, compete

number - numb, dumb

order - border, boundary

other - bother, harass, tease

paint - faint, swoon

parasole - sole, solemn, solitary, console, comfort

peace - pea, bean, peasant, pheasant

plane - lane, plain, explain, complain, pavement, planet

player - layer, profuse, plenty

please - lease, plea, plead, petition

police - lice, malice, slice, accomplice

present - resent, plunder

president - resident, privilege, prestige

problem - rob, robber, rubber, burglar

promise - compromise, premise

rain - brain, drain, grain, refrain, restrain, sprain, strain, terrain, train

reach - preach, preacher, pastor, priest

rest - arrest, apprehend, unrest

room - broom, groom, mushroom

scandal - scan, skim

scarf - scar, frighten

scene - obscene, vulgar

self - elf, fairy

service - vice, sermon, congregation

ship - worship, warship, adore, revere, venerate

sight - sigh, sightsee

simply - imply, suggest

skirt - outskirt, outdoor, suburb

sparrow(swallow) - arrow(allow), row(low)

speak - peak, summit

spray - pray, prey, ray, altar

star - stare, starve, starch

stunt - stun, surprise, startle

summer - sum, simmer

taxi - tax, income, cab, cabbage, vocabulary

test - detest, dislike, protest, testify

their - heir, heiress, heritage, inherit

tiny - destiny, fate, mutiny

toilet - toil, soil

Troy - destroy, demolish, devastate, construct

word - sword, sabre, split, dagger

wrestling - wrest, wrist

다양하게 접근하기

again - gain, acquire, obtain
amaze - maze, labyrinth
attitude - aptitude, apt, altitude, latitude, longitude
balance - lance, glance, surveilance, surveil
because - cause, effect
bought - bough, twig, wig, branch, ranch, meadow
burn - urn, blaze
call - callous, recall
cent - scent, ascent, descent, adolescent, reminiscent
clever - lever, fever
close - closet, enclose, disclose
coin - coincidence, incidence, incident
credit - edit, edition, expedition
crime - rim, brim, trim, brink
cue - rescue, resuscitate
culture - agriculture, cult, occult
defeat - feat, achievement
design - designate, resign, retire
determine - deter, discourage, courage, term
ease - cease, decease, die
even - revenge, vengeance, retaliation
expensive - pensive, extravagant
fall - fallacy, flaw
fiction - friction, conflict
fill - fulfill, refill, recycle
first - fist, referee
flower - flow, flour, lower
free - freeze, flee, fleet, sleet

give – forgive, gift
go – negotiate, indigo
grant – emigrant, immigrant, fragrant, migrant
grow – glow, growl, grunt, grumble
harbor – arbor, hoe
hide – chide, hideous, conceal
knowledge – edge, ledge, acknowledge
lake – flake, snowflake
listen – glisten, glitter, gleam
luck – pluck, petal
mad – nomad, drift
May – mayor, dismay
meter – cemetery, diameter, meteor
mine – famine, imminent, mineral
mountain – fountain, mount, amount
nail– snail, ail
naturally – rally
not – knot, tighten, tight
pass – passion, compass, trespass
pat – patriot, riot, tap
plus – surplus, deficit
pond – respond, ponder
question – quest, conquest, request
quite – quit, acquit
ran – tyrant, tyrany, errand
ride – bride, deride, stride, brisk
rough – drought, disaster
since – sincere, reflect
stop – stoop, observe
study – sturdy, stout
surgeon – urge, surge, burgeon, physician

temporary - contemporary, permanent, perpetual
treat - treaty, retreat, entreat
wear - swear, pledge, vow
wheel - heel, hill, chill, heal
wild - bewilder, wilderness
with - wither, wane
write - rite, ritual, hypocrite

컨추리 보이 영단어

1999년 8월 25일 1판 1쇄
2000년 2월 10일 1판 3쇄

지은이 : 이강석
펴낸이 : 강맑실
펴낸곳 : (주)사계절출판사
책임 편집 : 강윤재
주소 : (우) 110-062 서울시 종로구 신문로 2가 1-181
전화 : (02)736-9380(대표) / FAX : (02)737-8595
등록 : 제8-48호
ⓒ 이강석, 1999

저작권자와 맺은 협약에 따라 인지를 생략합니다.

값은 뒤표지에 적혀 있습니다.
잘못 만든 책은 구입하신 서점에서 바꾸어 드립니다.

사계절출판사는 성장의 의미를 생각합니다.
사계절출판사는 독자 여러분의 의견에 항상 귀 기울이고 있습니다.
천리안, 하이텔, 나우누리 ID : sakyejul
http : //www.sakyejul.co.kr
e·mail : skj@sakyejul.co.kr